U0498766

创新生态系统环境下
众创空间知识共享
与创造研究

陈国宏 蔡猷花 施佳璐 韩莹 庄彩云 ◎ 著

中国财经出版传媒集团
经济科学出版社
Economic Science Press
·北 京·

图书在版编目（CIP）数据

创新生态系统环境下众创空间知识共享与创造研究／
陈国宏等著．--北京：经济科学出版社，2024.6.
ISBN 978 - 7 - 5218 - 6028 - 3

Ⅰ.F279.23

中国国家版本馆 CIP 数据核字第 2024GF1288 号

责任编辑：纪小小
责任校对：靳玉环
责任印制：范　艳

创新生态系统环境下众创空间知识共享与创造研究

陈国宏　蔡猷花　施佳璐　韩莹　庄彩云　著
经济科学出版社出版、发行　新华书店经销
社址：北京市海淀区阜成路甲 28 号　邮编：100142
总编部电话：010 - 88191217　发行部电话：010 - 88191522
网址：www. esp. com. cn
电子邮箱：esp@ esp. com. cn
天猫网店：经济科学出版社旗舰店
网址：http://jjkxcbs. tmall. com
北京季蜂印刷有限公司印装
710 × 1000　16 开　18.5 印张　300000 字
2024 年 6 月第 1 版　2024 年 6 月第 1 次印刷
ISBN 978 - 7 - 5218 - 6028 - 3　定价：75.00 元
（图书出现印装问题，本社负责调换。电话：010 - 88191545）
（版权所有　侵权必究　打击盗版　举报热线：010 - 88191661
QQ：2242791300　营销中心电话：010 - 88191537
电子邮箱：dbts@ esp. com. cn）

前言

　　本书是国家社会科学基金项目"创新生态系统环境下众创空间知识共享与创造研究"（项目编号：19BGL031）的主要研究成果。经过课题组的努力，该项目已完成预期目标，故将成果正式出版。

　　本书以众创空间为研究对象，旨在探讨在区域创新生态系统环境下众创空间的知识共享与创造相关问题。众所周知，自从2014年李克强总理提出"大众创业、万众创新"的号召以来，全国掀起了创新创业的新高潮，"众创空间"便应运而生。众创空间是一个承载着创新思想的摇篮。当一个创新思想刚刚萌芽的时候，非常需要适合其生长的环境，众创空间提供了这种环境；当一个初创企业刚刚萌生的时候，由于其新生弱小，更需要有一个平台帮助它走出创新创业初期的窘境，众创空间提供了这样的条件。由此可见，对于创新创业而言，众创空间提供的环境和平台具有得天独厚的优势。由于众创空间对于创新创业具有这样特殊的重要性，国务院办公厅在《关于发展众创空间推进大众创新创业的指导意见》文件中强调：要加快众创空间等新型创新创业服务平台建设，以加快实施创新驱动发展战略，营造良好的创新创业生态环境，打造经济发展新引擎。因此，在我国大力实施创新驱动发展战略大背景下对众创空间开展研究有其重要的现实意义。

　　在开放经济时代，协同共生已成为企业与企业、企业与其他各类组织关系的新模式，从而构成了企业创新活动的生态环境。为此人们提出了创新生态系统的概念并致力于其建设与发展，创新生态系统便成为经济变革时代创新创业、产业发展的重要基础。在此背景下，众创空间必然成为创新生态系统的子集被嵌入创新生态系统网络，其活动也必将受到创新生态系统网络的影响。因此，对众创空间的研究必须将其置于创新生态系统环境之下。

知识活动是技术创新重要的微观基础，知识共享和知识创造在众创空间中对推动创新成果产出发挥着重要的作用。一方面，众创空间内各主体通过知识活动不断与创新生态系统中的高校、科研院所以及中介机构等相关组织发生交互作用，形成知识网络，进而促进知识的传播、整合及新知识的创造。另一方面，众创空间内部的创客聚集在一起形成内部网络，他们通过彼此间合作或交流实现知识的共享，进而实现知识整合与创造。由此可见，众创空间是满足创客发挥创意、实现创新的知识共享与创造的重要平台，知识活动应该成为众创空间研究的重要内容。

基于上述考虑，本书研究内容聚焦于创新生态系统环境下众创空间的知识共享与知识创造，以及众创空间中初创企业的创新绩效问题。主要内容包括：众创空间嵌入下创新生态系统知识网络架构；创新生态系统对众创空间知识创造的影响；众创空间内部知识共享与创造；众创空间内部初创企业的创新绩效。本研究旨在充实相关理论研究成果，并努力为政府部门制定促进众创空间发展的相关政策提供科学依据，也力图为众创空间的发展提供一些管理启示。

一个课题的完成总是凝聚着课题组全体成员的智慧和辛劳。本书的主要作者有：陈国宏、蔡猷花（共同第二作者）、施佳璐（共同第二作者）、韩莹、庄彩云。本书除了凝结着五位主要作者的心血外，为本书研究作出贡献的课题组成员还有范太胜副教授、马彦彬教授，以及研究生李君雨、孟秋语两位同学。在此我谨向课题组全体成员表示衷心的感谢。同时，还要感谢福建理工大学管理学院对本书的出版给予的大力支持，感谢福建省科技厅创新办主任、二级巡视员黄铁庄研究员对本研究的数据获取给予的鼎力相助。此外，在本书的写作过程中，我们查阅了大量文献，也引用了不少资料，应该说本书的研究是在前人的研究基础上和许多专家学者的帮助下完成的，在此谨向他们表示诚挚的谢意。由于本书引文和参考文献较多，标注时难免疏漏，故在此致以诚挚谢意的同时，我们还要向在标注中被遗漏的引文或参考文献的作者表达深深的歉意。

人类对社会现象和自然现象的认识是无法穷尽的，众创空间作为一种社会经济现象，人们对它的探索也将永无止境。如果本书的出版对促进创新及众创空间研究相关理论和实践的发展能有所裨益，那也只是抛砖引玉而已。衷心地期盼有关专家、同行及广大读者对本书给予批评、指正！

陈国宏

2023 年 10 月于旗山湖畔

目 录

第1篇 绪 论

第 2 篇　众创空间嵌入下创新生态系统知识网络架构

第 3 篇　创新生态系统对众创空间知识创造的影响

第4篇　众创空间内部知识共享与创造

第 5 篇　众创空间内部初创企业的创新绩效

第 1 篇

绪 论

第1章 引　言

1.1　研究背景及意义

"众创"一词源于 2014 年李克强总理提出的"大众创业、万众创新"号召，而"众创空间"这一提法在我国最早见于 2015 年国务院办公厅《关于发展众创空间推进大众创新创业的指导意见》的文件中，国外相类似的词有"创客空间"（makerspace）、"黑客空间"（hackerspace）、"联合办公空间"（coworkingspace）等。当一个创新思想刚刚萌芽的时候，非常需要适合其生长的环境，众创空间提供了这种环境；当一个初创企业刚刚萌生的时候，由于其新生弱小，常面临信息和资源缺乏的困境，初创企业要在激烈竞争的环境中立足，突破资源池的"天花板"，必须灵活运用外部资源，将外部资源与内部知识整合，不断开展创新活动，更需要有一个平台帮助初创企业走出创新创业初期的窘境，众创空间提供了这样的条件。因此，众创空间是一个顺应"互联网＋"时代特征及创新创业需求的低成本、便利化、全要素、开放式的新型创新创业服务平台，积极发展众创空间对于不断优化资源整合，推动大众创新创业具有重要意义。国务院办公厅《关于发展众创空间推进大众创新创业的指导意见》中强调要加快众创空间等新型创新创业服务平台建设，以加快实施创新驱动发展战略，营造良好的创新创业生态环境，打造经济发展新引擎。在我国，众创空间是近几年蓬勃发展的新生事物，但其发展十分迅猛。目前社会及各级政府都投入了大量资金，通过引导龙头企业、科研院所、高校等多方资源构建不同类型的众创空间服务平台。可以预见在不久的将来，它们必将成为我国创新活动中创新成果的重要发源地。因此，对其开展相关研究有重要意义。

21世纪以来，创新被认为是在持续变化的环境中提升竞争优势的关键。经济全球化、环境动荡性的背景下，单一组织很难拥有创新所需的全部资源，企业与企业，企业与其他类型组织之间的协同共生成为学术界和理论界研究的新趋势。创新的发展过程必须吸纳资金，吸引各类资源、合作伙伴、供应商、客户，以创造合作网络。由此，构建创新生态系统成为全球化经济变革时代创新创业、政府管理、行业发展的重要基础。"生态系统"概念的提出体现了研究范式的转变：由关注系统中要素的构成向关注要素之间、系统与环境之间的动态过程转变。目前，创新模型已经进入3.0时代，因此，越来越多企业联合高校、科研院所、中介机构以及政府部分，致力于创新生态系统的构建和完善，以获得持续竞争力。可见，当今创新研究范式已经从"创新系统"转到"创新生态系统"，国家间的竞争、企业间的竞争已然转变为创新生态系统间的竞争。在此背景下，众创空间必然成为创新生态系统的子集被嵌入创新生态系统网络，其活动也必将受到创新生态系统网络的影响。因此，对众创空间的研究必须将其置于创新生态系统环境之下。

知识活动是技术创新重要的微观基础，知识共享和知识创造在众创空间中对推动创新成果产出发挥着重要的作用。一方面，众创空间内各主体通过知识活动不断与创新生态系统中的高校、科研院所以及中介机构等相关组织发生交互作用，形成知识网络，进而促进知识的传播、整合及新知识的创造。另一方面，众创空间内部的创客聚集在一起形成内部网络，他们通过彼此间合作或交流实现知识的共享，进而实现知识整合与创造。由此可见，众创空间是满足创客发挥创意、实现创新的知识共享与创造的重要平台，知识活动应该成为众创空间研究的重要内容。

综上所述，随着我国"大众创业、万众创新"时代的到来，众创空间在创新生态系统中的地位将愈发凸显，并将在我国创新驱动发展战略中发

挥更加重要的作用。因此，在创新生态系统环境下，对众创空间知识
共享与创造问题开展研究，这无论对推进创新管理理论的发展，还是
对促进创新驱动发展战略的实施，无疑都具有很强的理论和现实
意义。

本研究的意义还可以从以下研究的学术价值和应用价值来体现：

学术价值：本研究从创新生态系统的角度对众创空间中知识共享与
创造规律进行探索，这在已有的众创空间和知识管理研究中均未涉及，
本研究成果将有助于从生态系统角度丰富众创空间研究及知识管理相关
理论。

应用价值：本研究可为我国众创空间的发展及其知识管理实践提供有
益启示，为政府制定和完善旨在促进众创空间发展的相关政策提供科学依
据；本研究将提出促进我国众创空间知识共享与创造活动的管理启示，以
持续完善我国众创空间的创新功能，从而为落实创新驱动发展战略，推进
"大众创业、万众创新"提供决策参考。

1.2　研究目的及总体研究思路

1.2.1　研究目的

本研究以众创空间及其内部企业（含创业组织）为研究对象，以创新
生态系统环境下众创空间的知识共享与知识创造为研究切入点。旨在揭示
创新生态系统环境下众创空间知识共享与创造规律，完善相关研究的理论
成果；为政府制定旨在促进众创空间发展的相关政策提供科学依据，为完
善众创空间管理提供策略建议。

1.2.2　总体研究思路

首先通过文献梳理、归纳，分析众创空间内涵、要素、特征，以及创新生态系统与众创空间的关系，进而从理论上分析众创空间嵌入下创新生态系统知识网络架构及创新生态系统环境下众创空间知识生态的演化；其次从外部环境角度用多主体仿真及结构方程模型、统计分析等方法研究创新生态系统及其各类相关因素对众创空间知识创造的影响；再次用多种实证研究的方法分析众创空间内部企业（含创业组织）知识共享与创造及其相关影响因素的作用；最后从多角度运用多种方法分析不同因素对众创空间中初创企业创新绩效的影响。所有的实证研究结果都将提炼出众创空间知识管理相关的管理启示及提升众创空间知识管理水平和创新绩效的策略取向。

1.3　研究内容及主要研究结论

1.3.1　众创空间嵌入下创新生态系统知识网络架构

（1）创新生态系统知识网络研究。

本研究首先从五重螺旋的角度构建了多主体（政府、高校及科研院所、市场、同业和创客团队）之间知识创新互动的理论框架，并构建了跨层次（宏观层、中观层和微观层）相互作用的多层次模型。同时阐述了众创空间嵌入的创新生态系统概念模型的三个关键属性，包括多层次生态平衡、多主体螺旋相互作用和多阶段知识编排。特别是，该框架有助于五重螺旋模型分析知识网络中知识交流、知识协调、知识合作和知识编排四个演化阶段在知识网络中的相互作用和融合程度，有助于决策者、研究者和企业家共同致力于可持续发展。

（2）创新生态系统环境下众创空间知识生态的演化。

本研究以"网络嵌入度—知识活动类型—空间知识生态"的逻辑分析架构，构建创新生态系统网络嵌入下众创空间的知识生态演化模型，分析众创空间双层多主体知识网络构成的知识生态在"知识要素耦合"和"自组织涌现"的双重机制作用下，如何经历"创客互助—共享整合""空间主导—共享整合""空间主导—整合创造"和"群体共创—整合创造"四阶段的演化过程。最后结合我国众创空间的发展历程分析我国众创空间的知识生态演化路径。

1.3.2　创新生态系统对众创空间知识创造的影响

（1）众创空间服务主导逻辑下知识生态演化机制研究。

本研究以"平台参与程度—知识活动类型—主体共生模式"为坐标轴，构建知识生态价值共创演化模型，通过计算机数值模拟仿真的方法，模拟在共生环境支撑下众创空间和创客通过"知识要素耦合"和"自组织涌现"的双重机制作用，如何经历"创客互助—共享整合：独立共生模式""平台协同—共享整合：偏利共生模式""平台主导—整合创造：非对称互惠共生模式"和"价值共创—整合创造：对称互惠共生模式"四阶段四模式的演化过程，仿真结果显示对称互惠共生模式下众创空间的服务主导优势最为显著，且最大规模增幅达到最大值。

（2）创新生态系统网络嵌入对众创空间知识创造的影响研究。

本研究主要探讨在新冠疫情（COVID‒19）强烈冲击下，众创空间外部多主体的知识共享、平台赋能能力和知识创造绩效之间的关系，以具有平台"交易"和"创新"二重属性的综合型众创空间为研究对象，通过实地调研、访谈、问卷调查等方式收集数据并进行实证分析，从众创空间运营方的视角探讨赋能的机制与对策建议。研究结果显示：新冠疫情影响下，平台赋能能力在多主体知识共享和知识创造绩效中发挥了有调节效应的完全中介作用；新冠疫情对平台的赋能能力有正向调节作用，新冠疫情和知识共享的交互作用对平台赋能能力的影响转为负向调节作用；新冠疫情的冲击强度较小时，多主体知识共享能更好地促进平台赋能能力的提升；反之，知识共享对平台赋能能力的提升作用减弱。研究结论为在外部环境强烈冲击下，科学、有效地共享多主体异质知识，并通过众创空间平台赋能效用，促进众创空间与初创企业高质量可持续发展提供了建议和启示。

（3）创新生态系统网络嵌入及众创空间知识整合对众创空间绩效的影响。

本研究构建了一个以众创空间平台赋能为调节变量、众创空间知识整合为中介变量的创新生态系统网络嵌入影响众创空间绩效的被调节的中介模型。通过对 213 家众创空间进行问卷调研和数据分析，得出以下研究结论：众创空间知识整合正向中介创新生态系统网络嵌入对众创空间绩效的影响；平台赋能正向调节创新生态系统网络嵌入与众创空间绩效之间经由众创空间知识整合的间接效应。本研究扩展并完善了众创空间创新绩效的影响边界条件，对众创空间的知识及创新管理实践提供了有益的借鉴。

（4）创新生态系统环境对众创空间知识创造的影响。

本研究基于创新生态系统视角探索创新生态系统环境对众创空间知识创造绩效的具体影响，并讨论价值共创在创新生态系统环境与知识创造绩效间的中介效应。实证研究发现：创新生态系统环境通过环境支持力和众创空间对环境的动态适应力正向影响知识创造绩效；环境支持力和动态适应力正向影响价值共创；价值共创分别在环境支持力、动态适应力与知识创造绩效的关系中起完全中介作用。研究结果丰富了众创空间知识创造绩效影响因素的研究成果，为众创空间运营管理和政策制定提供了理论依据。

1.3.3　众创空间内部知识共享与创造

（1）众创空间内部知识共享对企业知识创造的影响。

本研究通过问卷调查收集数据，运用统计分析方法，探究众创空间中知识共享对知识创造的具体作用机制。研究结果发现：在众创空间中，知识共享对企业知识创造能力具有显著正向影响，机会识别在其中发挥了中介作用，而知识获取起到了正向调节作用。在创新环境不断变化的情形下，研究结果为激发众创空间中企业知识创造潜能提供了有益启示。

（2）众创空间中企业组织学习对知识创造的影响。

本研究基于众创空间背景，通过问卷调查，在充分数据的基础上，运用统计分析方法，探讨众创空间中内部企业组织（含创业组织）学习对知识创造的具体作用机制。研究发现：在众创空间中，探索式组织学习和利用式组织学习均对企业知识创造有显著正向影响，机会识别和知识获取在其中发挥了中介作用。最后提出促进众创空间企业知识创造的对策建议，力求为完善我国众创空间建设与初创企业知识管理实践提供有益启示。

（3）创新生态系统网络嵌入及双元创业拼凑对众创空间内部组织知识创造的影响。

本研究在文献回顾的基础上，以福建省众创空间中的企业（含创业组织）为研究对象收集数据，采用问卷调查法考察众创空间中企业多层次网络嵌入对知识创造绩效的影响，建立多层次网络嵌入、双元创业拼凑、与知识创造绩效相互关系的结构方程模型，探究其作用机制。研究结果表明：众创空间中企业关系嵌入直接影响知识创造绩效；双元创业拼凑发挥差异性的中介作用；选择性创业拼凑在关系嵌入与知识创造绩效间发挥部分中介作用；并行性创业拼凑在结构嵌入与知识创造绩效间发挥完全中介作用；双元创业拼凑在知识嵌入与知识创造绩效间发挥完全中介作用。本研究在理论层面充实了众创空间中企业创业拼凑在网络层面影响因素的探索，深化了众创空间中企业多层次网络嵌入影响知识创造绩效内部机制的研究，并在实践中为众创空间中企业克服"小而弱"与"新而弱"的双重先天劣势探索创新路径提供依据和管理启示。

（4）众创空间中知识共享对企业创新绩效的作用。

新冠疫情的暴发，促使众创空间及入驻企业的生存与发展方式发生了极大的改变，如何抵御疫情冲击并保持企业创新活力，是后疫情时代下众创空间亟待解决的关键问题。本研究通过问卷调查收集数据，运用统计分析方法，探究疫情影响下众创空间中知识共享对企业创新绩效的具体作用机制。研究发现：在众创空间中，知识共享对企业创新绩效有显著正向影响，探索式组织学习在其中发挥了部分中介作用，而疫情应对能力起到了正向调节作用。在创新环境不断变化的疫情压力下，研究结果为提高众创空间中企业创新绩效提供了有益启示。

1.3.4　众创空间内部初创企业的创新绩效

（1）价值共创视角下初创企业动态能力对创新绩效的影响。

众创空间是初创企业创新发展的重要平台，深入开展关于众创空间内部初创企业创新绩效影响因素的研究对有效引导初创企业的创新发展具有重要的理论和实践意义。本研究结合动态能力与价值共创理论，运用实地调研及问卷调查所得样本数据，采用多元回归分析方法探讨初创企业动态能力对初创企业创新绩效的影响。研究发现：价值共创情境下企业动态能力体现为共创发起能力（机会识别、合作发展）与共创运作能力（资源拼凑、关系互动）；共创发起能力与共创运作能力均对初创企业创新绩效起到正向促进作用；共创发起能力在激活初创企业创新绩效时起部分中介作用。

（2）众创空间资源拼凑对初创企业创新绩效的影响。

本研究以众创空间初创企业为研究对象，构建资源拼凑、机会识别、伙伴匹配性与创新绩效关系的概念模型，通过问卷调查收集数据并运用回归分析和 Bootstrap 方法分析样本数据，研究结果表明：资源拼凑正向影响初创企业的创新绩效；机会识别在资源拼凑与创新绩效之间起到正向中介作用；伙伴匹配性对机会识别与创新绩效关系起正向调节作用；伙伴匹配性正向调节机会识别的中介作用。研究结果丰富了众创空间创新绩效影响机制的研究成果，对如何加强众创空间建设和引导初创企业的创新发展具有实践启示。

（3）跨层次视角下众创空间中初创企业创新绩效的组态效应研究。

创新是一个复杂过程，受到多个因素的联合作用。本研究针对已有研究主要探讨单个因素影响的局限性，考虑了多因素协同及其耦合关系对企业创新绩效的影响。基于跨层级视角考虑众创空间与企业 2 个层面 6 个前因条件，运用模糊集定性比较分析方法开展研究，得到初创企业高创新绩效的 2 种组态以及非高创新绩效的 3 种组态，对这些组态非对称因果关系与耦合关系进行进一步分析。研究发现：初创企业动态能力是激活高创新绩效的关键，动态能力各维度间存在的耦合关系能够帮助其抵御环境不确定性；相较于国有和高校创办的众创空间，企业主导型众创空间更加强调初创企业动态能力对创新绩效的贡献；众创空间外部环境支持能力通过环境适应能力起作用，机会识别能力则是企业把握众创空间内部企业间合作创新机会的重要桥梁；在高度不确定性环境下，提升众创空间对外部环境的适应性是组织创新发展的关键。

（4）核心企业主导型众创空间运营方与初创企业的合作创新行为研究。

本研究以核心企业主导型众创空间为研究对象，基于演化博弈方法建立运营方与入驻企业的合作创新博弈模型，首先分析双方的收益与成本参数的变化对演化稳定策略的影响，随后引入双重奖惩机制并用数值仿真方法分析博弈结果。研究结果表明：众创空间运营方与入驻企业合作创新主要受到创新总成本、运营方监管成本、成本分担比例、额外收益与额外收益分配等因素的影响；引入奖惩机制后，保证金、损失、罚金与奖励金均正向影响博弈双方的合作创新行为，说明奖惩机制能够有效地破解博弈双方价值共创的困局。

本书的总体研究内容、研究路径及支撑理论与方法见图 1-1。

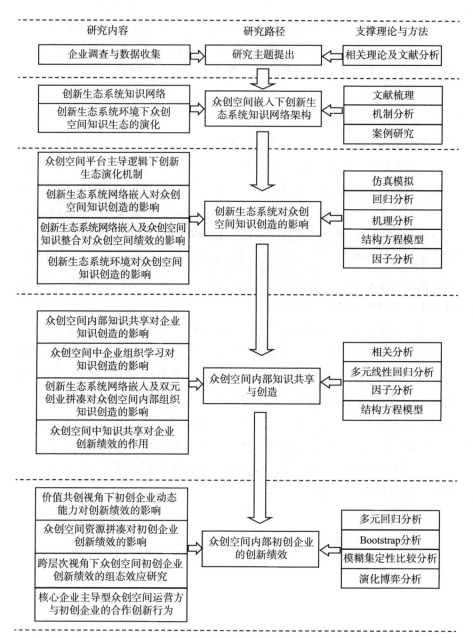

图 1-1　全书研究内容、研究路线及支撑方法

第 2 章　国内外研究现状

本章将从以下几个方面对国内外相关研究现状展开综述：创新生态系统、众创空间、众创空间与创新生态系统的关系、众创空间知识生态系统、众创空间中的知识共享与知识创造。

2.1　创新生态系统

2.1.1　创新生态系统的起源

生态系统源于生态学领域，摩尔（Moore）首次将企业生态系统定义为一种"基于组织互动的经济联合体"[①]，随后，他进一步认为"企业生态系统是一种由客户、供应商、主要生产商、投资商、贸易合作伙伴、标准制定机构、工会、政府、社会公共服务机构和其他利益相关者等具有一定利益关系的组织或者群体构成的动态结构系统"[②]。其他学者也对创新生态系统提出不同的定义，一部分学者从生态位理论出发，认为占据不同生态位且彼此相关的企业组成了创新生态系统，强调各企业的价值输出。根据该定义，创新生态系统内各参与主体彼此之间相互联系、相互依赖，

---

① Moore J F. Predators and prey：A new ecology of competition ［J］. *Harvard Business Review*，1993，71（03）：75 – 86.

② Moore J F. *The Death of Competition：Leadership and Strategy in the Age of Business Ecosystems* ［M］. New York：HarperBusiness，1996.

不同层次主体间协同合作，系统经由动态演化创造出新的价值和能量。[①] 另一部分学者从网络视角出发，认为创新生态系统由大企业、中小企业、初创企业、服务机构、投资机构、政府部门与科研机构等多主体组成，创新活动围绕其正式与非正式的合作关系而展开，是一个以创造创新环境为目的的网络共生系统，更加强调彼此间的共生关系。[②]

总的来说，学者们普遍认为创新生态系统具有多样共生、自组织演化和开放式协同性，将其视为开放包容的系统，如同生物系统一样，各主体间共同演化、相互依赖、共存共亡。

2.1.2 创新生态系统的创新动力机制

创新生态系统强调基于共同的价值观或价值主张的理念，通过开放、动态交互、共生和共同演化等促使主体不断进行创新活动。[③] 值得注意的是，通过生态成员的彼此协调，生态系统不需要以往的层级管理。[④] 在创新生态系统中，用户的角色也愈加重要。在企业之间的竞争日益激烈的背

---

① Iansiti M, Levien R. Strategy as ecology [J]. *Harvard Business Review*, 2004, 82 (03): 68 - 78.

Adner R. Match your innovation strategy to your innovation ecosystem [J]. *Harvard Business Review*, 2006, 84 (04): 98 - 107.

蒋石梅, 吕平, 陈劲. 企业创新生态系统研究综述——基于核心企业的视角 [J]. 技术经济, 2015, 34 (07): 18 - 23.

② Schiuma G, Lerro A. Knowledge-based dynamics of regional development: the intellectual capital innovation capacity model [J]. *International Journal of Knowledge-based Development*, 2010, 1 (1 - 2): 39 - 52.

戴亦舒, 叶丽莎, 董小英. 创新生态系统的价值共创机制——基于腾讯众创空间的案例研究 [J]. 研究与发展管理, 2018, 30 (04): 24 - 36.

③ Adner R. Ecosystem as structure: An actionable construct for strategy [J]. *Journal of Management*, 2017, 43 (01): 39 - 58.

Adner R, Kapoor R. Value creation in innovation ecosystems: How the structure of technological interdependence affects firm performance in new technology generations [J]. *Strategic Management Journal*, 2010, 31 (03): 306 - 333.

④ Jacobides M G, Cennamo C, Gawer A. Towards a theory of ecosystems [J]. *Strategic Management Journal*, 2018, 39 (08): 2255 - 2276.

景下，为获取市场偏好，用户成为创新生态系统中的重要参与者。① 创新生态系统通过集聚成员力量为客户价值增值提供服务，同时客户也不断给予反馈和回报，实现了共创共赢并为企业赢得了市场竞争优势。

2.1.3 创新生态系统的类型

创新生态系统可分为产业创新生态系统、区域创新生态系统与平台创新生态系统等不同类型。其中，产业创新生态系统是指积极开发、制造产业产品和生产、使用产业技术的企业体系，企业之间通过技术研发的互动与合作、市场活动的竞争与选择两种方式产生关联。② 该理论重点聚焦于生产侧的知识创造。③ 区域创新生态系统中各创新主体以地理作为关键要素而集聚，更加重视该地域下的组织群落与创新环境的协同演化。④ 平台创新生态系统是指由开放式产品平台演变而来的复杂系统，系统个体间相互作用进行迭代创新，如天猫网络平台、苹果 IOS 应用商店平台等。⑤ 作为新兴的创新平台，众创空间也被认作平台创新生态系统的一种，并被称为众创空间创新生态系统。⑥ 众创空间自身既是一种创新生态系统，又作为组成部分被嵌入整个大的创新生态系统中。一方面，众创空间内各主体通过知识活动不断与创新生态系统中的高校、科研院所以及中介机构等相关组织交互作用并形成知识网络，进而促进新创意、新产品的产生；另一

---

① Jacobides M G, Sundararajan A, Van Alstyne M. *Platforms and Ecosystems*: *Enabling the Digital Economy* [R]. Briefing Paper World Economic Forum, 2019.

② Malerba F. Sectoral systems of innovation and production [J]. *Research Policy*, 2002, 31 (02): 247 – 264.

③ 姜李丹，薛澜，梁正. 人工智能赋能下产业创新生态系统的双重转型，科学学研究，2022, 40 (04): 602 – 611.

④ 王凯. 区域创新生态系统情景下产学知识协同创新机制研究 [D]. 杭州: 浙江大学，2016.

⑤ 傅锋. 平台生态系统行动者视角下 APP 迭代创新的驱动机制及其绩效研究 [D]. 电子科技大学，2021.
任志敏. 网络平台创新生态运作机制及演化研究 [D]. 杭州: 浙江工商大学，2020.

⑥ 戴亦舒，叶丽莎，董小英. 创新生态系统的价值共创机制——基于腾讯众创空间的案例研究 [J]. 研究与发展管理，2018, 30 (04): 24 – 36.

方面，众创空间内部的新创企业聚集在一起形成内部网络，彼此间通过合作交流完成知识共享，进而实现创新。由此可见，众创空间是满足新创企业发挥创意、实现创新的重要平台。

2.2 众 创 空 间

2.2.1 众创空间的起源

众创空间源自国外，最初被称为"创客空间"，即 Makerspace，类似的组织也被称为"黑客空间"（hackerspace）、"联合办公空间"（coworkingspace）等，通常指用于组织创客聚会从而促进知识共享与跨界合作的一种物理空间，人们在这个信息集聚的物理空间进行创造性活动。[①]

随着众创空间在国内的兴起，国内学者针对众创空间基本内涵展开探讨，如刘志迎等认为众创空间即创客活动的空间，是新型创业服务平台的统称[②]；王佑镁和叶爱敏认为众创空间与孵化器存在交集，与创客空间相比更加强调项目的开发与孵化，多用于扶持中小微企业的创新创业发展[③]；李燕萍等认为众创空间通过引进第三方服务机构为创客和初创企业提供低成本、市场化的创新创业服务，是以孵化器和创客空间为基础的开放式创业生态系统[④]。

综上可见，学者们关于众创空间、创客空间与传统孵化器的概念辨析仍存有争议。与创客空间相比，众创空间除了注重创意的可视化与创客间的交流外，还帮助有想法的创客将创意商业化，最终成为交易和创业孵化

---

① 陶蕾. 图书馆创客空间建设研究 [J]. 图书情报工作, 2013, 57 (14)：72 - 76.

② 刘志迎, 陈青祥, 徐毅. 众创的概念模型及其理论解析 [J]. 科学学与科学技术管理, 2015, 36 (02)：52 - 61.

③ 王佑镁, 叶爱敏. 从创客空间到众创空间：基于创新 2.0 的功能模型与服务路径 [J]. 电化教育研究, 2015, 36 (11)：5 - 12.

④ 李燕萍, 陈武. 中国众创空间研究现状与展望 [J]. 中国科技论坛, 2017 (05)：12 - 18.

场地。① 创客空间更加侧重于帮助创客将想法变为现实，以兴趣为目的聚集；与传统孵化器相比，众创空间不仅提供办公场地、培训活动与融资对接等创业服务，还强调在空间内营造知识共享、开放协作氛围，鼓励个体分享、实践与交流创意。总体来看，学者们普遍认为众创空间汇聚了众多创新资源，通过引进第三方服务机构为创客和新创企业提供创新创业服务，是低成本、便利化、全要素的创新创业实践平台。② 创客空间、众创空间以及传统孵化器的区别如表 2 - 1 所示。

表 2 - 1　　　　　　创客空间、众创空间、传统孵化器区别

维度	创客空间	众创空间	传统孵化器
背景	创客运动	创新 2.0	创新 1.0
服务对象	创客	创客、创业者、企业	初创企业
市场化	不充分	充分	不充分
社会网络关系	紧密	紧密（共生化）	松散

2.2.2　众创空间的类型

众创空间搭建起创客、创业企业、融资机构、政府、研究机构等多边交互的综合平台，从而使得创客创新与创业融合、线上平台与线下空间结合、孵化与投资服务实现一体化。③ 具体落实到实践中，可以根据不同角度将众创空间分成不同类型。尹国俊等根据资源聚集模式的异同，将众创空间归纳为投资驱动型、培育驱动型与生态模式驱动型④；吕秋慧等根据众创空间的运营方或主导主体分为由政府、企业与高校科研院所等主导的

① 王佑镁，叶爱敏. 从创客空间到众创空间：基于创新 2.0 的功能模型与服务路径 [J]. 电化教育研究，2015，36（11）：5 - 12.

② 李燕萍，陈武. 中国众创空间研究现状与展望 [J]. 中国科技论坛，2017（05）：12 - 18.

③ 陈武，李燕萍. 众创空间平台组织模式研究 [J]. 科学学研究，2018，36（04）：593 - 600.

④ 尹国俊，蒋璐闻. 基于产权共享的众创空间资源聚合模式研究 [J]. 科学学研究，2021，39（02）：356 - 364.

众创空间①；胡海波等基于平台视角，将其分为服务型众创空间、合作型众创空间和混合型众创空间②；王海花等基于创业生态系统视角，将众创空间分为专业服务型与投资促进型等六种类型③。现有文献中关于众创空间的分类情况如表 2 - 2 所示。

表 2 - 2 众创空间类别

视角	分类	相关文献
资源聚合模式	投资驱动型、培育驱动型、生态模式驱动型	尹国俊等（2021）
创建主体	政府型、企业型、高校科研院所型、其他机构型	吕秋慧等（2021）、王强等（2020）
平台视角	合作型、交易型、混合型	胡海波等（2020）
创业生态系统视角	专业服务型、培训辅导型、媒体延伸型、投资促进型、联合办公型、综合型	王海花等（2020）

资料来源：本书整理。

不同类型的众创空间其运行机制及功能也有所不同，如按照构建主体不同分类，政府、企业主导型众创空间更注重运营效率，高校主导型主要完成社会创业教育问题，民营型则更加关注在孵企业价值④；按照创业生态系统视角不同分类，专业型众创空间更注重产业环境和市场环境，为内部企业提供合作和技术支持，培训辅导型空间以知识分享、合作研发的培训氛围为特色⑤。

---

① 吕秋慧，杜运周，胡登峰，等. 众创空间类型如何塑造创业服务行为？基于制度逻辑视角的分析 [J]. 南方经济，2021，40（05）：91 - 109.

② 胡海波，卢海涛，王节祥，等. 众创空间价值共创的实现机制：平台视角的案例研究 [J]. 管理评论，2020，32（09）：323 - 336.

③⑤ 王海花，熊丽君，谢萍萍. 创业生态系统视角下众创空间运行模式研究——基于国家备案的上海众创空间 [J]. 科技管理研究，2020，40（02）：222 - 231.

④ 卫武，赵璇. 画布视角下不同类型众创空间的商业模式：一个多案例比较研究 [J]. 科技进步与对策，2021，38（09）：1 - 8.

2.2.3　众创空间的创新合作机制

众创空间内聚集大量的创客与新创企业，彼此之间持续进行创意交流，最终实现知识共享。除此之外，众创空间与创新生态系统的其他主体间也不断发生知识的流动，进而在知识的流动整合中促进创新。

梳理过往文献发现，刘志迎等认为知识共享是创客创新自我效能感与创新行为间的中介变量，众创空间能够激发创客间的知识共享，使创客愿意投入更大努力去开发和掌握新技能，从而促进创新[①]；也有学者认为众创空间产生于地理上的聚集，这种聚集使成员可以互相分享知识、资源与建立社会关系网，可以高效产出新知识新想法。[②] 但在实践中发现，不同类型的众创空间皆具有其独特的知识创造活动与创新模式。以合作型众创空间为例，其创新模式为运营方为入驻企业提供创新资源，并引导企业开发新产品，企业在众创空间内部资源供给下适应性地进行创新，双方合作共同实现更大的创新价值产出。[③]

综上可见，学者们都已充分认识到资源、知识共享和知识创造是众创空间的重要活动内容，对于促进创新具有重要作用。因此，加速众创空间与创新生态系统中信息资源流动，从而实现众创空间内外知识共享与新创企业之间的知识交互是提高众创空间新创企业创新绩效的关键。

2.2.4　众创空间新创企业的创新绩效影响因素研究

众创空间是创新资源的汇集地，通过与环境的互动为入驻企业提供了

---

① 刘志迎，孙星雨，徐毅. 众创空间创客创新自我效能感与创新行为关系研究——创新支持为二阶段调节变量 [J]. 科学学与科学技术管理，2017，38（08）：144 – 154.

② Wong A，Partridge H. Making as learning：Makerspaces in universities [J]. *Australian Academic & Research Libraries*，2016，47（03）：143 – 159.

③ 胡海波，卢海涛，王节祥，等. 众创空间价值共创的实现机制：平台视角的案例研究 [J]. 管理评论，2020，32（09）：323 – 336.

多样化资源和机会①，目前对企业创新绩效影响因素的研究，主要从两个角度出发。

一部分研究从外部环境出发，结合资源基础观与创新驱动等理论，探讨政策、金融与孵化环境等对创新的影响，如张永安等以处在不同生命周期的企业为研究对象，运用多元回归分析方法探讨市场需求与政府干预对创新绩效的影响②；王栋等构建金融科技发展对区域创新作用的概念模型，并分析金融环境对于创新效率的影响③；刘伟等认为制度环境会影响新创企业的成长，创业导向活动会受到外部环境的制约④；邢蕊等验证孵化环境对于企业创新绩效的积极影响，并提出孵化环境对于脆弱的新创科技企业而言是一种更加适合的生存环境⑤。另一部分研究考量企业自身因素的影响，通过结合组织学习和动态能力等理论探讨组织内部要素与企业能力对创新绩效的影响，如陈建军等以宇航企业为例，探讨组织结构、内部创新氛围以及动态能力对创新绩效的直接与中介效应⑥；郭尉以创新类企业为样本，考察企业不同的组织行为（利用式学习、探索式学习）对创新绩效的影响⑦；优素福（Yousaf）从绿色创新的角度，分析绿色动态能力、绿色实践与绿色价值共创对中小企业的作用⑧；曹勇等通过大样本问卷调

---

① Morgan K. The Learning Region：Institutions，Innovation and Regional Renewal ［J］. *Regional Studies*，1997，31（05）：491 – 503.

② 张永安，关永娟. 市场需求、创新政策组合与企业创新绩效——企业生命周期视角. 科技进步与对策，2021，38（01）：87 – 94.

③ 王栋，赵志宏. 金融科技发展对区域创新绩效的作用研究，科学学研究，2019，37（01）：45 – 56.

④ 刘伟，杨贝贝，刘严严. 制度环境对新创企业创业导向的影响——基于创业板的实证研究 ［J］. 科学学研究，2014，32（03）：421 – 430.

⑤ 邢蕊，王国红. 创业导向、创新意愿与在孵企业创新绩效——孵化环境的调节作用 ［J］. 研究与发展管理，2015，27（01）：100 – 112.

⑥ 陈建军，王正沛，李国鑫. 中国宇航企业组织结构与创新绩效：动态能力和创新氛围的中介效应 ［J］. 中国软科学，2018（11）：122 – 130.

⑦ 郭尉. 知识异质、组织学习与企业创新绩效关系研究 ［J］. 科学学与科学技术管理，2016，37（07）：118 – 125.

⑧ Yousaf Z. Go for green：green innovation through green dynamic capabilities：accessing the mediating role of green practices and green value co-creation ［J］. *Environmental Science and Pollution Research*，2021，28（39）：54863 – 54875.

查进行实证回归分析，考虑资源拼凑行为对企业创新的作用①；赵兴庐等基于创业过程中机会内/外生的动态平衡视角，提出创造性的资源拼凑和手持资源的机会搜寻是沉寂的组织冗余转化为公司创业的双元式中介路径过程②。

综上可见，创新的过程十分复杂，受到多个因素的联合作用，众创空间新创企业的创新绩效不仅受到众创空间内部资源供给的影响，也受到企业自身能力的影响。

2.2.5 众创空间内的合作创新研究

当前，共创主体间的连接、互动、资源整合以及重构成为价值共创研究的焦点。③ 众创空间为入驻企业的价值共创提供了重要平台，运营方与入驻企业通过频繁的创新合作实现价值共创。④

已有文献中，有诸多学者对于众创空间的合作创新关系展开了研究，如里肯等（Rieken et al.）基于对过往文献的批判性审查，定义了企业众创空间（CMSs）构念，提出众创空间要素会对合作创新过程中的构思（ideation）、概念迭代（concept iteration）和成员间协作（collaboration）产生影响⑤；有学者以腾讯等企业为案例开展研究，认为多边平台服务创新可以显著激发价值共创活动和网络效应⑥；种大双等提出由创新与需求主

①　曹勇，周蕊，周红枝，等. 资源拼凑、双元学习与企业创新绩效之间的关系研究［J］. 科学学与科学技术管理，2019，40（06）：94–106.

②　赵兴庐，刘衡，张建琦. 冗余如何转化为公司创业？——资源拼凑和机会识别的双元式中介路径研究［J］. 外国经济与管理，2017，39（06）：54–67.

③　张洪，鲁耀斌，张凤娇. 价值共创研究述评：文献计量分析及知识体系构建［J］. 科研管理，2021，42（12）：88–99.

④　孙荣华，张建民. 基于创业生态系统的众创空间研究：一个研究框架［J］. 科技管理研究，2018，38（01）：244–249.

⑤　Rieken F，Boehm T，Heinzen M，et al. Corporate makerspaces as innovation driver in companies：a literature review-based framework［J］. *Journal of Manufacturing Technology Management*，2020，31（01）：91–123.

⑥　Fu W，Wang Q，Zhao X. The influence of platform service innovation on value co-creation activities and the network effect［J］. *Journal of Service Management*，2017，28（02）：348–388.

体构成的众创空间创新合作违约惩罚模型①；刘新民等以政府、众创空间及创业企业为研究对象，探究企业初始意愿与政府规制对演化博弈过程的影响②；张相斌等针对共同平台内科技型小微企业，探讨合作绩效因子、绩效水平衰减系数等因素对合作绩效的影响③；王发明等运用演化博弈方法，发现超额收益分配比例、协调合作成本及奖惩等因素将影响创新生态系统的价值共创过程④；汪旭晖等针对平台电商，建立信用监管机制模型，破解了当下平台"监管困局"⑤。

这些文献论证了企业主导的众创空间中存在的合作创新与价值共创行为，并为创新主体间的博弈关系提供了理论支撑，同时提出合作绩效水平、收益分配比例、奖惩力度是影响平台系统或平台创新生态系统演化博弈的关键因素，为研究众创空间运营方与入驻企业及入驻企业间合作创新影响机制提供了基础。

2.3 众创空间与创新生态系统的关系

众创空间的组织特征高度拟合创新生态系统，是一个创新微生态系统⑥，其自身既作为一种创新生态系统，又作为次生生态系统嵌入外部创新生态系统中。一方面，众创空间内各主体通过知识活动不断与外部创新生态系统中的高校、科研院所以及中介机构等相关组织发生交互作用，形

---

① 种大双，孙绍荣. 众创空间中创新合作违约惩罚机制研究——基于随机演化博弈模型 [J]. 科技与经济，2017，30（05）：11-15.

② 刘新民，孙向彦，吴士健. 政府规制下众创空间创业生态系统发展的演化博弈分析 [J]. 商业经济与管理，2019（04）：71-85.

③ 张相斌，樊竹清. 基于共同平台的科技型小微企业合作绩效研究 [J]. 科技管理研究，2020，40（10）：164-173.

④ 王发明，朱美娟. 创新生态系统价值共创行为协调机制研究 [J]. 科研管理，2019，40（05）：71-79.

⑤ 汪旭晖，任晓雪. 基于演化博弈的平台电商信用监管机制研究 [J]. 系统工程理论与实践，2020，40（10）：2617-2630.

⑥ 刘芹良，解学芳. 创新生态系统理论下众创空间生成机理研究 [J]. 科技管理研究，2018，38（12）：240-247.

成知识网络，进而促进新创意、新产品的产生；另一方面，众创空间内部的新创企业聚集在一起形成内部网络，彼此间通过合作交流完成知识共享，进而实现创新。由此可见，众创空间是满足新创企业发挥创意、实现创新的知识共享与创造的重要平台。

众创空间作为创新创业平台，由空间内部入驻企业、创客、运营商和空间外部的政府、大学、科研机构以及外部服务商等多主体组成①，与生态系统有许多相似之处：企业、创客构成生物个体，运营方和政府等外部机构组成内外生态环境，各主体之间相互协同、共同创新，资源、信息有序流通，并且围绕创新创业活动形成利益链②。因此，众创空间不仅为创新生态系统的参与者之一，也是一种新型的创业生态系统，由新创企业和创业环境构成，可以通过与外部创新生态系统中的技术公司、大学、研究院所、中介机构及政府部门等其他相关组织共同服务于创新活动，鼓励新创企业自由生长，通过塑造适当的环境来激发创新的产生。③

众创空间受到其外部环境的影响，通过与外部创新生态系统中的政府、高校及科研院所、同业以及市场等多方发生竞合交互，激发其知识创造与创新创业活动。

2.3.1 政府对众创空间的影响

不论是创客还是孵化，都是"舶来品"。外来的概念在不同文化中传播、被描述或实践的方式，是其逐渐本土化的过程。④ 在国内，众创空间源于政府号召，政府为众创空间提供政策支持，政策是众创空间本土化的

---

① RICE M P. Co-production of business assistance in business incubators: an exploratory study [J]. *Journal of Business Venturing*, 2002, 17 (02): 163 – 187.

② 魏莞月. 疫情冲击下众创空间适应性机制研究 [D]. 成都：电子科技大学，2021.

③ 王海花，熊丽君，谢萍萍. 创业生态系统视角下众创空间运行模式研究——基于国家备案的上海众创空间 [J]. 科技管理研究，2020，40 (02): 222 – 231.

④ 乌仕明，李正风. 孵化到众创：双创政策下科技企业孵化器的转型 [J]. 科学学研究，2019，37 (09): 1626 – 1631 + 1701.

重要支撑。① 我国众创空间的发展模式有异于西方"自下而上"的发展模式，采取的是"自上而下"的发展模式，即一种政策先导性行为，而政策本质上是一种有着规范性意图的行动计划，用以实现特定的目的、价值和利益。② 因此，各地政府所出台的政策对于众创空间的未来发展至关重要，有着引领和激励作用。③

众创空间的政策目标是完善和提升社会创新创业服务功能，降低创业风险和成本，引进社会投资和民间资本，提升创业企业存活率，形成新的产业业态和经济增长点。梁铭玉认为政府通过多种方式支持众创空间的建设和发展，形成了富有成效的政府支持机制，政府可以通过对众创空间、运营主体和创业实体中某一个或多个行为主体的直接或者间接支持，来实现降低众创空间的运营成本、帮助拓宽众创空间的业务来源和收入渠道、提高运营主体的服务水平以及提升创业实体活跃度和成功率的目的，进而促进众创空间的创建和发展④；崔祥民细分了众创空间的政策类型，将其分为供给型、需求型与环境型条款，并深入探讨不同政策对于众创空间的影响⑤；潘东等认为政府行为的适度介入是众创空间服务优化得以顺利开展的保证，政府可根据众创空间不同的服务升级内容担当"管理者""监控者"和"引导人"等角色，通过相关行为的有序实施，影响众创空间服务优化的效能⑥。

部分学者通过实证研究发现并非所有的政策反馈都是积极的，有些政策由于运用不当，具有抑制作用，如高涓等经实证检验发现双创政策绩效与该地区经济发达水平和地方政府财力水平并无必然联系，甚至可能带来

---

① 李万，常静，王敏杰，等. 创新 3.0 与创新生态系统［J］. 科学学研究，2014，32（12）：1761 - 1770.

王发明，朱美娟. 创新生态系统价值共创行为协调机制研究［J］. 科研管理，2019，40（05）：71 - 79.

② 朱伟. 西方政策设计理论的复兴、障碍与发展［J］. 南京社会科学，2018（05）：75 - 81.

③⑤ 崔祥民. 基于三维视角的众创空间政策文本分析［J］. 科技管理研究，2019，39（17）：30 - 36.

④ 梁铭玉. 政府支持众创空间发展的机制研究［D］. 贵阳：贵州大学，2017.

⑥ 潘冬，肖婧，崔伟. 政府对众创空间孵化服务的影响机理研究［J］. 产业与科技论坛，2019，18（13）：91 - 92.

财政投入冗余，但财政补贴与税收优惠保持均衡时，更加有利于政策效果的实现①；徐示波实证分析发现运用财政资金投入和平台建设，此类政府介入性强的政策工具，在短时间内频繁使用会增加财政负担和抑制市场机制的调节作用，加大创业主体和创业资源之间的短期不匹配，导致能力、资源、创业机会之间的耦合程度不足②。众创空间政策体系需要保持政策工具供需的动态平衡，当政策工具供大于求时会出现众创空间闲置现象，供小于求则会影响创新创业活动发展。③

政府对于众创空间的扶持政策大体包括财政、工商、人才引进、氛围营造、场地提供、技术支持等方面。其中，政府补贴作为主要的扶持手段，以政府投入为起点，以众创空间平台及创业项目为传导，最终作用于创业主体。一些研究表明，政府补贴有可能会对众多小型化众创空间形成成本压力，形成制度性进入壁垒，从而挤压小型众创空间的生存空间，阻碍小型化、专业化、个性化众创空间的进入和发展，不利于整体众创空间的创新产出。④ 但总体而言，政府在政策上的优待与让步对于众创空间发展更多的仍是积极作用。政策的出台、宣传与实施一方面给相关企业带来了实实在在的好处，另一方面也利于在整个社会层面增强关注度，营造创新创业的文化氛围。在财政政策方面，政府提供的财政补贴及税费优惠等措施，能够减轻众创空间的经济压力，并更好地吸引优秀人才的入驻，众创空间所享受的财政补贴及税费减免保持均衡，也更有利于财政政策效果的实现。放宽市场准入条件及降低行业准入门槛等举措并没有使"草根创业"四处泛滥，反而一定程度上激发了创业个体及企业的积极性。在人才引进上，鼓励成立科技社团，以激发各类人才创新创业活力，有些众创空间甚至依托高校及科研院所，达成了政府—众创空间—高校的三方互利共

① 高涓，乔桂明. 创新创业财政引导政策绩效评价——基于地方众创空间的实证检验 [J]. 财经问题研究，2019（03）：75-82.

② 徐示波. 我国众创空间发展政策作用效果评估 [J]. 科技管理研究，2020，40（08）：27-34.

③ 崔祥民. 基于三维视角的众创空间政策文本分析 [J]. 科技管理研究，2019，39（17）：30-36.

④ 王发明，朱美娟. 创新生态系统价值共创行为协调机制研究 [J]. 科研管理，2019，40（05）：71-79.

赢。除此之外，还有鼓励各众创空间之间资源共享、倡导区域合作以及提供知识产权保护等举措，都更好地促进了平台内的知识创造与共享，并营造了浓厚的文化氛围。

2.3.2　高校及科研院所对众创空间的影响

高校及科研院所是科研成果产出的重要基地，汇聚了大量不同专业和技能的人才，为众创空间提供技术支持，帮助其实现创新建设与发展。[①] 在众创空间发展过程中，众多高等院校主导的众创空间也应运而生，此类众创空间区别于一般的众创空间，受市场的影响较小。本部分将高校及科研院所对众创空间的影响分成两种情况进行评述，即一般的众创空间对于高校及科研院所的依赖性以及由高校主导的众创空间。

（1）高校及科研院所与众创空间的合作。

国内有大量高校及科研院所（以下统称"高校"）与区域或大型众创空间合作的案例。众多高校将众创空间与高校图书馆、创业教育相结合，以求达到将人才、资源以及场地高效利用的目的。已有研究指出，图书馆与众创空间结合，可以聚集更多用户，促进知识传播与学习，提高创客社区内的合作和创新可能。[②] 王方认为高校图书馆开展众创空间服务，是促进自身服务转型升级，推进科研服务创新的有效举措，并提出图书馆应加强馆员创新素养，充分利用自身资源优势，打造知识交流、创业活动的创新服务平台。[③] 教育型众创空间主要由合作社群、创意实践、开放资源和协作空间四个要素构成，学生等个体通过众创空间创客教育学习实践知识、培育创新能力，借助校企合作实践创业项目，进而推动教育变革和社

① 王发明，朱美娟．创新生态系统价值共创行为协调机制研究［J］．科研管理，2019，40（05）：71－79．

② Boyle E，Collins M，Kinsey R，et al. Making the case for creative spaces in Australian libraries［J］．*The Australian Library Journal*，2016，65（01）：30－40．

③ 王方．众创空间与高校图书馆服务的融合创新发展研究［J］．图书馆工作与研究，2016（04）：96－99．

会、产业创新。① 张育广等以平台视角分析了高校众创空间的平台定位及发展策略，并从资源异质性、跨学科专业、产业融合等角度提出发展建议。②

众创空间及高校之间相互影响体现在以下三个方面：高校人才、科研成果与文化氛围。

从高校人才的角度出发，高校人才的聚集有利于众创空间的发展，其齐全的学科门类有利于创新灵感的发掘，浓郁的学习氛围有利于创新能力的培养。③ 高校拥有比较齐全的学科门类，依靠高水平的研究学者、先进的仪器设备和前沿的信息资源成为先进知识的创新源泉，通过针对国际前沿的学科知识开展大量的深入研究，有利于提出新的科学思想和科学方法，促进科学知识的创新和知识体系的完善。④ 在合作过程中，众创空间也可以面向高校学生为其实验和制作创造条件，不仅可以激发学生科研兴趣，还可以激活学生参与创新创业项目的动力，实现信息及资源共享。大学生创客相较于普通创客更是敢于创新、思维开放、接受程度高的群体，在同等知识素养及共同爱好的基础下，人际关系简单、群体性强的他们合作将会更加顺利和持久，由于合作的顺利，也将会碰撞出更多的思维火花，整体将呈现良性循环。

从科研成果的角度出发，众创空间是科研成果进行市场转化的重要平台，科研人员和大学生在进入众创空间之后，有利于形成更高效的协同创新联盟。⑤ 同时，当大学生创客们亲身从事众创空间的合作项目时可以提高其解决问题及批判性思维的能力，使其从知识使用者成为知识创造者。知识的创造将有利于科研成果及专利的产出，而高校及科研院所的科研成

① 付志勇. 面向创客教育的众创空间与生态建构 [J]. 现代教育技术，2015，25（05）：18－26.

② 张育广，张超，王嘉茉. 高校众创空间创新发展的演进逻辑及路径优化——基于平台理论视角 [J]. 科技管理研究，2021，41（17）：69－77.

③ 兰东东，干甜. 高校众创空间建设模式探索及其发展研究 [J]. 企业科技与发展，2020（03）：25－26.

④ 王涛. 高校众创空间的发展定位与建设路径探微 [J]. 南京理工大学学报（社会科学版），2015，28（05）：41－43＋92.

⑤ 戴春，倪良新. 基于创业生态系统的众创空间构成与发展路径研究 [J]. 长春理工大学学报（社会科学版），2015，28（12）：77－80.

果及专利产出也将大力推动众创空间的发展进程，从而进一步推动协同创新及知识共享。以往有研究表明，在高校技术转移孵化器模式中，通常以高校为点，以高科技技术孵化模式为主线，借助不同的结构形式，推进技术的转移。① 在此模式下，各高校及科研院所可依托众创空间平台，推进学研与企业间的信息交流，促进科研成果转化，而在此氛围下及时将科研成果转换为生产力，也将促进众创空间的长远发展。

从文化氛围的角度出发，高校的学习氛围浓厚，高校与众创空间的合作可以在此取得"1+1＞2"的结果。高校作为先进思想、创新文化和科技资源的聚集地，其大学生创客所固有的创新精神、创业意识会得到广泛弘扬并普遍强化，在这种文化氛围和环境下，会促进众创空间的发展和繁荣，在完善科技成果处置和收益分配机制的基础上构建更加多元化的众创空间。②

（2）高校及科研院所主导下的众创空间。

高校及科研院所（以下统称高校）主导下的众创空间其运营管理人员大多由学校行政人员担任，并由高校主导负责创新人才和创业项目的人员对接，因此其投资主体较为单一，较少受到市场化运作机制的影响③，相较于注重运营效率的政府、企业主导型众创空间，高校主导型更加专注于社会创业的教育问题④。随着众创空间发展历程的推进，社会化众创空间数量越来越多，而高校众创空间还处于数量少、功能弱的状态。

在众创空间的实践应用中存在高校＋众创空间的模式，由高校主导的此类众创空间集成高校的学术资源、专业设备资源，并吸收社会众创空间的资源整合、全链条创业服务、市场化管理功能，已成为高校创新创业平台的升级版。⑤ 梳理过往文献发现，刘欣认为高校建设众创空间正是高效

---

① 杨世君. 探讨当前我国高校技术转移的方式 [J]. 中外企业家，2020（08）：239.

② 王丽平，李忠华. 高校创客文化的发展模式及培育路径 [J]. 江苏高教，2016（01）：94 - 97.

③ 范若希. 高校众创空间对大学生创客创新行为的影响研究 [D]. 成都：电子科技大学，2020.

④ 卫武，赵璇. 画布视角下不同类型众创空间的商业模式：一个多案例比较研究 [J]. 科技进步与对策，2021，38（09）：1 - 8.

⑤ 王迷迷，郝立，姜昌金. 众创空间发展对高校创新创业生态的影响探讨 [J]. 信息技术与信息化，2016（04）：125 - 127.

地利用了学校现有的物质资源与技术资源，给大学生的"草根创业"奠定良好基础①；田中良等认为高校众创空间具有科研设施、专业团队与技术积累等独特优势，是政府、高校、企业和社会组织整合政策、资金、人才与技术等资源，基于共同目标，打破主体间障碍，从而实现高度合作、共建共享的平台②；王洪梁等认为高校众创空间使大学生们接受系统化知识教育的同时也在实践中得到锻炼，减少大学生创业"见光死"以及"毕业即失业"的现象③；范若希认为高校众创空间组织社会化策略对大学生创客创新构想的产生和执行均有显著促进作用④。

高校众创空间凭借高校优质的科研设施、技术创新积累和众创空间平台的应用创新资源等独特优势，推进高校技术创新成果向实际项目转化，技术创新与应用创新互融共生，高校众创空间是创新创业的天然土壤。

2.3.3 同业对众创空间的影响

在政府的号召下，各众创空间通过相互合作，建立起了区域众创空间联盟以助力平台发展及中小企业创新创业。联盟的成立意味着资源共享，这种资源不仅限于物质等实物，还包括知识等无形物质，在共享行为下可使知识在实现各创新构成要素之间功能耦合、多重反馈的基础上涌现新特性⑤，以保证众创空间知识生态系统中的创新知识得以动态配置。

有学者认为众创空间产生于地理上的聚集，这种聚集使得成员可以互相分享知识、资源与建立社会关系网，可以高效产出新知识新想法。⑥ 众

---

① 刘欣. 众创空间视域下独立学院创业教育路径探析 [J]. 北京农业职业学院学报, 2016 (07)：81 - 86.

② 田中良, 任少伟. 高校"众创空间"孵化模式构建及运行策略研究 [J]. 安徽工业大学学报 (社会科学版), 2017, 34 (03)：100 - 102.

③ 王洪梁, 王可娜. 高校众创空间研究综述 [J]. 价值工程, 2017, 36 (18)：253 - 256.

④ 范若希. 高校众创空间对大学生创客创新行为的影响研究 [D]. 成都：电子科技大学, 2020.

⑤ 刘志迎, 武琳. 众创空间：理论溯源与研究视角 [J]. 科学学研究, 2018, 36 (03)：569 - 576.

⑥ Wong A, Partridge H. Making as learning：Makerspaces in universities [J]. *Australian Academic & Research Libraries*, 2016, 47 (03)：143 - 159.

创空间同业之间的合作不仅可以促进区域内众创空间的生成、横向打通众创空间的优质服务资源、催生出一批新的创新创业主体，还可以在互联网的基础上，构建共享平台网络结构，实现相同区域地区众创空间的有效衔接，直接为地区众创空间提供共享交流平台，突破地域性限制，实现区域内创业企业物理空间的共享，使企业可以获得更多优化资源。①

在知识产权保护上，也有多家众创空间达成协议形成知识产权服务联盟，这是由于保护单个众创空间的知识产权存在着成本高、专业性欠缺等问题，且各众创空间都具有其优势的横向及纵向服务领域。知识产权联盟的成立可以加强与知识产权交易中心的合作，通过知识产权服务联盟的整合，实现对创客知识产权服务的垂直上下游打通，以及专利、商标、版权等知识产权细化市场的精准服务。②

各众创空间之间既为合作关系，也为竞争关系。但在政府的适当干预下，各平台间可找到平衡点，在竞争中齐头并进，不仅可做到各平台百花齐放，还可实现平台内各中小企业各放异彩，以激活创业生态圈的创新活力，实现创新产出最大化。

2.3.4 市场对众创空间的影响

在当前环境下，众创空间以市场为导向，强调市场化运作，其产出的创新成果是否具有商业价值以及入孵企业是否成功，都需要靠市场进行检验。

梳理过往文献可以发现，华晓龙认为由政府发起、国资控股的众创空间，相对主要以市场为导向的众创空间来说运行机制缺乏灵活性③；张鸣哲等基于杭州市实证研究发现市场自发形成的众创空间聚集片区，知识密

---

① 朱春卫. 基于共享经济的众创空间生态系统设计与实现 [J]. 电脑知识与技术, 2019, 15 (08): 283 - 284.

② 石家齐, 宋伟. 基于"投入—实施—产出"分析模型的众创空间知识产权服务网络研究 [J]. 科技管理研究, 2018, 38 (08): 146 - 150.

③ 华晓龙. 苏州发展众创空间存在的问题及对策研究 [J]. 商业经济, 2017 (11): 46 - 47.

集程度高、人才储备充足、应用市场广、落地空间足、发展好①；肖斌等认为众创空间能够合理有效配置资源是高效运营的关键所在，如果政府和学校干预过多，则会变得被动，企业的主动性和市场灵活性不能充分发挥②。

由此可见，众创空间应该坚持市场导向，由市场力量来主导，而政府起激励与引领的作用，给予政策和服务上的扶持。市场除了其主导性、灵活性外，还可以实现其服务功能，如相关中介机构可以对市场动态进行调研，并向众创空间提供信息，以引导创新方向，提高创业成功率。除此之外，众创空间内部的许多企业已经拥有丰富的网络资源与市场信息，甚至其本身就是需求方，可以为其他新创企业所用，为它们带来早期客户。

2.3.5 创客团队的社会网络关系对众创空间的影响

众创空间作为一种以现有孵化器和创客空间为基础的开放式创业生态系统③，不仅为创新创业个体与团队提供各类服务与资源的集合④，而且也是为创客提供资源整合与服务的平台。根据交互创新论（Interactive Innovation Theory），组织可以通过与环境之间的相互影响、相互作用实现创新⑤，众创空间这一特殊的组织也通过与环境的互动为入驻企业提供多样化资源和机会，从而帮助入驻企业获得创新基础。除此之外，众创空间内部入驻的创客团队的社会网络关系对其发展也有着重大影响，创客团队入驻众创空间可以丰富其网络关系，与其他入驻企业建立商业合作关系，

---

① 张鸣哲，张京祥，何鹤鸣. 基于协同理论的城市众创空间集群形成机制研究——以杭州市为例 [J]. 城市发展研究，2019，26（07）：29 - 36.

② 肖斌，李金琼. 混合所有制视域下众创空间专业细分对策研究 [J]. 河北广播电视大学学报，2020，25（03）：61 - 64.

③ 李燕萍，陈武. 中国众创空间研究现状与展望 [J]. 中国科技论坛，2017（05）：12 - 18.

④ 杜宝贵，王欣. 众创空间创新发展多重并发因果关系与多元路径 [J]. 科技进步与对策，2020，37（19）：9 - 16.

⑤ Kevin Morgan. The Learning Region：Institutions，Innovation and Regional Renewal [J]. *Regional Studies*，1997，31（05）：491 - 503.

空间主体以及其所合作的政府、金融服务、研究机构等与企业建立支持性合作关系，为企业创新带来政策保障和理论支持，降低初创企业创新的风险。① 社会网络具有的资源获取和配置效应，对于降低创业企业资源获取成本、增加资源获取可能性发挥关键影响②，众创空间社会网络与合作伙伴社会网络复杂交织，网络特征要素也会对众创空间绩效产生影响。

梳理过往文献发现，裴亚新等认为入驻团队与外部生产性服务机构的正式联系是常态，而内部的正式联系具有偶然性、不确定性，这与入驻团队从事的行业有较大相关性，除此之外，自由开放的工作氛围是创客入驻的重要原因，有这种需求的团队多是自身发展较为成熟，已经掌握了企业所需要的一定外部社会资源的团队，因此也会出现非正式联系远多于正式联系的情况③；冯海红等基于六种不同类型社会网络视角，以众创空间的行动导向出发，分析其构建社会网络的行动和特征，从而发现其对于众创空间内创客团队创业效果的影响④；黄钟仪等认为众创空间内部创客团队嵌入了商业和支持性两类网络关系，且网络关系受环境不确定性影响，环境越不确定，与同行企业的非正式联系就越有可能被调动起来，在其最初的成长阶段，众创空间帮助企业构建的支持性网络关系比企业自身建立的商业性网络关系对其成长的作用更大，也更为重要⑤；崔世娟等认为网络中心性、关系强度是影响众创空间运营绩效的关键因素⑥。

创客创意、知识通过社群网络进一步传播，加快知识溢出和创新扩散速度，有利于社会整体效率提升。针对于创客团队社会关系网络方面的研究还不多，有部分学者认为其对于众创空间的影响从一定程度上增加了创业成本，有一定的负面效果，因此入驻的创客团队应提升识别社会网络的能力，并适度地嵌入社会网络从而获取充足、优质的社会资源，从而提升

① ⑤ 黄钟仪，向玥颖，熊艾伦，等. 双重网络、双元拼凑与受孵新创企业成长：基于众创空间入驻企业样本的实证研究 [J]. 管理评论，2020，32 (05)：125 – 137.

② ④ 冯海红，曲婉. 社会网络与众创空间的创新创业——基于创业咖啡馆的案例研究 [J]. 科研管理，2019，40 (04)：168 – 178.

③ 裴亚新，周素红，李骞. 创客空间入驻团队的联系网络特征及其形成机制研究 [J]. 规划师，2019，35 (01)：63 – 70.

⑥ 崔世娟，陈丽敏，黄凯珊. 网络特征与众创空间绩效关系——基于定性比较分析方法的研究 [J]. 科技管理研究，2020，40 (18)：165 – 172.

创业成功率，协助众创空间平台更好的发展。

2.4 众创空间知识生态系统

众创空间是创新和创业的整合形态，是一个关于知识资源的收集、建设、加工、整理、传递、利用、创新的组织，其知识生产、知识传播、知识应用的过程具有生态学特性，存在知识的演化和知识的演替，符合知识生态系统的理念内涵。①

众创空间知识生态系统的构成要素包括知识主体要素和环境要素。根据知识活动主体的特点，众创空间知识生态系统的知识主体要素可分为知识个体、知识种群和知识群落三种类型。知识个体是指每一个拥有技能和经验的个人，他们在知识活动中扮演着知识生产者、知识消费者和知识分解者的不同功能；以项目或任务为纽带链接在一起的知识个体形成知识种群。知识种群是组成众创空间知识生态系统的核心知识主体；而知识群落则是由知识种群组成的，并与众创空间的文化环境、制度环境、实体环境相协调的知识生态功能单位，是知识个体、知识种群适应环境和彼此相互适应过程的产物。②

众创空间知识生态系统的环境要素是指影响知识主体生存发展的一切事物的总和，包括内部环境和外部环境。内部环境以众创空间的实体环境、文化环境和制度环境为主。其中，实体环境也称物理环境，如优越便捷的地理位置、开放舒适的办公环境、可共享的设施设备以及优秀的网络技术平台等；文化环境是指知识主体之间的相互协作氛围、信息和知识分享氛围以及日常行为习惯等内容，是一种潜移默化的影响要素；制度环境以制度规范为主，包括众创空间知识生态系统的进入和退出制度、业务管理制度、知识管理制度（如定期的知识交流制度和知识产权制度等）、投

---

① 刘健，张海涛，张连峰. 图书馆知识生态系统的虚拟化封装模型构建及技术方法研究 [J]. 情报科学，2015，33（02）：121–125，131.

② 张肃，靖舒婷. 众创空间知识生态系统模型构建及知识共享机制研究 [J]. 情报科学，2017，35（11）：61–76.

融资管理制度等。外部环境主要是指众创空间外部主体如政府、高校、研究机构、金融机构等为保障众创空间良好运行而提供的各类支持。① 外部环境以社会宏观环境为主，尤其是国家的政策因素和社会的科技因素最为直接。② 政府制定各种财政补贴、知识产权保护政策等公共政策降低创新门槛，保护众创空间知识创新成果，引导企业积极参与，提高创新生态系统的创新能力和知识转化效率。③ 高校与研究机构是知识创造的主要源泉，学研方往往具有扎实的理论基础和前沿的科学知识，能为创新生态系统提供专业人才和实验设备。④ 金融等其他服务机构与众创空间相互合作，通过众扶、众包、众筹等运行机制与众创空间知识生态系统形成有机联动，提高众创空间组织效率，为其健康发展注入鲜活动力。⑤

2.5　众创空间中的知识共享与知识创造

目前这方面的研究还不是太多，代表性成果有：刘志迎等通过实地调研发现，创客创新自我效能感通过知识共享的中介作用间接影响创新行为，众创空间能够激发创客间的知识共享，使创客愿意投入更大努力去开发和掌握新技能，从而促进创新。⑥ 埃里克 - 约瑟夫 - 范 - 霍尔姆（Eric Joseph van Holm）（2017）认为创业者们在众创空间中不仅共享工作空间

---

① 孙荣华，张建民. 基于创业生态系统的众创空间研究：一个研究框架［J］. 科技管理研究，2018，38（01）：244 - 249.

② 张肃，靖舒婷. 众创空间知识生态系统模型构建及知识共享机制研究［J］. 情报科学，2017，35（11）：61 - 76.

③ 李燕萍，李洋. 价值共创情境下的众创空间动态能力——结构探索与量表开发［J］. 经济管理，2020，42（08）：68 - 84.

④ 马文聪，叶阳平，徐梦丹，等. "两情相悦"还是"门当户对"：产学研合作伙伴匹配性及其对知识共享和合作绩效的影响机制［J］. 南开管理评论，2018，21（06）：95 - 106.

⑤ 王丽平，刘小龙. 价值共创视角下众创空间"四众"融合的特征与运行机制研究［J］. 中国科技论坛，2017（03）：109 - 116.

⑥ 刘志迎，孙星雨，徐毅. 众创空间创客创新自我效能感与创新行为关系研究——创新支持为二阶段调节变量［J］. 科学学与科学技术管理，2017，38（08）：144 - 154.

和工具，更重要的是知识的共享。① 安妮·黄和海伦·帕特里奇（Anne Wong and Helen Partridge）的研究发现，众创空间不仅是一个制造空间，它是人们在地理位置上的聚集，用以分享知识与资源、合作项目以及建立关系网络，从而促进新知识新想法的产生。② 综上可见，学者们都已充分认识到知识共享和知识创造是众创空间的重要活动内容，它们对于促进创新产出具有不可替代的作用。加速众创空间与创新生态系统中信息资源流动，实现众创空间内外知识共享与创客之间的知识交互，是提高众创空间创新绩效的关键。

2.6 研究述评

诚然，已有的研究成果为本书研究打下了很好的基础。但我们也发现已有的研究还存在以下问题有待进一步改进：

（1）对众创空间研究的系统性不足。众创空间作为创新生态系统的重要组成部分，其内部集聚了众多创客、创业项目、初创企业等各类创新创业要素，它们与创新生态系统其他组织不断有知识、成果、信息等物质、能量的传递与交互，形成了共生网络，具有明显的系统性特征。但现有的研究缺乏从创新生态系统的角度对众创空间进行分析，更没有把众创空间与创新生态系统内各主体的相互关联与相互影响联系起来进行综合分析。

（2）关于众创空间知识活动的研究有待加强。众创空间内集聚的创客数量众多、角色多元，他们在特定的地理空间内聚集在一起，有意或无意地分享彼此的创意思想，实现知识共享。并且，众创空间与创新生态系统的其他主体间也不断发生知识的流动，通过内外知识整合促进新知识的产生，进而促进创新。应该说知识活动是创新的基础，但目前人们对众创空间中知识活动的关注很不够，对知识共享与创造在众创空间中的作用、影

① Van Holm E J. Makerspaces and local economic development [J]. *Economic Development Quarterly*, 2017, 31（02）: 164–173.

② Wong A, Partridge H. Making as learning: Makerspaces in universities [J]. *Australian Academic & Research Libraries*, 2016, 47（03）: 143–159.

响因素与运行机制等相关方面的研究尚不多见。

（3）目前关于"众创空间"的研究多从宏观和静态的视角，并以定性分析为主，研究内容多集中在概念的界定、空间构成和特征分析等方面。大多数研究尚缺少量化的概念，难以很好地解释众创空间在创新生态系统中交互行为的涌现，也不能直观地反映众创空间中各主体的知识活动规律。

（4）目前关于众创空间内部初创企业的创新问题人们关注的较少，也少有文献报道。实际上，创新是众创空间存在的根本意义之一，而众创空间内部聚集着大量的初创企业，众创空间的创新绩效来源于初创企业的创新绩效。因此，对众创空间中初创企业的创新问题开展研究十分必要也很有意义。

基于以上分析，本书拟从以下几个方面开展研究：

（1）众创空间嵌入下创新生态系统知识网络架构。

（2）创新生态系统对众创空间知识创造的影响。

（3）众创空间内部知识共享与创造行为。

（4）众创空间内部初创企业的创新绩效。

第3章　企业调查与数据收集

本章内容是全书实证研究的基础，全书此后章节的实证研究数据均来自本章。本章内容主要包括企业调研与访谈、问卷调查和数据获取、样本数据的描述性统计。

3.1　企业调研和访谈

3.1.1　调研和访谈设计

众创空间中都是实体企业，要对其开展研究必须从企业调查入手。从课题申请准备到中期检查阶段，课题组根据课题设计的要求在福建省共实地调研了5家具有代表性的众创空间（优空间、旗山智谷、福州大学阳光众创空间、阳光学院创四方园、闽台大学生三创基地），其类型涵盖政府、高校、企业为主导的三类典型的众创空间。课题组和众创空间的运营管理者以及入驻创业企业代表就众创空间与外部多主体之间知识互动的关系、频率、强度、渠道，以及众创空间内部如何进行知识的共享、整合和创造等问题进行了深入的访谈。主要从创新生态系统知识网络（知识网络各行为主体类型、各行为主体之间的关系、各行为主体供给的知识类型）、知识网络的关系嵌入度（众创空间与各行为主体的关系质量、关系强度、关系稳定、互惠性）、知识网络的结构嵌入度（众创空间与各行为主体知识交流的网络规模、网络密度、网络异质性、网络中心性）、众创空间知识创造绩效评价（新知识产生与应用，如专利申请与授权、新产品与服务的开发、创新产品成功率等）四个方面开展半结构化访谈。访谈提纲见表3-1。

表 3 – 1   半结构化访谈提纲

1	与众创空间运营相关的主体除了政府、科研院所、中介机构、风险投资与创业咨询机构等外，还有哪些？谁是主导？主体之间信息交流的强度、深度、频率如何？各主体在众创空间发展过程中发挥什么作用？是否会受到地理条件的影响？
2	交流的内容以什么为主？前沿知识？政策制度？市场发展？产品和服务转化？……哪类信息对众创空间发展的帮助最大？
3	此众创空间在整个生态系统中的位置、作用、特征、结构是什么？
4	此众创空间如何对入驻企业提供服务、调节、文化传递、支持等，促进外部知识的灌入和内部知识的创造？
5	国家级众创空间评估评价的主体是什么？主要有哪些层面的指标？
6	创新创业孵化成活率是多少？国家级众创空间平均成活率是多少？
7	知识成果转化成功率（产品投放量）是多少？国家级众创空间平均成果转化率是多少？
8	此众创空间与其他创意园区、孵化器、高校科技园等主要区别在哪？
9	此众创空间主要通过哪些形式、渠道、方式提升入驻企业的孵化率、成活率和转化率？
10	此众创空间与其入驻企业单位如何协同进化（寄生？共生？）？入驻企业之间如何进行信息的共享和交流？
11	此众创空间的入驻企业能否有效利用平台的服务与辅导？利用率是多少？
12	此众创空间如何保持持续力（变化和进化）和健康性（有组织、有活力、有弹性）？
13	众创空间主要的核心竞争力是什么？在市场变化过程中主要做了哪些改进？

注：已将专业术语转化为通俗表达。

同时，为了更加全面了解创新创业平台多主体网络效应的影响作用，课题组成员还走访了孵化器、加速器、高科技产业园区以及一些初创孵化平台和成果转化平台等，并对相关部门及关键人物进行访谈，了解众创空间在整个知识网络中的界定、角色、功能，以及服务模式等。

3.1.2　调研和访谈结论

通过实地调研和访谈，我们了解到近几年众创空间的政策体系持续完善，发展规模不断壮大，孵化成效逐步显现，孵化事业进入新的发展期，孵化育成体系已形成专业与综合并存、国有与民营协同、社会公益性与营利性互补的发展格局，众创空间通过不断优化整合创业资源，为初创企业提供了低成本、便利化、全要素、开放式的知识共享和信息互动的服务平台，也为大众创新创业的推进营造了良好生态环境。对促进科技成果产业化、培育科技企业和企业家，以及提高自主创新能力和发展战略性新兴产业的基础性作用逐步形成社会共识。

（1）成效和亮点。

通过对调研记录的整理以及对相关政策文件和参考文献的提炼，主要的建设亮点表现在：

第一，创新创业孵化体系逐步完善。大部分孵化器、众创空间通过推广"创业导师＋创业辅导员＋创业联络员"的创业辅导制度，实施"创业导师＋创业投资＋专业孵化"的孵化模式，有力地推进了在孵企业健康持续发展。此外，通过整合创新资源，举办论坛、创业沙龙、项目推介、项目对接等形式丰富的活动，推动政策落地、搭建政校企合作交流平台，有效地发挥了政产学研用协同创新的作用。

第二，多元化、全方位发展格局基本形成。近年来，福建省积极支持各类孵化器、众创空间建设发展，多元化投资、专业化运营、网络化服务格局形成，一大批龙头企业、投资机构、高校科研院所等成为孵化器、众创空间投资建设的主力军。阿里巴巴、腾讯、百度等行业巨头建立了孵化基地；厦门大学、福州大学、华侨大学、闽南理工学院、三明学院、龙岩学院等众多高校均建立了服务教师、大学生的创业服务平台；图灵资本、百盛投资等投资机构建立了众创空间孵化载体。同时，孵化器、众创空间品牌建设和运营朝着专业化发展，爱特众创、一品创客、优空间、蝌蚪生态空间等成功将可复制模式进行全省甚至全国性推广，建立起福建省本土的双创品牌；863 孵化器、厦门火炬石墨烯新材料专业孵化器、厦门软件产业孵化基地等一批大型专业化孵化载体迅速兴起。

第三，专业技术服务平台建设日益完善。部分孵化机构已在软件信息、生物医药、先进制造、新材料、农业科技等领域建立了专业技术服务平台，如厦门生物医药孵化器建立的生物医药技术平台、福建海峡两岸安成青年创业园建立的3D陶瓷研发实验室、南平市科创基地打造的先进制造与工业设计服务平台、龙岩大学科技园建立的龙岩市环保材料测试评价中心等，为企业提供产品研发、产品设计、高端加工、产品检测等专业技术服务，实现了科技条件向孵化器、大学科技园有效流动和集聚，为科技企业自主创新、发展成长提供了专业支撑。

（2）现状和问题。

众创空间在建立创新机制、培育新产业、促进区域经济发展等方面取得了显著成效。成绩虽然可喜，但新阶段众创空间建设和发展的问题和压力也不容忽视，尤其近些年在新冠疫情强烈冲击下，众创空间亦遭遇前所未有之"瓶颈"，概括表现为：高水平众创空间特别是国家备案众创空间数量占全省孵化器总量比例不高；创业孵化服务的规范化、标准化、专业化方面与先进省份同行相比还有一定差距，不同区域众创空间的体量、规模、发展质量还不均衡，部分地区众创空间数量匮乏，发展迟缓；众创空间投融资功能总体不强，创业企业的融资"瓶颈"仍有待突破；高层次专业人才相对缺乏，人才培育机制不够完善，制约了众创空间的高质量长远发展。特别在知识共享和创造过程中，众创空间与外部主体（政府、高校、科研院所、协会联盟以及其他众创空间等）以及众创空间内部主体间（入驻企业、创业团队、云入驻会员等）知识共享能动性低、知识创造动力不足、创新协同度低等问题尤为凸显。具体存在问题归纳为以下几个方面：

第一，高层次、高素质专业人才短缺，人才引进困难。一方面，部分孵化器和众创空间受地域环境等因素影响，公共配套设施建设相对滞后，对高层次、高素质专业技术人员吸引力不强，人才引不来；另一方面，人才激励手段匮乏，人才培育机制不够完善，人才留不住，严重制约孵化平台长远发展。

第二，融资服务水平待加强，企业发展受制约。大部分孵化器和众创空间融资服务能力较弱，企业融资难、融资贵的问题普遍存在，一些有发展前途的在孵企业和创业项目因无法及时获得成长所需资金，其发展受到约束。

第三，盈利模式单一，运营压力大。部分孵化器和众创空间盈利模式单一，主要收入一部分来自政府财政补贴，其他来自场地租金和物业服务费，收入来源过窄，重资产、轻服务，重建设、轻培育，创新链、产业链、资金链等社会资源的嵌入及整合不足，导致营收与运营成本无法平衡，巨大的运营压力制约了孵化器和众创空间自身的发展。

第四，政策支持不足。当前各地针对孵化器、众创空间的相关政策在扶持范围、扶持力度和实施效果方面有待于进一步加强。部分政策缺乏连续性和灵活性，在政策执行时宣传力度不够，落地过程僵化，导致部分企业无法享受到政策红利。同时，一些针对性的专项政策较少，且现有的政策门槛较高、不利于产业聚集。此外，广大中小微企业较为关注的焦点比如金融政策等支持力度不够到位，企业的生存问题得不到有效解决。

第五，孵化服务水平有待提高。部分孵化器和众创空间以提供物业管理和办公服务等基础性服务为主，软服务质量不高，对于市场开拓、专业技术、融资、团队引进与搭建、科技成果转化等深层次的服务有所欠缺，未能有效整合创业企业、高校及科研院所、投资机构、公共服务资源以及创业服务机构资源以建立完整的生态链，导致产业辐射效应弱，科技成果落地转化难，创新发展动力不足。

虽然上述结论是基于对福建省的一些具有代表性的众创空间和孵化器的调查，但它对我们了解全国众创空间的现状仍有一定的参考价值。

3.2 问卷调查和数据获取

本课题设计以实证研究为主，故必须依靠大量的实际数据。为此，课题组通过多渠道开展了一定规模的问卷调查，以收集足够的数据来满足课题研究的需求。在前期实地调研和访谈的基础上，课题组根据课题研究设计针对不同类型的实测对象设计了两份不同的问卷，一份为众创空间与外部主体关系问卷（以下称"问卷一"），一份为众创空间内部组织间关系问卷（以下称"问卷二"），分别对众创空间"运营方"和"入驻企业"进行调研。问卷调查分四个阶段：第一阶段：问卷设计；第二阶段：问卷试测；第三阶段：正式调查；第四阶段：补充样本。

3.2.1　第一阶段问卷设计

在前期企业调研、深入访谈以及文献整理的基础上，课题组成员经过多轮讨论，将调查问卷主体分为三个部分，分别为基本信息、描述性调查、客观题项。为保证问卷调查的信效度，各变量均采用李克特五级量表法进行测量，即题项问题由针对某种事物的态度或看法的陈述组成，包括"非常不同意""比较不同意""一般""比较同意""非常同意"五种回答。各测量指标均参考了国内外较为成熟的量表设计。

问卷一：以众创空间为一个调查单元，了解众创空间与整个创新生态系统的关系以及知识交互情况。问卷的题项设计主要包含本众创空间的基本信息、本众创空间与其他外部主体知识交互情况、本众创空间知识创造绩效三个部分。

问卷二：以众创空间的入驻企业为一个调查单元，了解众创空间内部创新团队间知识网络发展状况、创新的环境与知识管理等。问卷的题项设计主要包括入驻企业的基本信息、入驻企业间的网络关系、入驻企业创新与知识管理、新冠疫情影响四个部分。

3.2.2　第二阶段问卷试测

试测样本主要分布在福建省的福州、厦门、泉州、三明、漳州，选取10家（启迪之星、厦门龙之山文化创意产业有限公司、创四方园、华创空间、福州市职工创新创业创造中心、云创工坊、图灵互联网创客空间、旗山智谷众创空间、蝌蚪生态空间、福州大学阳光众创空间）具有一定代表性且保持长期良好联系和沟通的众创空间作为样本，试测对象为众创空间运营方负责人以及入驻企业代表。共回收10份运营方问卷和65份入驻企业问卷，样本数据均通过信效度检验。为了保证数据信效度以及问卷题项的精确度，在样本试测过程中，课题组成员对每位众创空间负责人进行了点对点联系，询问众创空间运营方代表对题项设计的意见和建议。通过前期试测和对运营方代表的意见收集，对问卷题项设计做适当调整，同时加入环境动态性（以新冠疫情为例）等相关题项，形成最终版的调查问卷。

3.2.3 第三阶段正式调查

为了保证调查对象有鲜明的平台交易和创新属性，课题组与福建省科技厅合作，通过福建省科技厅创新办公室（福厦泉国家自主创新示范区建设工作领导小组办公室）相关联系网络，采用电子邮件、QQ 群、微信群、电话调查等全面抽样以及点对点补充的形式发放调查问卷，并对漏填、填写不规范、不符合要求等问卷进行再次确认，以保证问卷数量的充足、完整和有效。调查样本均来自政府备案的国家级和省级众创空间。共发放运营方调查问卷 131 份，收回有效问卷 131 份。发放入驻企业调查问卷 307 份，收回有效问卷 307 份，回收率 100%。

3.2.4 第四阶段补充样本

为了保证数据的说服力以及样本范围地理分布的均衡性，课题组通过央视市场调查机构电话访问和在线访问的形式在全国范围内追加样本数量。通过关键字搜索众创空间名单，以园区、孵化器、创新、共创、加速器、共享办公为主，具体有创客、创客空间、创新园区、科技园区、共创空间、共享办公、优客工场、创业服务平台、创业孵化、创业梦工场、科创孵化器、众创社区、创咖、联合办公、办公社区、创业加速器、创新实验室、协同创新、联合创新、研创、创新中心、创业服务中心、创空间、共同体、创业沙龙等，并通过搜索、机器爬虫、购买数据库等方式获取电话号码，同时采用自有云和 PANEL 数据库（基数 400 万 +）针对符合平台特征的众创空间运营方进行定位和甄别，符合条件样本进入在线访问流程，自行填答完成问卷。在全国范围内共访问 7007 个样本（见表 3 - 2），其中，电话访问样本 6582 份，访问成功样本 60 个众创空间，成功率达 0.91%；在线访问样本 425 份，访问成功样本 40 个众创空间，成功率达 9.41%。

表 3 - 2　　　　　　　　　　　　样本数据

项目	调查方法		合计
	电话访问	在线访问	
获取名单、接触样本	6582	425	7007
成功接触合格有效样本	2380	52	2432
拒访	2320	12	2332
成功样本	60	40	100
成功率（%）	0.91	9.41	1.43
拒访率（%）	97.48	23.08	95.89

问卷调查从 2020 年 6 月到 11 月，历时 6 个月。共回收问卷 538 份（其中问卷一 231 份，问卷二 307 份），有效问卷 538 份，有效率达 100%，均通过信效度检验。问卷调查收集的一手可靠数据为后续的实证研究打下了坚实的基础。

3.3　样本数据的描述性统计

3.3.1　问卷一描述性统计

（1）众创空间基本信息。

由表 3 - 3 可见，被调查的众创空间成立年限在 1 ~ 5 年居多（77.86%），运营方以私营企业（65.65%）为主，其中国家备案众创空间占比 22.9%，省级众创空间占比 48.09%，市级众创空间占比 25.19%。入驻企业数量在 10 家以下占比 52.38%，云入驻企业的数量明显高于实体入驻企业。众创空间主要涉及的行业为信息传输、软件和信息技术服务业（74.05%），文化、体育和娱乐业（41.98%），科学研究和技术服务业

（37.4%），批发和零售业（37.4%），教育业（35.88%），以及其他行业（主要包括农林牧渔业 25.95%、制造业 22.14%、租赁和商业服务业 21.37% 等）。专任职工人数普遍少于 10 人（67.86%），大部分众创空间运营方采用专兼任结合，或是管理外包的方式进行运营管理。

表 3-3　众创空间基本信息　　　　　　　　　　　　　　　单位：%

成立的年限	1 年（含）以下	1~5 年（不含）	5~10 年（不含）	10 年（含）以上	其他
	3.82	77.86	16.79	1.53	0
管理运营单位的性质	高校创办	国有企业	合资企业	私营企业	其他
	13.74	6.11	1.53	65.65	12.97
众创空间的级别	国家级	省级	市级	都不是	其他
	22.9	48.09	25.19	3.05	0.76
实体入驻企业数量	0~10 家	11~20 家	21~50 家	51~100 家	101~200 家
	52.38	14.29	22.08	8.23	3.02
云入驻企业数量	0	1~20 家	21~50 家	51~100 家	101~300 家
	19.9	32.03	22.94	10.39	5.22
主要包括的行业（仅罗列排名前五行业）	信息传输、软件和信息技术服务业	文化、体育和娱乐业	科学研究和技术服务业	批发和零售业	教育
	74.05	41.98	37.4	37.4	35.88
专任职工人数	0~5 人	6~10 人	11~20 人	21~50 人	50 人以上
	43.2	24.66	9.96	3.03	2.25

（2）众创空间知识共享与知识创造主要测量项。

由表 3-4 可见，对众创空间主要测量项的调查，除了结构嵌入测量项外，其他选项均值均偏重同意的观点，"比较同意"和"非常同意"的样本数量占比均高于一半，样本之间的差异性不大。

表 3 - 4 　　　　　　　　问卷一主要测量项描述性统计　　　　　　　　单位：%

测量项	得分数及占比					均值	标准差
	非常不同意（1分占比）	比较不同意（2分占比）	一般（3分占比）	比较同意（4分占比）	非常同意（5分占比）		
结构嵌入	43.97	28.09	11.36	4.35	12.23	1.18	1.07
关系嵌入	0.38	4.81	26.11	42.44	26.26	3.06	1.19
知识嵌入	5.34	1.07	17.71	36.18	38.78	3.07	1.51
知识获取能力	13.44	13.78	15.32	18.94	38.52	3.55	1.45
知识整合能力	10.05	16.98	15.8	17.65	39.2	3.57	1.44
知识创造能力	2.08	1.92	13.08	29.62	53.06	4.28	0.96
非突发性环境波动	0.5	0.76	10.84	32.36	55.4	4.41	0.79
突发性环境波动——以新冠疫情为例	2.68	6.24	20.18	30.64	40.1	3.98	1.02
知识创造绩效	11.83	18.83	14.58	24.22	29.43	3.35	1.46

3.3.2　问卷二描述性统计

（1）入驻企业的基本信息。

从表 3 - 5 可见，被调查的入驻企业入驻时间多为 2018 ~ 2019 年（64.17%），员工人数普遍少于 10 人（74.59%），入驻企业主要业务领域为信息传输、软件和信息技术服务业（31.17%），批发和零售业（15.58%），文化、体育和娱乐业（9.42%），租赁和商务服务业（7.47%），制造业（4.22%），以及其他行业（主要包括农林牧渔业3.9%，教育3.9%，水利、环境和公共设施管理业3.25%，科学研究和技术服务业2.6%，居民服务、修理与其他服务业2.6%等）。2019 年营业额在 50 万元以上的入驻企业超过一半（58.03%）。

表 3-5 　　　　　　　　　　被调查入驻企业基本信息　　　　　　　　　单位：%

企业入驻的时间	2015 年前	2016~2017 年	2018~2019 年	2019~2020 年	其他
	3.82	14.66	64.17	1.53	15.82
员工人数	1~5 人	6~10 人	11~20 人	21~50 人	51 人及以上
	43.64	30.95	16.61	7.49	1.30
主营业务领域	信息传输、软件和信息技术服务业	批发和零售业	文化、体育和娱乐业	租赁和商务服务业	制造业
	31.17	15.58	9.42	7.47	4.22
2019 年营业额	少于 10 万元	10 万~50 万元（不含）	50 万~100 万元（不含）	100 万~500 万元（不含）	500 万元及以上
	30.19	27.92	15.58	17.21	9.08

（2）入驻企业知识共享与知识创造主要测量项。

由表 3-6 可见，对入驻企业主要测量项的调查，样本数据的均值均偏重同意的观点，"比较同意"和"非常同意"的样本数量占比均高于一半，样本之间的差异性较小。

表 3-6 　　　　　　　　　　问卷二主要测量项描述性统计　　　　　　　　　单位：%

测量项	各得分占比					均值	标准差
	非常不同意（1 分占比）	比较不同意（2 分占比）	一般（3 分占比）	比较同意（4 分占比）	非常同意（5 分占比）		
网络强度	1.1	1.97	30.07	43.33	23.57	3.86	0.83
知识共享	0.6	2.16	27.1	44.94	25.22	3.92	0.81
知识创造	0.4	0.83	20.83	48.87	29.08	4.06	0.75
知识获取	0.33	0.8	21.7	49.93	27.23	4.03	0.74
创新绩效	0.43	0.67	25.73	51.87	21.27	3.93	0.73
信任	14.2	13.37	23.47	30.07	18.9	3.26	1.08
机会识别	1.07	2.83	23	50.07	23	3.91	0.79

续表

测量项	各得分占比					均值	标准差
	非常不同意(1分占比)	比较不同意(2分占比)	一般(3分占比)	比较同意(4分占比)	非常同意(5分占比)		
探索式学习	0.33	0.43	19.1	52.53	27.57	4.07	0.71
利用式学习	0.33	0.2	17.6	53.87	28.03	4.09	0.69
新冠疫情影响	2.96	7.64	28.4	42.04	19.02	3.67	0.91

第 2 篇

系统知识网络架构
从创空间嵌入下创新生态
众创空间嵌入下创新生态

第4章 创新生态系统知识网络

2015 年《国务院办公厅关于发展众创空间推进大众创新创业的指导意见》正式提出众创空间作为新型创业服务平台，以开放式运营的创新创业平台为大众创新创业者提供交流、分享、互动的机会。2018 年《国务院关于推动创新创业高质量发展打造"双创"升级版的意见》对大众创业、万众创新提出更高要求，强调提升"市场化"和"专业化"众创空间的创新创业服务能力。在深入实施创新驱动发展战略背景下，众创空间既是面向大众创新创业者的开放工作空间、资源共享空间和社交网络交流空间，更是有效整合创新资源、促进创新知识交互和扩散、加速创新知识孵化的开放式创新平台，是我国创新生态系统中承载开放式创新的主阵地之一，已逐渐成为我国创新生态系统的重要支撑。

在创新生态系统中，知识活动已成为系统演化发展的重要因素[1]，嵌入/共生式创新使知识流动有助于创新的实现[2]。同时创新生态系统中知识转移的生态关系促进了创新的良性发展[3]，创新生态系统中知识能量流为系统创新的运行提供了驱动力[4]，在创新生态系统演化中，确保合理的知识流动效率可以保持系统实现较高的创新价值水平[5]。开放式创新是创新

① Nunn R. The Innovation Ecosystem and Knowledge Management: A Practitioner's Viewpoint [J]. *Business Information Review*, 2019, 36 (02): 70 – 74.

② 李万，常静，王敏杰，等. 创新 3.0 与创新生态系统 [J]. 科学学研究，2014，32 (12): 1761 – 1770.

③ 彭晓芳，吴洁，盛永祥，等. 创新生态系统中多主体知识转移生态关系的建模与实证分析 [J]. 情报理论与实践，2019，42 (09): 111 – 116.

④ 李佳钰，张贵，李涛. 知识能量流动的系统动力学建模与仿真研究——基于创新生态系统视角 [J]. 软科学，2019，33 (12): 13 – 22.

⑤ Romano A, Passiante G, Vecchio P D, et al. The innovation ecosystem as booster for the innovative entrepreneurship in the smart specialisation strategy [J]. *International Journal of Knowledge – Based Development*, 2014, 5 (03): 271 – 288.

生态系统的核心理论基础①，开放式创新下组织间的双边或多边知识交互更加频繁②，此时知识共享实现了成员知识到网络知识的转变，这将有助于知识的共同创造和商业化应用目标的实现③。在开放式创新模式下，知识分工协同机制可以有效实现群体智慧塑造④，知识开放成为开放式创新社区集体智慧涌现的"加速器"⑤，选择适宜的合作伙伴，构建知识链系统来缔结创新联盟，可以激发知识创造与提升创新收益⑥。因此知识活动已成为创新生态系统中开放式创新研究的重要内容。

4.1　创新生态系统知识网络模型

从创新生态系统网络嵌入角度看待众创空间的知识活动，可以看出众创空间的知识活动网络是一个双层次多主体互动的生态系统（见图4－1）。⑦第一层次表现为众创空间内部知识活动互动网络，在以众创空间内部知识网络为核心的微观生态系统中，创客聚集在实体的物理空间和虚拟的社交空间内，利用众创空间的专业化服务和社交化机制，创客在众创空间内以及在不同众创空间之间进行知识共享、整合和创造活动；第二层次表现为

①　王莉，游竹君. 基于知识流动的创新生态系统价值演化仿真研究 [J]. 中国科技论坛，2019（06）：48－55.

②　梅亮，陈劲，刘洋. 创新生态系统：源起、知识演进和理论框架 [J]. 科学学研究，2014，32（12）：1771－1780.

③　王海花，蒋旭灿，谢富纪. 开放式创新模式下组织间知识共享影响因素的实证研究 [J]. 科学学与科学技术管理，2013，34（06）：83－90.

④　张永成，郝冬冬. 开放式创新网络中的知识共享策略 [J]. 情报理论与实践，2011，34（12）：74－77＋86.

⑤　余维新，顾新，万君. 开放式创新模式下知识分工协同机制研究：知识流动视角 [J]. 中国科技论坛，2016（06）：24－30.

⑥　Jung－Yong Lee, Chang－Hyun Jin. How Collective Intelligence Fosters Incremental Innovation [J]. *Journal of Open Innovation：Technology，Market，and Complexity*，2019，5（03）：53.

⑦　Wong A, Partridge H. Making as learning：Makerspaces in universities [J]. *Australian Academic & Research Libraries*，2016，47（03）：143－159.

刘芹良，解学芳. 创新生态系统理论下众创空间生成机理研究 [J]. 科技管理研究，2018，38（12）：240－247.

众创空间外部创新生态系统的知识活动嵌入，众创空间外部创新生态系统通过网络嵌入与众创空间内部进行知识交互，主要表现为政府与行业协会、外部行业与供应链企业、高校科研院所和投资孵化服务中介机构等外部知识活动主体通过众创空间向外延伸的网络空间，与众创空间内部创客进行知识共享、整合和创造活动。

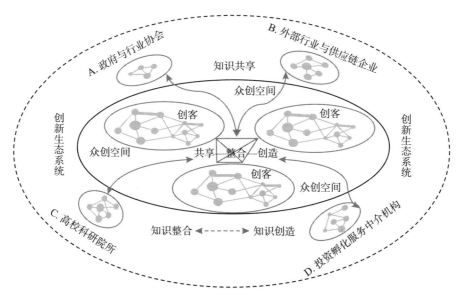

图 4-1　网络嵌入众创空间的双层次多主体知识活动网络

4.1.1　创新生态系统网络嵌入的知识共享活动

创客个体在众创空间内，基于认同型信任关系而选择自愿分享各种创业经验、商业信息和行业知识，是众创空间知识生态的基本行为，从而让众创空间内存在频繁高效的知识互动[1]，通过智能互补提升创新创业绩效。通过众创空间组织的定期分享会、行业交流活动，以及日常在空间内部的知识共享行为，创新创业的显性与隐性知识在创客间通过共享而转移，让

① 张华，顾新，王涛. 知识链视角下开放式创新主体的联盟策略研究 [J/OL]. 中国管理科学：1-12 [2020-07-08]. https：//doi. org/10.16381/j. cnki. issn1003-207x. 2019. 0362.

创客不断积累知识储量；同时创客在众创空间的创新生态系统中不断延伸知识网络，与外部各知识活动主体之间进行频繁的知识交流①，获取有利于创新创业的多领域知识。

4.1.2 创新生态系统网络嵌入的知识整合活动

众创空间知识整合分为空间内部知识整合和跨空间知识整合。空间内部知识整合通过知识在创客间的流动，重点整合内部创客间通过知识共享和转移后的沉淀知识，把不同领域知识紧密结合并服务于创客创业的知识创造活动②；跨空间知识整合注重创客跨越众创空间组织边界整合内外部知识，对创新生态系统知识网络中多主体的知识进行融合和重构，并结合多元性和异质性知识的链接与协同，为知识创新转化提供支撑③。因此，创客通过众创空间组织平台与外部合作资源开展知识交互，知识供需双方以众创空间为交互载体，最终通过开放式的知识交互渠道提升了知识整合效率。

4.1.3 创新生态系统网络嵌入的知识创造活动

众创空间知识活动在共享与整合之后，不同创新主体在知识深度和结构方面的差异形成强互补效应，在协同耦合的知识合作网络中，创客将众创空间内外部知识活动主体关于市场与技术的显性和隐性知识进行融合，通过社会化（Socialization）、外显化（Externalization）、联结化（Combination）和内隐化（Internalization）的知识创造螺旋模型（SECI），将整合和重构后的知识用于新产品新服务开发或新商业机会发现，从而实现利用式创新与探索式创新的双元创新平衡，逐渐将知识转变成新产品、新服务或

---

① 裴蕾，王金杰. 众创空间嵌入的多层次创新生态系统：概念模型与创新机制［J］. 科技进步与对策，2018，35（06）：1-6.

② 戴亦舒，叶丽莎，董小英. 创新生态系统的价值共创机制——基于腾讯众创空间的案例研究［J］. 研究与发展管理，2018，30（04）：24-36.

③ 马鸿佳，宋春华，毕强. 基于创业生态系统的多层级知识转移模型研究［J］. 图书情报工作，2016，60（14）：16-23.

新商业模式。

总之，知识的共享、整合和创造活动在众创空间内外双层网络的交互作用下，通过创新生态系统知识网络的嵌入作用，创客与多个知识主体建立了开放协作关系，并对空间内的知识创新活动进行持续催化与激励，从而促进众创空间知识生态的演化。

4.2 创新生态系统知识网络主体的相互关系

众创空间作为资源拼凑者和平台赋能者，使创新生态系统中各相关主体的异质性资源进行互补，将有共同目的的知识共享活动进行整合，通过创新创业服务的平台，构建知识生态系统，从而共同创造更大化价值。在创新生态系统中，众创空间充分发挥资源拼凑者和平台赋能者的属性和特征，发挥资源收集、拼凑、整理、再创等功能，从而将资源和服务赋能给入孵的创业团队和中小微企业。在资源拼凑过程中主要涉及了政府、高校、行业、协会和联盟等外部主体。在平台赋能过程中主要包括了众创空间运营方和入驻企业等内部主体。在创新生态系统的双层多主体模型中，各不同性质种群和群落形成生态循环，呈现螺旋交互关系，形成内外部知识网络双循环。每个知识主体都扮演和发挥各自不同的角色和功能。

政府部门扮演着政策引领和资源导向的角色。通过政策优惠、财政补贴、资金扶持等方式配置公共资源，对资源进行有效、合理的发放和支撑。数据开放、多部门协同、政府治理、电子政务、产学研合作等方式都是政府提供资源的形式。

高校和科研机构扮演着资源开发者和引领者的角色。对未开发的资源和技术进行研发、实验和利用，而不是传统的教育机构和科研机构的线性创新合作模式。高校是创意思维、创新方案和创业计划产生的主要聚集地，通过提供人才资本、创业导师、项目雏形等方式提供资源。

行业企业在创新生态系统中扮演着资源的提供者和使用者的角色。区别于传统上下游的供应链式关系，越来越多的行业企业将竞争敌对关系转型为协同共生模式，企业之间不再是竞争得你死我活的敌对关系，而是形成开放式生态系统，不同的行业企业在生态系统中提供互补资源，协同共生，创造更大的迭代效应。

协会和联盟是一种同行业和企业的民间组织，主要通过自发的驱动力形成资源的共享和创造。众创空间、孵化器、加速器、产业园区等创新创业产业链式平台通过协会和联盟的方式共享资源，定期开展沙龙、研讨、论坛，集聚产业资源，分享行业前沿知识和讯息，加速小微企业的孵化和迭代。

4.3　结　　论

众创空间的知识活动网络是内外部双层次多主体互动的生态系统。众创空间内部知识网络通过创客聚集实现知识共享、整合和创造活动，外部知识网络通过创新生态系统嵌入的知识活动，与众创空间内部创客进行知识共享、整合和创造活动。众创空间的知识活动网络通过众创空间内外双层网络的交互作用，特别是外部创新生态系统知识网络的嵌入，促进了创客与多知识主体建立开放协作关系，让众创空间的知识创新活动呈现出开放性、协同性与动态演化特征。众创空间在双层次多主体知识网络模型中扮演着资源拼凑者和平台赋能者的角色，通过资源的收集、整合、创造赋能入驻企业，从而共同创造价值。

4.4　本章小结

综上所述，众创空间是创新生态系统中承载开放式创新的主阵地之一，但作为资源拼凑者和平台赋能者，如何促进创新生态系统中多主体的知识共享、整合和创造活动，以及创新生态系统网络嵌入是如何对众创空间的知识生态演化产生影响的，都缺少更深入的理论探索与机制研究，第5章将利用知识生态演化方法分析创新生态系统网络嵌入对众创空间知识活动的影响机制，构建众创空间的知识生态演化模型，并分析我国众创空间知识生态演化路径。

第5章　创新生态系统环境下众创空间知识生态的演化

　　基于第4章构建的知识网络模型，众创空间不仅扮演着资源拼凑者和平台赋能者的角色，更重要的是组织知识共享和创造活动。[1] 作为知识生产、传播和应用的组织，众创空间健康发展的关键是知识共享机制，推动知识共享才能实现其"知识创新催化剂"功能[2]，空间内创客通过关系网络促进新知识新想法的产生[3]，同时激发创客间的知识共享，从而有效影响创新行为[4]。另外众创空间的组织特征高度拟合创新生态系统，是一个创新微生态系统[5]，作为次生生态嵌入外部创新生态系统，主动帮助创客与外部创新主体的对接，向上向下连接了多层级创新主体的创新生态圈[6]，因此众创空间在创新生态系统中，通过多主体的开放协作与资源共享，实现了整个系统的价值共创[7]。综上可见，学者们已经开始关注众创空间的

---

[1] 吴增源，周彩虹，易荣华，等. 开放式创新社区集体智慧涌现的生态演化分析——基于知识开放视角 [J/OL]. 中国管理科学：1 – 11 [2020 – 07 – 08]. https：//doi. org/10. 16381/j. cnki. issn1003 – 207x. 2019. 0916.

[2] 张华，顾新，王涛. 知识链视角下开放式创新主体的联盟策略研究 [J/OL]. 中国管理科学：1 – 12 [2020 – 07 – 08]. https：//doi. org/10. 16381/j. cnki. issn1003 – 207x. 2019. 0362.

[3] Van Holm E J. Makerspaces and local economic development [J]. *Economic Development Quarterly*，2017，31（02）：164 – 173.

[4] 张肃，靖舒婷. 众创空间知识生态系统模型构建及知识共享机制研究 [J]. 情报科学，2017，35（11）：61 – 65.

[5] Sang – Yeal Han，Jaeheung Yoo，Hangjung Zo，Andrew P. Ciganek. Understanding makerspace continuance：A self-determination perspective [J]. *Telematics and Informatics*，2017，34（04）：184 – 195.

[6] Wong A，Partridge H. Making as learning：Makerspaces in universities [J]. *Australian Academic & Research Libraries*，2016，47（03）：143 – 159.

[7] 刘志迎，孙星雨，徐毅. 众创空间创客创新自我效能感与创新行为关系研究——创新支持为二阶段调节变量 [J]. 科学学与科学技术管理，2017，38（08）：144 – 154.

知识活动，但是关于众创空间内知识共享、整合和创造等知识活动在创新生态系统环境下的运行机制与演变规律，尚属于待揭开的"黑箱"。

5.1 创新生态系统环境下众创空间知识生态演化模型

从知识生态系统角度看待众创空间的知识活动，可以看出以众创空间为核心的知识活动网络是一个双层次多主体互动的生态系统（见图 5 - 1）。一方面，在以众创空间内部知识网络为核心的微观生态系统中，创客聚集在实体的物理空间和虚拟的社交空间内，利用众创空间的专业化服务和社交化机制进行知识共享、整合和创造活动，是本研究的知识主体种群；另一方面，众创空间外部知识主体与众创空间内部知识主体进行知识交互，主要表现为政府与行业协会、外部行业与供应链企业、高校科研院所和投资孵化服务中介机构等通过众创空间向外延伸的网络空间，与众创空间内部创客进行知识共享、整合和创造活动，为知识主体种群提供了共生环境支撑。

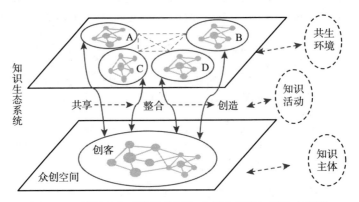

图 5 - 1 创新生态系统网络嵌入众创空间的知识生态模型

注：A. 政府与行业协会；B. 外部行业与供应链企业；C. 高校科研院所；D. 投资孵化服务中介机构。

在创新生态系统网络嵌入环境下，众创空间的知识生态演化遵循一定的动态路径，本书以"网络嵌入度—知识活动类型—空间知识生态"的逻辑分析架构，对创新生态系统网络嵌入众创空间的知识生态演化模型进行构建。其中网络嵌入度为横坐标，主要是反映创新生态系统知识网络嵌入对创客知识活动的影响程度，分为三个层次，第一层次为创客互助型，此时众创空间主要作为空间聚集的平台，知识活动由创客自由组织；第二层次为空间主导型，此时众创空间开始成为知识服务的开放式创新平台，帮助创客链接空间内外部创新知识资源，并逐渐强调知识要素的协同作用；第三层次为群体共创型，此时众创空间作为创新生态系统的关键网络枢纽，强调知识要素在创客群体内的网络效应和价值共创。知识活动类型为纵坐标，主要从知识活动的能力跃迁维度来看，可分为知识的共享整合型和整合创造型，共享整合型知识活动侧重的是知识节点的连接，提升知识交互后知识转移的效率；整合创造型侧重的是知识网络的共生模式，提升知识要素对创客创业的价值贡献。

众创空间的知识生态演化可以根据网络嵌入度和知识活动类型两个方向，形成知识生态发展的四个阶段，分别为创客互助—共享整合阶段、空间主导—共享整合阶段、空间主导—整合创造阶段、群体共创—整合创造阶段。针对知识生态演化四阶段，我们可以从知识主体共生模式、知识要素耦合逻辑和组织生态特征三个维度进行分析。知识主体共生模式衡量的是创客与空间内外知识网络的共生关系类型，分别为寄生共生、寄生共生为主、互惠共生为主、互惠共生四个阶段；知识要素耦合逻辑解释的是市场知识和技术知识如何通过耦合赋能创客的创新成长，分别为自由流动、结构耦合、功能耦合、价值共创四个阶段；组织生态特征反映的是众创空间知识活动的自组织能力状态，分别为自然聚落、简单复杂有序、高度复杂有序、自组织成长四个阶段（见表 5 - 1）。

表 5 - 1 　　　　　　　　众创空间的知识生态演化四个阶段

维度	创客互助—共享整合	空间主导—共享整合	空间主导—整合创造	群体共创—整合创造
知识主体共生模式	寄生共生	寄生共生为主	互惠共生为主	互惠共生
知识要素耦合逻辑	自由流动	结构耦合	功能耦合	价值共创
组织生态特征	自然聚落	简单复杂有序	高度复杂有序	自组织成长

5.2 创新生态系统环境下众创空间知识生态演化机制

5.2.1 创新生态系统环境下知识生态的知识要素耦合机制

众创空间知识活动中创客需要获取的知识包括市场知识和技术知识，市场知识和技术知识作为创新要素，为创客的创业成长作出贡献。在创新生态系统中，知识网络的多个参与主体在知识活动中扮演不同角色，众创空间内部创客之间通过知识互动活动，共享市场知识要素和技术知识要素，同时创客通过众创空间平台与外部的知识活动主体连接，获得更多的市场知识要素和技术知识要素①，其中政府与行业协会肩负着知识活动交流环境的建设使命，外部行业与供应链企业和高校科研院所担当起知识要素的供给责任，投资与孵化服务中介机构作为知识要素资源流动保障的平台，通过系统的开放式创新体系，众创空间最终实现知识要素的耦合（见图5-2）。

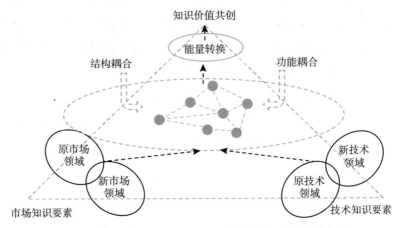

图5-2 网络嵌入众创空间知识生态的知识要素耦合机制

---

① 张卓，魏杉汀. 基于双网络视角的众创空间合作创新网络演化机制研究［J］. 科技进步与对策，2020，37（13）：10-19.

在众创空间的知识活动中，市场知识和技术知识要素之间会产生结构和功能耦合①，结构耦合强调知识要素的组合关系，促进知识共享与整合，功能耦合强调知识要素的深度交互与价值创造，促进知识整合与创造，结构耦合和功能耦合共同作用促使创客实现双元式创新，最终实现知识价值共创，提升众创空间的知识创造绩效。众创空间知识活动网络是双层次、多梯度和动态联结的知识交互价值网，通过原市场领域和新市场领域知识、原技术领域和新技术领域知识的融合交错，形成高效的知识要素耦合过程，深度推进知识主体之间的知识活动。众创空间内市场与技术的渐进性知识与探索式知识在网络内充分耦合，逐渐转换成形态复杂的知识体系，此时体系内知识的充分流动加速了共享、整合和创造的知识活动，并催化知识价值共创的进程。

知识要素耦合机制可以增强众创空间知识网络中知识生态的成长与进化，创客在创新创业过程中通过与空间内外其他主体的知识要素进行联结，从而建立松散的知识耦合关系，同时众创空间内外知识主体的互动促进了整个知识生态系统的知识价值共创②，此时开放式创新的渠道协同激发众创空间内创客获取更多的知识资源，并专注于产品与服务创新迭代的知识创造，为众创空间的知识生态可持续发展形成良好的创新生态环境。

5.2.2 创新生态系统环境下知识生态的自组织涌现机制

众创空间知识生态系统具有自组织的生态特征。③ 首先系统是开放系统，众创空间的知识活动需要外部知识要素的输入，知识资源在创客间可以自由流动，创客的创新创业行为促进了知识在众创空间内外部之间的交

---

① ② Xiaodan Kong，Qi Xu，Tao Zhu. Dynamic Evolution of Knowledge Sharing Behavior among Enterprises in the Cluster Innovation Network Based on Evolutionary Game Theory ［J］. *Sustainability*，2020，12（01）：75.

③ 魏江，徐蕾. 知识网络双重嵌入、知识整合与集群企业创新能力 ［J］. 管理科学学报，2014，17（02）：34 – 47.

换；其次众创空间内的知识生态系统受入驻创客和外部知识主体知识活动的影响，不断发生知识资源的交换，导致系统始终处于远离平衡状态；再次众创空间知识生态中的知识要素异质性较大，市场知识和技术知识之间呈现复杂多样性的交互作用，让知识活动与创新绩效之间存在着非线性因果关系；最后系统内市场知识和技术知识存在持续的更替与迭代，通过知识活动的放大效应，将不间断引起创新创业行为的涨落现象。

在众创空间知识生态中，空间内部创客间的知识交互活动产生"创客—创客"式的知识网络联结，同时创客通过众创空间平台与外部各种知识主体的链接，产生"创客—创客—知识主体"式的双层网络知识生态圈。众创空间知识生态伴随着众创空间的成长不断地自组织演化，知识活动逐渐由自然聚落生态走向复杂有序生态，再由复杂有序生态走向自组织生态。在众创空间发展初期，众创空间吸纳的创客较少，众创空间平台对接的外部知识资源丰富性不足，难以支撑专业化的知识服务，此时创客之间的知识交流活动以及与外部的知识交流活动，处于自发生长的自然状态，市场知识和技术知识活动则呈现出自然聚落生态；在众创空间发展中期，众创空间逐渐加强创新知识链的资源部署，借助平台与外部知识主体的协同融合，诱导生态系统内的市场知识和技术知识活动产生交互作用，一起服务于创客的创新创业行为，此时呈现出复杂有序生态；在众创空间发展成熟期，众创空间内知识链与外部知识主体的融合度不断提升，创客与众创空间内外的知识活动主体之间关系网络的宽度更广，网络联结的关系更垂直深化，市场知识和技术知识在关系宽度与深度的提升下，逐渐形成网络共生的知识生态圈①，此时呈现出自组织生态，创新涌现随之而来②（见图5-3）。

---

① 刘畅，李建华. 面向创新生态系统的企业知识整合研究［J］. 图书情报工作，2019，63（10）：143-150.

② 余维新，顾新，万君. 开放式创新模式下知识分工协同机制研究：知识流动视角［J］. 中国科技论坛，2016（06）：24-30.

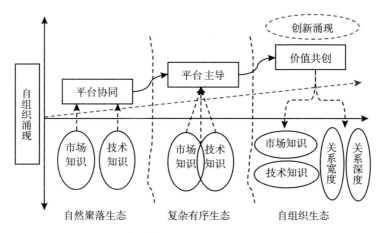

图 5 - 3 网络嵌入众创空间知识生态的自组织涌现机制

5.3 我国众创空间知识生态演化路径和案例研究

5.3.1 我国众创空间的知识生态发展历程

从 2010 年国内成立第一家创客空间"新车间"开始，陆续出现了创客空间、创业咖啡、创新工场等新型创业孵化机构；2015 年政府正式把这些新型孵化模式总结成新型创业服务平台——"众创空间"；2016 年政府提出众创空间要服务实体经济，推进产业链创新链深度融合，强化企业、科研院所、高校和创客等多方的协同创新；2018 年国务院出台"双创"升级版政策，要求众创空间向专业化、精细化方向升级。虽然我国众创空间在发展中出现了一些政策寻租、营利模式缺乏和服务同质化现象，但总体上众创空间发展势头强劲，特别在培育科技型企业和促进中小企业创新方面发挥了积极作用。目前我国专业众创空间与科技企业孵化器之间已经形成了无缝衔接的孵化链条，早中期科技型企业被更加关注，众创空间的精细化和专业化促进了创新创业孵化的高质量发展。

随着众创空间的发展，众创空间逐渐形成了自身的知识生态系统，早期我国众创空间作为创新创业聚集器的物理空间为创客提供基础服务，在此发展阶段众创空间内的知识活动主要以创客间自发交流为主，通过分享创业经验共享创业活动所需的市场知识和技术知识，同时创业的集聚效应导致众创空间与外部知识网络产生更多链接，并在一定程度上激活了众创空间的知识交流和共享活动。之后我国众创空间开始注重创新创业孵化的专业化服务供给，以平台形式为创客提供开放式创新资源与知识要素，众创空间作为链接者帮助创客对接外部知识主体，创新主体之间通过知识交流活动加速了众创空间的知识共享与整合，特别是众创空间内外的知识势差促进了创客对外部知识的吸收，并逐步提升技术和市场知识的创造价值，推动众创空间的知识生态不断完善。目前我国的众创空间开始打造自身的知识创新生态圈，强调创新要素的共享融合和创新链孵化生态，外部技术和市场知识通过空间内外知识主体的多维关系/结构嵌入，促进了创客知识"需求侧"与知识资源"供给侧"的协同，众创空间逐渐成为捕获知识资源价值的自组织系统，并构建了适应空间创客成长的知识资源生态圈。

5.3.2 知识生态演化的"创客互助—共享整合"阶段和案例

发展初期，我国众创空间作为创客集聚空间形成知识交流的社区，知识要素的耦合逻辑表现为创客之间的知识社交化共享模式，不同知识背景的创客们因为共同兴趣聚集在一起，让市场知识与技术知识在创客间自由共享与交流，此时众创空间构建的开放共享式工作空间与社交空间，促进了创客的不断加入与集聚，创客因为自身知识资源的有限性，希望依托众创空间获取开放的知识资源不断进行产品迭代，让自己的奇思妙想转变为创业梦想。

如早期众创空间都以"兴趣俱乐部"和"创新实验室"形式为创客服务，上海"新车间"成立初期为爱好动手的人提供自由制作的共享实验空间，主要是为创客提供各种工具、模具乃至3D打印机，创客们可以发挥奇思妙想，做自己喜欢的科技产品，通过创客的交流，也可以将有创意的人和有行动力的人结合在一起，开发出创意产品。柴火创客空间早期作为深圳机器科技创客们聚集的工作坊，寓意于"众人拾柴火焰高"，在这里本地的创客和一些开源硬件爱好者进行聚会与交流，自由开放的协作环境鼓励创客们进行跨界交流，从而促进创意的落地以至产品化。北京创客空间成立初期通过创建新媒体艺术家和设计师的交流集聚地，开展多种工作坊活动和创意分享会，为艺术设计和新媒体技术等领域的创客提供思想碰撞的平台，从而激发拥有不同兴趣和专业背景的创客通过交流实践，将创意落地。杭州"洋葱胶囊"是国内第一家艺术高校成立的众创空间，成立之初主要是集聚互动艺术、新媒体技术、声音艺术等艺术爱好者，通过交互的社区活动为创客提供讲座、工作坊及艺术项目，并成为专注艺术创客的交流空间与发布平台。

5.3.3　知识生态演化的"空间主导—共享整合"阶段和案例

我国众创空间在发展一定阶段之后，开始重视众创空间的专业化服务，通过空间引导创客间知识互动以及创客与空间外部知识资源的联结，有意识地连接空间外部创新生态系统的知识资源，空间的专业化运营团队通过创新创业培训、创业讲座、创业论坛和创业导师辅导等知识共享活动，为创业者提供知识交流与共享的机会，通过空间主导的市场知识和技术知识要素的结构耦合来营造"社群创业"氛围。

如 2015 年之后我国众创空间开始注重对创业团队的创业知识服务，侧重创客的知识获取和创业辅导，"清华 X – lab"为在校生和校友的创业项目提供各种学习资源、知识资源与培育服务，通过融合清华大学校内各院系的多种学科知识，整合校内外投资机构、清华企业家协会和校外合作企业等各种知识服务资源，为创客提供各种创新创业实践项目培训，帮助他们完成创业项目的商业模式探索。"联想之星"侧重公益创业培训和创业活动服务对早期创业者提供投资孵化服务，通过"创业 CEO 特训班"为创业者提供多维度、全方位和专业性的创业实战训练内容，并结合"创业联盟"为星友创业者搭建知识交流与跨界融合的合作平台，持续为创业者提供知识资源，共享"联想之星"的创新资源。"创新工场"作为创业投资机构比较重视投后管理，通过兄弟会和同学会为创业者打造一系列知识交流与服务活动，利用李开复团队的知识与品牌优势整合外部行业资源，为创业者提供在企业初期成长中需要的技术开发和商业指导培训服务，帮助创业者寻找产品开发需要的知识资源，加速创业者的产品迭代创新进程，同时通过创新工场内部产品体验群组和技术开发小组等"工友"的交流平台，促进了空间内部创新知识的共享与整合。

5.3.4 知识生态演化的"空间主导—整合创造"阶段和案例

此阶段，众创空间外部创新生态系统嵌入的知识活动开始发挥重要作用，知识网络逐渐延伸到外部产业链生态系统，特别是我国开始出现一批专业化众创空间，通过外部产业创新生态群落的知识网络嵌入，重点推进产业链创新链的知识资源与众创空间内部知识网络的交互，通过充分发挥市场知识与技术知识要素的功能耦合作用，建立以众创空间知识活动为中心的多主体协同创新机制，并开始注重众创空间知识生态系统的构建，空间外部知识网络嵌入内部知识网络后促进了知识的整合创造，进一步激发空间内创客的创新能力跃迁。

如"腾讯众创空间"自 2015 年开始启动，以自身产业平台供给核心知识资源，聚合社会多方知识资源打造创新创业生态系统，近几年进入了"生态资源"分享的发展阶段，针对初创企业生命周期内不同知识需求提供阶段性特色服务，包括社区交流、行业沙龙、腾讯导师与行业专家辅导、腾讯创业沙盘演练、腾讯双百计划等创投创培创星服务，并整合众创空间内外部的互补性知识资源，从而加速了空间内创客的知识创造步伐。"腾讯众创空间"通过联合政府机构、空间运营商、创业投资与咨询服务机构，促进了众创空间内外知识双向流动的开放式协作创新，创业者们可以整合外部的新兴市场知识和前沿技术知识，各参与主体相互协作并产生协同效应，从而激发"腾讯众创空间"创新生态系统的知识价值创造。

5.3.5 知识生态演化的"群体共创—整合创造"阶段和案例

"群体共创—整合创造"阶段是众创空间知识生态演化的成熟状态，

此阶段众创空间内外部知识网络中各知识主体之间形成复杂的知识联结网络，外部知识网络通过结构性嵌入、关系性嵌入与空间知识网络形成协同融合的平衡关系，空间知识生态的网络协同效应逐渐显现，众创空间的知识网络通过生态自组织性，不断涌现出更多创意与创新，迭代新技术产品与商业模式，最终形成深度协同与互惠共生的价值共创机制。

如海尔在 2014 年开始成立"海创汇"，初期围绕海尔产业链打造创新创业项目孵化平台，逐渐发展成众创型共享平台的产业生态模式，"海创汇"与海尔的"U＋智慧生活""众创汇"与"海达源"等平台共同形成了全流程的创业孵化生态圈。目前海尔众创空间知识生态正迈入自组织阶段，空间作为知识创新主导的节点，通过自由联盟的"小微企业"构建内外互动和价值共生的创业社群，利用社群协同机制促进外部的知识网络嵌入，引领众创式创新与全社会知识资源协同发展，空间内外各创业主体的创新资源通过自由结盟，形成知识资源共享与互生互惠的创业生态社群。在此基础上海尔众创空间通过混合型多知识主体的交互机制和知识资源聚合机制，逐渐实现价值共创模式的知识整合与创造，空间内外的多知识主体通过正式网络和非正式网络在众创空间内出现知识要素耦合机制，产生新型互动式创新模式的乘数效应，推动了空间知识生态的整体演化，从而有效实现了群体共创式的知识创新涌现现象。

5.4 结 论

众创空间是创新生态系统中承载开放式创新的主阵地之一，本章以"网络嵌入度—知识活动类型—空间知识生态"的逻辑分析架构，深入分析众创空间双层多主体知识活动，研究众创空间知识生态的内部运行机制，构建出创新生态系统网络嵌入下众创空间的知识生态演化模型，并结合我国众创空间的知识生态演化路径进行分析。研究结论如下：

第一，"知识要素耦合机制"和"自组织涌现机制"共同促进了众创空间知识生态的演化过程。众创空间内部创客之间以及内部创客与外部的知识主体不断进行知识互动，动态联结的知识交互价值网推进了知识要素的结构与功能耦合，并加速了知识共享、整合和创造的能量循环，最终促进整个知识生态系统的知识价值共创；同时众创空间通过内外部知识交互活动产生"创客—创客—知识主体"式的双层网络知识生态圈，激发知识生态进行自组织演化，知识活动逐渐由空间聚集的自然聚落生态走向协同融合的复杂有序生态，再由协同融合的复杂有序生态走向网络共生的自组织生态，知识生态的创新涌现随之而来。

第二，创新生态系统网络嵌入下众创空间的知识生态演化，经历了"创客互助—共享整合""空间主导—共享整合""空间主导—整合创造"和"群体共创—整合创造"四个阶段。通过我国众创空间知识生态演化路径分析可以看出，我国众创空间发展初期，众创空间作为集聚空间促进了创客的知识互助，空间成了创客间进行知识共享与交流的自由社区；在我国众创空间发展到一定阶段之后，众创空间的专业化服务开始主导创客之间以及创客与空间外部知识资源的互动，空间主导的市场知识要素和技术知识要素的结构耦合营造了"社群创业"氛围；之后我国开始出现了一批专业众创空间，通过引导外部产业创新生态群落的知识网络嵌入，促进了创客的知识整合创造；目前我国部分众创空间正迈向"群体共创—整合创造"阶段，空间知识生态的网络协同效应呈现，自组织生态促进了知识网络的互惠共生式价值共创机制形成，知识创造不断涌现。

5.5 本 章 小 结

本章构建了众创空间的知识生态演化模型的整体理论框架，并结合我国众创空间知识生态演化路径选择部分众创空间案例进行了定性描述，在下一篇章中，将进一步通过仿真模拟的方法分析创新生态系统对众创空间知识创造活动的影响机理，并通过实地访谈和问卷调查等方法收集数据，挖掘影响众创空间知识创造的关键自变量、中介变量和调节变量等，并通过实证研究的方法分析创新生态系统中多主体知识共享对众创空间知识创造绩效的影响等。

第 3 篇

知识创造的影响
创新生态系统对众创空间

第6章 众创空间平台主导逻辑下创新生态演化机制

平台主导逻辑是服务主导逻辑理论的拓展、衍生和应用，目前多被用来探讨多主体价值共创的多元互动关系，已成为研究生态系统价值共创的重要理论视角。[①] 平台通过知识源的转型、传递和转化将孵化企业、用户及政府与行业协会、外部行业与供应链企业、高校科研院所和投资孵化服务机构等多边供需主体连接起来，跨界整合内外部资源，形成多边市场，并激活网络效应。[②] 基于服务主导逻辑的价值共创研究指出，价值创造仅依靠单一企业的自身能力是很难实现的，需要政府、高校、科研院所、企业等利益相关者通过平台的服务赋能作用，共享和整合有效资源，高效实现共赢和共创。但关于众创空间内知识共享、整合和创造等知识活动在创新生态系统环境下实现价值共创的运行机制与演变规律，尚属于待揭开的"黑箱"。

作为创新资源聚合器和创业孵化服务平台的众创空间，在创新生态系统中充当"协同"还是"主导"角色？探索平台主导的稳定均衡点，充分发挥平台强大的资源整合和信息共享能力以协同外部主体异质性创新源，高效精准服务创客是本研究要解决的主要问题。本章拟选择数值仿真的方法对这些问题开展研究，在构建概念模型和演化机制的基础上，利用数值模拟创新生态系统价值共创的演化过程和主体间的共生关系变化，从而对第5章众创空间创新生态演化发展路径的典型案例做有益的补充和验证，进一步夯实研究的信效度。

---

① 刘志阳，林嵩，邢小强. 数字创新创业：研究新范式与新进展 [J]. 研究与发展管理，2021，33（01）：1 – 11.

② 姜尚荣，乔晗，张思，刘颖，胡毅，徐艳梅. 价值共创研究前沿：生态系统和商业模式创新. 管理评论，2020，32（02）：3 – 17.

6.1　概　念　模　型

在服务主导逻辑下，众创空间的创新生态演化遵循一定的动态演化路径，基于知识要素耦合机制和自组织涌现机制，以平台参与程度为横坐标，主要是反映平台参与程度对创客知识活动的影响程度；以知识活动类型为纵坐标，主要从知识活动的能力跃迁维度来看，可分为知识的共享整合型和整合创造型，共享整合型知识活动侧重的是知识节点的连接，提升知识交互后知识转移的效率；整合创造型侧重的是知识网络的共生模式，提升知识要素对创客创业的价值贡献。众创空间的创新生态演化可以根据平台参与程度和知识活动类型两个维度，形成创新生态演化的四阶段模型，分别为创客互助—共享整合、平台协同—共享整合、平台主导—整合创造、价值共创—整合创造（见图6-1）。

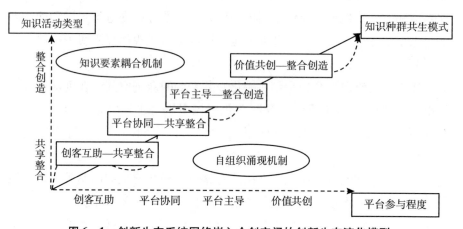

图6-1　创新生态系统网络嵌入众创空间的创新生态演化模型

针对创新生态演化四阶段模型，我们可以从知识种群共生模式、知识要素耦合机制和自组织涌现机制三个维度进行分析。知识种群共生模式衡量的是创客种群与众创空间种群的共生关系，根据平台参与程度和知识活动类型可以分为独立共生、偏利共生、非对称互惠共生、对称互惠共生四种模式。① 四种共生模式代表着不同的运行规则：第一，独立共生模式，一个知识种群规模和价值的增加或减弱不影响另一个知识种群。第二，偏利共生模式，创客依赖众创空间提供的市场知识和技术知识不断扩大规模提升价值，众创空间获取的价值不变；或者众创空间依赖创客提供的商机和资源不断扩大规模提升价值，而创客种群获取的价值不变。第三，非对称互惠共生模式，当两个知识种群共生系数不相等时，互惠共生价值不对称。创客和众创空间通过知识的共享、整合和创造，使双方的规模扩大和价值创造得到不同程度的提升。第四，对称互惠共生模式，当两个知识种群共生系数相等时，创客和众创空间通过知识的共享、整合和创造，使双方的规模扩大，并且价值创造呈螺旋式提升。② 知识要素耦合逻辑解释的是市场知识和技术知识如何通过耦合赋能创客的创新成长，分别为自由流动、结构耦合、功能耦合、价值共创四个阶段；自组织涌现机制反映的是众创空间知识活动的自组织能力状态，分别为自然聚落、简单复杂有序、高度复杂有序、自组织成长四个阶段。随着平台参与程度增加和知识活动的跃迁，知识种群共生关系的演化呈螺旋式上升，演化四阶段的特征归纳如表 6－1 所示。

表 6－1　　　　　　众创空间的创新生态演化四阶段特征

演化阶段	创客互助—共享整合	平台协同—共享整合	平台主导—整合创造	价值共创—整合创造
共生模式	独立共生	偏利共生	非对称互惠共生	对称互惠共生
知识要素耦合逻辑	自由流动	结构耦合	功能耦合	价值共创
组织生态特征	自然聚落	简单复杂有序	高度复杂有序	自组织成长

---

① 欧忠辉，朱祖平，夏敏，陈衍泰. 创新生态系统共生演化模型及仿真研究［J］. 科研管理，2017，38（12）：49－57.

② 史欢，李洪波. "合作"还是"寄生"？考虑政府规制的众创空间创业生态系统共生机制研究［J］. 运筹与管理，2022，31（06）：233－239.

6.2 演化仿真

6.2.1 研究假设

（1）由于生态系统演化的复杂性，系统内外部存在多个知识个体、种群和群落，假设不考虑种群内的个体竞争，本研究主要涉及创新生态系统中的三个知识种群：创客和初创团队群体组成的内部知识主体，政府与行业协会、外部行业与供应链企业、高校科研院所和投资孵化服务中介机构等组成的外部知识主体，众创空间（服务平台主体）。外部知识主体的知识流通过众创空间服务平台赋能内部知识主体，本研究界定为辅助种群或共生环境，在知识生态演化过程中发挥着助推作用，主要以指数规律增长，暂不作为核心种群考虑。创客和众创空间是研究的两个主体种群，两类核心种群通过知识要素的高度耦合和自组织的创新涌现，相互依存、互惠共生，实现生态系统的价值共创目标。

（2）知识主体各自种群的数量、结构和整体演化规律均遵循 Logistic 理论。[①] 知识生态演化过程中主要考虑孵化平台在协同—主导—共创的不同参与程度下对两个知识种群独立共生、偏利共生、非对称互惠共生和对称互惠共生模式的影响。以种群的规模变化表示演化的过程，当种群规模增大时表明该种群参与程度增加，主导效应增强，发展状态趋好，共生关系紧密；当种群规模减小时表明该种群主导效应减弱，发展状态衰落，共生关系松散。[②]

（3）基于种群生态学的研究方法，创新生态系统中种群的数量受种群自身密度和共生主体密度的影响，种群自身密度和共生主体密度增加，均

[①] 王顺庆，王万雄，徐海根. 数学生态学稳定性理论与方法 [M]. 北京：科学出版社，2003.

[②] 陆绍凯，刘盼. 重大风险冲击下的创新生态系统演化仿真研究 [J]. 科技管理研究，2021，41（05）：8-14.

会导致系统内主体共生关系密度下降。[①] 因此两大知识主体在外部共生环境的支撑下，种群密度与其他种群会产生减缓作用。

（4）当知识群落的边际输出等于边际输入时，规模停止增大，达到规模最大值，知识种群共生关系处于稳定均衡状态。[②]

6.2.2 演化模型

基于以上假设，众创空间知识生态动态演化方程可表示为：

$$
\begin{cases}
dx_1/dt = i_1 x_1 \left(1 - \dfrac{x_1}{N_1}\right), \ x_1(t), \ x_1(0) = x_{10}; \\
dx_2/dt = i_2 x_2 \left(1 - \dfrac{x_2}{N_2}\right), \ x_2(t), \ x_2(0) = x_{20};
\end{cases}
\tag{6.1}
$$

公式（6.1）中，x_1、x_2 表示众创空间和创客的规模。i_1、i_2 表示众创空间和创客的自然增长率，意指各知识种群在知识共享、整合和创造的过程中形成的知识创新绩效，即整个创新生态系统的价值共创绩效。N_1、N_2 表示众创空间和创客规模的最大值。$i_1 x_1$、$i_2 x_2$ 反映知识种群的发展状态。$1 - \dfrac{x_1}{N_1}$、$1 - \dfrac{x_2}{N_2}$ 为各知识种群由于知识资源的占用而产生对自身的制约系数。$x_1(t)$、$x_2(t)$ 为知识种群随时间变化的规模函数。x_{10}、x_{20} 为各知识种群的初始规模。[③] 在创新生态系统中，种群之间呈现共生关系，在共生的条件下，各知识种群的动态演化方程可表示为：

$$
\begin{cases}
dx_1/dt = i_1 x_1 (1 - x_1/N_1 - \alpha x_2/N_2) - p_1 x_1 x_2, \ x_1(t), \ x_1(0) = x_{10}; \\
dx_2/dt = i_2 x_2 (1 - x_2/N_2 - \beta x_1/N_1) - p_2 x_1 x_2, \ x_2(t), \ x_2(0) = x_{20};
\end{cases}
\tag{6.2}
$$

---

① Ozgur Dedehayir, Saku J. Mäkinen, J. Roland Ortt. Roles during innovation ecosystem genesis: A literature review [J]. *Technological Forecasting & Social Change*, 2016, 8 (136): 18 – 29.

② 旷开金，胡典，刘金福，薛萌. 不同生态系统管理情景下资源环境承载力动态仿真研究 [J]. 环境科学学报，2021（09）：3834 – 3846.

③ 孟方琳，田增瑞，赵袁军，常焙笙. 创新生态系统视域下公司创业投资中企业种群间共生演化——基于 Logistic 扩展模型 [J]. 系统管理学报，2022，31（01）：37 – 52.

公式（6.2）中，p_1、p_2 为种群密度的减缓系数，α、β 为创新生态系统中各知识种群的共生系数，α 表示创客对众创空间的共生系数，β 为众创空间对创客的共生系数。随着时间演化，在制约系数影响下，知识种群规模逐渐扩大，制约系数逐渐减小，知识主体的规模增长速度逐渐变慢，最后趋于平衡和稳定（假设增长速度与增长数量的乘积成正比）。对于 α 和 β 的不同取值，可以得出不同知识种群的共生模式的取值组合和对应释义（见表6-2）。[①]

表6-2   众创空间的创新生态演化共生模式取值组合

共生模式	取值组合	释义	价值变化
独立共生	α = 0，β = 0	知识种群各自独立发展，仅共享物理空间	一个知识主体价值的增加，不会影响另一方的价值
偏利共生	α < 0，β = 0 或 α = 0，β < 0	共生系数为负的单位为获利，为0的单位无影响	一个知识主体价值的增加，另一个知识主体价值不增加
非对称互惠共生	α < 0，β < 0，α ≠ β	共生系统不相等时，为非对称互惠共生演化模式	一个知识主体价值的增加会导致另一个知识主体价值不同程度增加
对称互惠共生	α < 0，β < 0，α = β	共生系数相等时，为对称互惠共生演化模式	一个知识主体价值的增加会导致另一个知识主体价值协同增加

创新生态系统在知识要素耦合和自组织涌现双重机制作用下，存在平衡状态。当达到系统演化的均衡点时，生态系统处于平衡状态，不同的共生模式存在不同的演化均衡点。当达到演化均衡点时，知识种群规模增幅将保持稳定，种群规模达到极值。为计算演化阶段的均衡点，需要对公式（6.2）进行稳定性分析，即令 $\dfrac{dx_1}{dt} = 0$、$\dfrac{dx_2}{dt} = 0$，四个阶段的稳定均衡点分

---

① 周文辉，何奇松. 创业孵化平台赋能对资源配置优化的影响：基于机制设计视角的案例研究 [J]. 研究与发展管理，2021，33（01）：162-174.

别为 $E_1(0, 0)$、$E_2(N_1, 0)$、$E_3(N_2, 0)$、$E_4\left[\dfrac{N_1(1-\alpha)}{1-\alpha\beta}, \dfrac{N_1(1-\beta)}{1-\alpha\beta}\right]$。利用雅克比矩阵式（6.3）求解四个共生模式的均衡点中 $\text{Det}(J)$ 和迹 $\text{Tr}(J)$ 的值，得出创新生态系统共生演化模型的稳定均衡点和稳定均衡条件（见表 6－3）。当 $\text{Det}(J) > 0$ 且 $\text{Tr}(J) < 0$ 时，局部均衡点为稳定状态。

$$J = \begin{bmatrix} i_1(1-2x_1/N_1-\alpha x_2/N_2) & -i_1\alpha x_1/N_2 \\ -i_2\beta x_2/N_1 & i_2(1-2x_2/N_2-\beta x_1/N_1) \end{bmatrix} \quad (6.3)$$

表 6－3　　　　　　　共生演化模式的稳定均衡点和稳定均衡条件

稳定均衡点	Det(J)	Tr(J)	稳定均衡条件
$E_1(0, 0)$	$i_1 i_2$	$i_1 + i_2$	不稳定
$E_2(N_1, 0)$	$-i_1 i_2(1-\beta)$	$-i_1 + i_2(1-\beta)$	$\beta > 1$
$E_3(N_2, 0)$	$-i_1 i_2(1-\alpha)$	$-i_1 i_2(1-\alpha)$	$\alpha > 1$
$E_4\left[\dfrac{N_1(1-\alpha)}{1-\alpha\beta}, \dfrac{N_1(1-\beta)}{1-\alpha\beta}\right]$	$\dfrac{i_1 i_2(\alpha-1)(\beta-1)}{1-\alpha\beta}$	$\dfrac{i_1(\alpha-1)+i_2(\beta-1)}{1-\alpha\beta}$	$\alpha < 1$，$\beta < 1$

6.3　仿真分析

假设两大主体种群的自然增长率 $i_1 = 0.1$、$i_2 = 0.1$，能达到的最大规模 $N_1 = 1000$、$N_2 = 1000$，初始规模 $x_{10} = 100$、$x_{20} = 100$，时间周期 $t = 1000$。本研究采用 Matlab R2021a 软件对创新生态系统的知识生态演化过程进行数值仿真分析，探讨在不同共生系数 α、β 取值组合下，创客和众创空间的共生关系，仿真结果如图 6－2～图 6－5 所示。

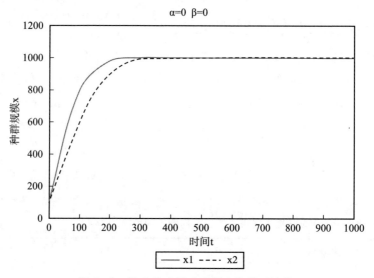

图 6－2　独立共生模式下的主体关系演化

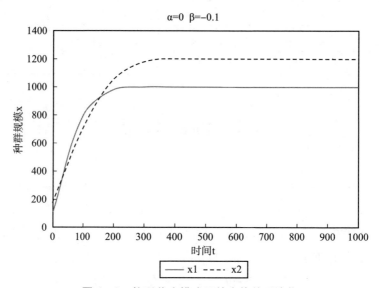

图 6－3　偏利共生模式下的主体关系演化

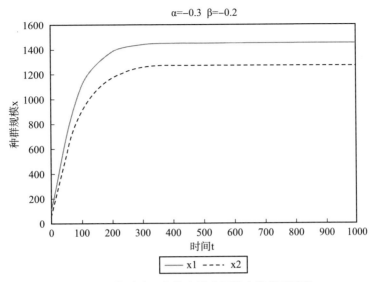

图 6-4 非对称互惠共生模式下的主体关系演化

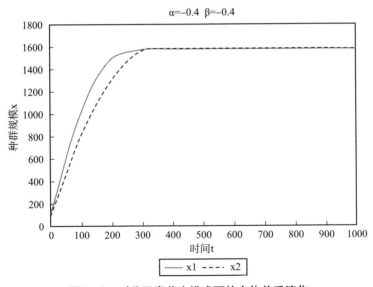

图 6-5 对称互惠共生模式下的主体关系演化

6.3.1 创客互助—共享整合阶段：独立共生模式

在创客互助—共享整合阶段，创客和众创空间处于独立共生模式，共生系数均为零，两个主体种群不存在依附关系，一个主体种群的规模增加对另一个主体种群的规模增加不产生影响。创客之间的知识共享和整合行为发自内驱的情感交流和分享互助。随着时间周期增长，知识种群规模持续扩大，当两个主体种群达到稳定均衡状态时，规模的上限达到独立共生模式下的最大规模取值（见图6-2）。

6.3.2 平台协同—共享整合阶段：偏利共生模式

在平台协同—共享整合阶段，创客和众创空间处于偏利共生模式，创客对众创空间的共生系数为零，众创空间对创客的共生系数为负。共生系统为零的众创空间种群的规模增长幅度和最大规模值与独立共生模式下相同。共生系数为负的创客种群在众创空间平台协同作用下规模持续扩大，当达到稳定均衡状态时规模上限超过了独立共生模式下的最大规模值（见图6-3）。

6.3.3 平台主导—整合创造阶段：非对称互惠共生模式

在平台主导—整合创造阶段，创客和众创空间处于非对称互惠共生模式，创客和众创空间的共生系数均为负，令$|\alpha| > |\beta| > 0.1$，相对于偏利共生模式，两个主体种群的共生系数绝对值均增加，意指创客对众创空间的整合和创造依赖程度增加，众创空间对创客的服务功能从协同逐渐转化为主导。各主体种群的最大规模值与共生系数的绝对值存在正向关联，共生系数的绝对值越大，当达到稳定均衡状态时的最大规模值越大，且两个主体种群的最大规模值均大于偏利共生模式下的最大规模值（见图6-4）。

6.3.4 价值共创—整合创造阶段：对称互惠共生模式

在价值共创—整合创造阶段，创客和众创空间逐渐从非对称互惠共生模式演化为对称互惠共生模式。创客和众创空间的共生系数均为负，令 $|\alpha|=|\beta|=0.4$，相对于非对称互惠共生模式，两个主体种群的共生系数绝对值均提升，且趋向于对称相等，意指创客对众创空间的整合和创造程度持续提升，众创空间对创客的服务主导逻辑亦持续提升，双方处于相对平衡对称状态。在稳定均衡状态下，双方规模增幅达到整个演化过程的最大值，且趋于相等（见图 6-5）。

6.4　结论与启示

众创空间是创新生态系统中承载创新创造的发源地和主阵地之一，本研究以"平台参与程度—知识活动类型—主体共生模式"的逻辑分析架构，深入分析众创空间双层多主体知识活动，以知识主体共生关系的演化为时间轴，构建出服务主导逻辑下的众创空间的创新生态演化的创客互助—共享整合、平台协同—共享整合、平台主导—整合创造、价值共创—整合创造四阶段模型，分别对应知识主体种群独立共生、偏离共生、非对称互惠共生、对称互惠共生四种模式。并通过计算机数值仿真模拟结果清晰看出随着创客和众创空间共生关系的紧密以及众创空间主要效应的增强，知识种群的规模增幅持续提升，当达到稳定均衡状态时，共生系数趋于对称相等，且规模增长达到最大值，知识主体处于对称互惠共生模式，逐步实现价值共创。

6.5　本章小结

本章在前篇构建理论模式和演化机制以及典型案例研究的基础上，探究知识生态价值共创演化的过程，通过计算机数值模拟仿真的方法，模拟在共生环境支撑下众创空间和创客通过"知识要素耦合"和"自组织涌现"的双机制作用，如何经历"创客互助—共享整合：独立共生模式""平台协同—共享整合：偏利共生模式""平台主导—整合创造：非对称互惠共生模式"和"价值共创—整合创造：对称互惠共生模式"四阶段四模式的演化过程，从而构建知识生态演化模型。仿真结果显示对称互惠共生模式下众创空间的服务主导优势最为显著，且最大规模增幅达到最大值。计算机数值仿真的方法是对理论研究和案例分析有益的补充和验证，形象呈现我国众创空间知识生态价值共创演化的路径。

第7章 创新生态系统网络嵌入对众创空间知识创造的影响

　　随着全球创客运动的蓬勃发展和国家创新战略的双重驱动，小微企业的数量快速攀升。"创业孵化平台"为营造"双创"良好环境，大力支持"众创空间—孵化器—加速器—园区"创新平台全链条式发展，促进"科技型中小企业—高新技术企业—科技小巨人领军企业"创新主体培育，为整合区域科技创新资源集聚与共享提供了重要的实现路径。但近年来在新冠疫情冲击下，众多初创企业生存发展压力增大，初创企业的孵化和迭代面临较大困难。众创空间作为创业孵化平台的源头，通过整合和迭代外部多主体的异质知识，赋能初创企业提速创新。知识活动是创新活动重要的微观基础，知识共享和知识创造在众创空间中对推动创新成果产出发挥着重要的作用。众创空间通过知识活动不断与高校、科研院所、行业企业以及中介机构等相关主体发生交互作用，形成知识网络效应，并赋能入驻团队，进而实现知识的协同创造。由此可见，众创空间是联结外部多主体和入驻团队的重要平台，提升知识创造绩效是众创空间和创业团队的共同目标。

　　现有相关研究主要从众创空间中知识共享和创造的模式①、行为机制②、

---

　　① 陈德金. 国外众创空间商业模式比较分析与经验启示［J］. 科学管理研究，2017，35（03）：110－113.

　　② 戴亦舒，叶丽莎，董小英. 创新生态系统的价值共创机制——基于腾讯众创空间的案例研究［J］. 研究与发展管理，2018，30（04）：24－36.

　　张明. 开放式创新网络知识共享行为研究［D］. 北京：北京理工大学，2015.

影响因素①、相互关系②等开展讨论。平台赋能理论和知识管理理论为众创空间的研究提出了新的视角，弥补了孵化平台知识创新动能不足。但多主体协同乏力、资源交互效率低下、服务缺乏差异化和粘性、创新绩效不显著等问题仍普遍存在。近期，关于众创空间的研究主要从平台赋能视角下的众创空间概念框架③、多主体战略④、资源配置⑤、价值共创⑥等模型构建、学理分析、机制设计等方面展开。从平台赋能的视角讨论众创空间外部多主体知识共享与知识创造绩效之间关系的实证研究尚罕见报道。目前已有研究主要不足包括：一是多数学者关注入驻企业的价值输出，忽略了众创空间的平台企业性质，以众创空间运营主体为样本的研究相对匮乏；二是从平台多边架构的网络效应视角研究众创空间赋能入驻企业实现知识创造的成果相对匮乏；三是没有从平台视角细分不同类型的众创空间的实证研究。本研究引用胡海波等⑦对众创空间不同类型的区分，选取具有鲜明平台二重属性的综合型众创空间为研究样本，研究多主体参与的知识共享通过众创空间的平台赋能对知识创造绩效的影响。平台视角下的知识创造绩效研究突破了知识管理的逻辑框架⑧，众创空间赋能入驻企业的

---

① 胡海波，卢海涛. 企业商业生态系统演化中价值共创研究——数字化赋能视角 [J]. 经济管理，2018，40（08）：55－71.

娄淑珍，项国鹏，王节祥. 平台视角下众创空间竞争力评价模型构建 [J]. 科技进步与对策，2019，36（06）：19－25.

② 崔世娟，陈丽敏，黄凯珊. 网络特征与众创空间绩效关系——基于定性比较分析方法的研究 [J]. 科技管理研究，2020，40（18）：165－172.

杜丹丽，付益鹏，高琨. 创新生态系统视角下价值共创如何影响企业创新绩效——一个有调节的中介模型 [J]. 科技进步与对策，2020：1－9.

③ 沈蕾，何佳婧. 平台品牌价值共创：概念框架与研究展望 [J]. 经济管理，2018，40（07）：193－208.

④ 王节祥，陈威如，江诗松，刘双. 平台生态系统中的参与者战略：互补与依赖关系的解耦 [J]. 管理世界，2021，37（02）：126－147＋10.

⑤ 周文辉，何奇松. 创业孵化平台赋能对资源配置优化的影响——基于机制设计视角的案例研究 [J]. 研究与发展管理，2021，33（01）：162－174.

⑥ Ceccagnoli M，Forman C，Huang P，et al. Co-creation of value in a platform ecosystem：The case of enterprise software [J]. *MIS Quarterly*，2011，36（01）：263－290.

⑦ 胡海波，卢海涛，王节祥，黄. 众创空间价值共创的实现机制：平台视角的案例研究 [J]. 管理评论，2020，32（09）：323－336.

⑧ 卢海涛. 平台视角下众创空间的价值共创模式构建 [D]. 南昌：江西财经大学，2019.

议题紧扣平台功能的关键问题，是近来学者呼吁的主要视角①。

本章在第 6 章构建创新生态系统环境下众创空间的知识网络模型、机制和演化的基础上，通过实证分析的方式探索创新生态系统环境中政府、高校、行业、协会和联盟等多主体知识共享与知识创造的关系，以众创空间平台赋能作为中介变量，同时考虑新冠疫情的调节效应。

7.1　理论基础和研究假设

7.1.1　多主体知识共享与知识创造绩效

在知识共享过程中，埃里克松和迪克森（Eriksson and Dickson）提出影响知识共享的主要因素是参与主体。② 斯托巴卡等（Storbacka et al.）认为创业团队在孵化过程中各参与主体达成一致的发展目标——共同创造知识，各参与主体都朝着共同的目标开展创新行为。③ 单一的知识难以满足复杂的创业行为，单独的创新活动难以适应多变的环境，只有将各参与主体提供的知识进行有效的整合编排，嵌入知识创造的活动中，才能最大化发挥各参与主体和各要素之间的互动和合作效应。知识创造是参与主体互惠交互的过程，凸显了资源整合的重要意义。④ 众创空间的知识创造强调各参与主体能够充分共享自身的优势资源，为创业活动的成功提供知识、资源、信

① 陈德金. 国外众创空间商业模式比较分析与经验启示 [J]. 科学管理研究，2017，35（03）：110 – 113.

② Eriksson I. V. , Dickson G. . W. Knowledge sharing in high technology company [J]. *Journal of Management Studies*, 2000，9：595 – 618.

③ 艾媒咨询. 2020 – 2021 年中国联合办公行业白皮书 [M]. 广州：艾媒数据中心，2021.

④ P. Frow, A. Payne. A stakeholder perspective of the value proposition concept [J]. *European Journal of Marketing*, 2011，45（01）：223 – 240.

A. Tommasetti, O. Troisi, M. Vesci. Measuring customer value co-creation behavior：Developing a conceptual model based on service-dominant logic [J]. *Journal of Service Theory and Practice*, 2017，27（05）：930 – 950.

息、技术、人才等要素，提升参与者的创业绩效。① 提出如下假设：

H7－1：多主体知识共享正向影响知识创造绩效。

7.1.2 平台赋能下的知识共享和创造

在知识共享互动中，异质性多主体共享的知识和信息是零散的，未经过过滤、筛选、整合、编排，共享具有随意性和自愿性，效率较低。② 平台理论为知识共享和创造的研究提出了新的研究视角。③ 与传统视角下的知识共享与创造行为相比④，平台视角下的多主体互动更具有灵活性⑤，为入驻企业提供资源和服务即是赋能的过程，在一定程度上影响众创空间的知识创造绩效⑥。众创空间作为创新创业的孵化平台，不仅是知识的建构者、编排者、协奏者、延拓者，同时也是创新创业的主体，与入驻企业和用户一起创造更多的价值，推动平台的高质量可持续发展。⑦ 因此，平

---

① 杜丹丽，付益鹏，高琨. 创新生态系统视角下价值共创如何影响企业创新绩效——一个有调节的中介模型 ［J］. 科技进步与对策，2020：1－9.

宋华，陈思洁，于亢亢. 商业生态系统助力中小企业资金柔性提升：生态规范机制的调节作用 ［J］. 南开管理评论，2018，21（03）：11－22＋34.

② 张明. 开放式创新网络知识共享行为研究 ［D］. 北京：北京理工大学，2015.

③ 杨学成，涂科. 出行共享中的用户价值共创机理——基于优步的案例研究 ［J］. 管理世界，2017（08）：154－169.

Ceccagnoli M，Forman C，Huang P，et al. Co-creation of value in a platform ecosystem：The case of enterprise software ［J］. *MIS Quarterly*，2011，36（01）：263－290.

④ 胡海波，卢海涛. 企业商业生态系统演化中价值共创研究——数字化赋能视角 ［J］. 经济管理，2018，40（08）：55－71.

⑤ 沈蕾，何佳婧. 平台品牌价值共创：概念框架与研究展望 ［J］. 经济管理，2018，40（07）：193－208.

⑥ Sweeney J C，Danaher T S，McColl－Kennedy J R. Customer effort in value cocreation activities：Improving quality of life and behavioral intentions of health care customers ［J］. *Journal of Service Research*，2015，18（03）：318－335.

McColl－Kennedy J R，Vargo S L，Dagger T S，et al. Health care customer value cocreation practice styles ［J］. *Journal of Service Research*，2012，15（04）：370－389.

⑦ Boudreau K J，Jeppesen L B. Unpaid crowd complementors：The platform network effect mirage ［J］. *Strategic Management Journal*，2015，36（12）：1761－1777.

王丽平，刘小龙. 价值共创视角下众创空间"四众"融合的特征与运行机制研究 ［J］. 中国科技论坛，2017（03）：109－116.

台赋能下，众创空间为知识共享行为主体搭建知识网络，充分发挥多主体的网络效应，最大化实现知识共享和绩效创造，进而通过平台赋能初创企业和团队，实现知识创造正向影响。提出如下假设：

H7 - 2：多主体知识共享正向影响平台赋能能力。

H7 - 3：平台赋能能力正向影响知识创造绩效。

7.1.3 平台赋能能力的中介作用

平台的"交易"和"创新"二重属性为众创空间不同类型的划分提供了精准的理论基础。相关研究将众创空间界定为双边创新型平台①，上边整合外部多主体的异质性资源②，下边赋能入驻创业团队等，形成知识网络架构，实现网络效应的最大化。众创空间运营主体扮演创业孵化载体和平台的角色，通过资源赋能和服务赋能完成资源建构、资源编排、资源协奏、资源延拓③等中介作用。

目前，关于平台的研究主要从经济学和技术管理两个视角逐步展开。④不同于以创意激发、创造发明为导向的创客空间，众创空间具有鲜明的多边架构⑤和网络效应⑥等平台特征。平台最为关键的活动就是使平台联结

---

① Baert, C., Meuleman, M., Debruyne, M. and Wright, M. Portfolio Entrepre-neurship and Resource Orchestration [J]. *Strategic Entrepreneurship Journal*, 2016, 10 (04)：346 - 370.

② 黄昊，王国红，秦兰. 科技新创企业资源编排对企业成长影响研究：资源基础与创业能力共演化视角 [J]. 中国软科学，2020 (07)：122 - 137.

王国红，周建林，邢蕊. 孵化器"内网络"情境下社会资本、联合价值创造行为与在孵企业成长的关系研究 [J]. 中国管理科学，2015，23 (S1)：650 - 656.

刘晓莉，项国鹏，钭帅令. 众创空间赋能、创业导向与新创企业绩效 [J]. 华东经济管理，2021，35 (08)：51 - 58.

③ 李梦雅，杨德林，胡晓，张金生. 内层网络情境下孵化平台如何实现资源联动？[J]. 管理世界，2022，38 (02)：169 - 187 + 11.

④ 胡海波，卢海涛，王节祥，黄涛. 众创空间价值共创的实现机制：平台视角的案例研究 [J]. 管理评论，2020，32 (09)：323 - 336.

⑤ Thomas L. D., Autio E., Gann D. M. Architectural Leverage：Putting Platforms in Context [J]. *Academy of Management Perspectives*, 2014, 28 (02)：198 - 219.

⑥ Huotari P., Jrvi K., Kortelainen S., et al. Winner does Not Take All：Selective Attention and Local Bias in Platform based Markets [J]. *Technological Forecasting and Social Change*, 2017 (114)：313 - 326.

更多异质性互补资源，各利益相关者通过资源整合和网络效应协同创造价值①，孵化平台的参与主体一般包括政府、高校、行业企业、第三方辅助机构、协会联盟等，多主体相互协同，进行资源交互，符合平台赋能的概念。目前赋能的研究维度不断拓展，从个人到组织②，再延伸到平台③，但较少有研究从平台的视角对众创空间的类型进行细分，平台赋能能力中介效应的研究亦不丰富。提出如下假设：

H7-4：平台赋能能力在多主体知识共享对知识创造绩效的影响中起到中介作用。

7.1.4 新冠疫情的调节作用

近年来，在新冠疫情的冲击下，创业企业遇到孵化和成长的"瓶颈"，部分学者认同众创空间孵化平台的积极效应，部分学者认为众创空间的赋能机制和模式对知识创造绩效的影响甚微。已有研究表明，在动态、复杂和不确定的环境中，创业性企业更能快速响应环境变化进行资源重构和重排。④ 初创型企业一般具有规模小、经验少、资金不足等特点，在多变的环境压力下，会更倾向于在内外部知识网络中寻求更深入更广阔的网络嵌入，通过与多主体保持互动关系获取最新的知识和信息，实现资源的共享与创造；在多主体参与的网络中建立更加互惠互利的亲密关系，以降低突发性环

① 陈武，李燕萍. 众创空间平台组织模式研究 [J]. 科学学研究，2018，36（04）：593 - 600 + 608.

② 周文辉，何奇松. 创业孵化平台赋能对资源配置优化的影响——基于机制设计视角的案例研究 [J]. 研究与发展管理，2021，33（01）：162 - 174.

③ 胡海波，卢海涛，王节祥，黄涛. 众创空间价值共创的实现机制：平台视角的案例研究 [J]. 管理评论，2020，32（09）：323 - 336.

④ Ogawa S, Piller F. T. Collective Customer Commitment: Turning market research expenditures into sales [J]. *Sloan Management Review*, 2006, 47（02）: 65 - 71.

Van Kleef, E., Van Trijp, H, and Luning, P. Internal versus external preference analysis: An exploratory study on end-user evaluation [J]. *Food Quality and Preference*, 2006, 17（05）: 387 - 399.

Ngamkroeckjoti C, Speece M. Technology turbulence and environmental scanning in Thai food new product development [J]. *Asia Pacific Journal of Marketing & Logisticsm*, 2008, 20（04）: 413 - 432.

李月萍，王雪方. 创业导向与客户知识管理能力关系研究：关系嵌入和环境动态性的双重调节 [J]. 兰州财经大学学报，2018，34（02）：116 - 124.

境波动带来的压力。如何有效识别动态环境的调节或干扰作用，充分利用突发环境的机遇与挑战双重影响，促进众创空间平台高度耦合的资源赋能和服务赋能能力以提升知识创造绩效，是当前研究的热点。[①] 提出如下假设：

H7 – 5：突发性环境波动（以新冠疫情为例）在多主体知识共享对平台赋能能力的影响中起调节作用。

H7 – 6：突发性环境波动（以新冠疫情为例）在多主体知识共享对知识创造绩效的影响中起调节作用。

本研究以新冠疫情为例，作为突发性环境波动的调节变量，研究新冠疫情的影响下众创空间平台赋能能力在多主体知识共享与知识创造绩效关系中有调节的中介效应。研究的模型框架如图 7 – 1 所示。

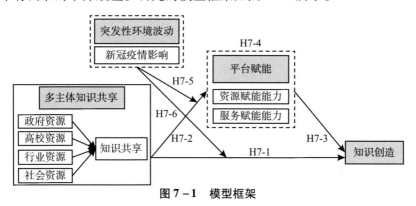

图 7 – 1　模型框架

---

① M. M. Babu，B. L. Dey，M. Rahman，et al. Value co-creation through social i-nnovation：A study of sustainable strategic alliance in telecommunication and financial services sectors in Bangladesh［J］. *Industrial Marketing Management*，2020（89）：13 – 27.

M. Kohtamäki，R. Rajala. Theory and practice of value co-creation in B2B systems［J］. *Industrial Marketing Management*，2016（56）：4 – 13.

魏莞月. 疫情冲击下众创空间适应性机制研究［D］. 成都：电子科技大学，2021.

科学技术部火炬高科技产业开发中心 . 2017 中国火炬统计年鉴［M］. 北京：中国统计出版社，2017.

科学技术部火炬高科技产业开发中心 . 2018 中国火炬统计年鉴［M］. 北京：中国统计出版社，2018.

科学技术部火炬高科技产业开发中心 . 2019 中国火炬统计年鉴［M］. 北京：中国统计出版社，2019.

科学技术部火炬高科技产业开发中心 . 2020 中国火炬统计年鉴［M］. 北京：中国统计出版社，2020.

7.2　研究设计

7.2.1　样本选取

本书第3章已说明，本研究主要采用了实地调研、半结构化访谈，问卷调查等多种研究方法相结合的方式收集数据。基于众创空间鲜明的平台特征（见表7-1），本研究在样本的选取上引用王节祥等[①]基于平台"交易"和"创新"二重属性对平台的划分（见图7-2），根据胡海波等[②]对众创空间的类型区分，选取兼具平台强交易和强创新属性的综合型众创空间作为研究样本。

表7-1　　　　　　　　　　　　　　　平台特征定义

项目	指标	解释	参考文献
平台特征	多边架构	以平台为桥梁，联结多主体资源，形成多边的基础架构	Tiwana 等（2010）；Thomas 等（2014）
	网络效应	多边架构通过平台形成网络，使效应叠加	McIntyre 和 Srinivasan（2017）；Huotari 等（2017）
平台属性	交易	产品和服务的流转和交换行为，注重需求匹配，注重资本价值创造	Ghazawneh 和 Henfridsson（2017）；Baldwin 和 Von Hippel（2011）
	创新	创意发明、创新开发，注重创新能力培育，注重创新绩效生成	West（2003）；Amit 和 Zott（2001）

资料来源：胡海波，卢海涛，王节祥，黄涛. 众创空间价值共创的实现机制：平台视角的案例研究［J］. 管理评论，2020，32（09）：323-336.

---

① 王节祥，陈威如，江诗松，刘双. 平台生态系统中的参与者战略：互补与依赖关系的解耦［J］. 管理世界，2021，37（02）：126-147+10.
② 胡海波，卢海涛，王节祥，黄涛. 众创空间价值共创的实现机制：平台视角的案例研究［J］. 管理评论，2020，32（09）：323-336.

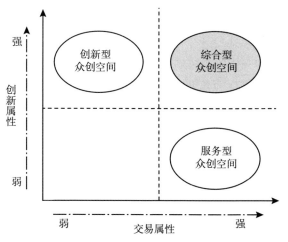

图 7 - 2 平台二重属性类型划分

资料来源：胡海波，卢海涛，王节祥，黄涛. 众创空间价值共创的实现机制：平台视角的案例研究［J］. 管理评论，2020，32（09）：323 - 336.

7.2.2 数据收集

本章实证研究的数据源自第 3 章问卷一的调查结果，问卷调查过程在第 3 章中已做描述。根据本章的研究内容及其与问卷一调查题项的匹配性，本章利用所回收的 231 份有效样本作为分析依据。问卷调查过程、样本分布及样本数量均符合本章的研究要求。

7.2.3 变量测量

如第 3 章所述，为保证问卷调查的信效度，各变量的测量均采用李克特五级量表法进行测量，包括"非常同意""同意""不一定""不同意""非常不同意"五种回答。各测量指标均参考了国内外较为成熟的量表设计。考虑到众创空间的年限、性质、级别均对平台的赋能能力和价值共创绩效有影响，因此本章将平台年限、平台性质、平台级别作为控制变量，以提升研究的稳定性。

大多数学者对众创空间知识创造绩效的测量主要由运营主体的绩效和

入驻企业的绩效两个方面组成①：一是众创空间运营主体的知识输出绩效；二是众创空间入驻企业的知识输出绩效。两者交互作用和影响，共同创造价值，即众创空间赋能入驻企业的知识创造绩效。② 结合本研究的调查对象，从运营绩效和赋能绩效两个方面采用 3 个题项进行测量。

多主体知识共享的测量主要从平台的视角，利用利益相关者理论和知识共享理论进行题项设计，主要参考希瓦娜（Tiwana）③、池仁勇④、戴维奇⑤、刘雪锋⑥等的研究，考虑政府、高校、行业、协会和联盟、金融服务机构、其他众创空间、风险投资机构等多主体的知识共享活动，通过因子分析和描述性统计排序筛选具有强关联的政府、高校、行业、协会联盟等作为知识共享的主要参与主体，从而确定 4 个测量项。

平台赋能能力的测量已有研究主要采用案例研究的方法，还未见实证研究的测量，本书主要参考托马斯（Thomas）⑦、霍塔里（Huotari）⑧、陈

---

① 李燕萍，陈武. 基于扎根理论的众创空间发展质量评价结构维度与指标体系开发研究 [J]. 科技进步与对策，2017，34（24）：137－145.

梁娟，陈国宏. 多重网络嵌入、知识整合与知识创造绩效 [J]. 科学学研究，2019，37（02）：301－310.

Almubaraki H，Schröl H. Measuring the effectiveness of business incubators：a four dimensions approach from a gulf cooperation council perspective [J]. *Journal of Enterprising Culture*，2011，19（04）：435－452.

② 崔世娟，陈丽敏，黄凯珊. 网络特征与众创空间绩效关系——基于定性比较分析方法的研究 [J]. 科技管理研究，2020，40（18）：165－172.

③ Tiwana A.，Konsynski B.，Bush A. A. Research Commentary platform Evolution：Coevolution of Platform Architecture，Governance，and Environmental Dynamics [J]. *Information Systems Research*，2010，21（04）：675－687.

④ 池仁勇. 区域中小企业创新网络的结点联结及其效率评价研究 [J]. 管理世界，2007（01）：105－112＋121.

⑤ 戴维奇，林巧，魏江. 集群内外网络嵌入与公司创业——基于浙江省四个产业集群的实证研究 [J]. 科学学研究，2011，29（04）：571－581.

⑥ 刘雪锋，徐芳宁，揭上锋. 网络嵌入性与知识获取及企业创新能力关系研究 [J]. 经济管理，2015，37（03）：150－159.

⑦ Thomas L. D.，Autio E.，Gann D. M. Architectural Leverage：Putting Platforms in Context [J]. *Academy of Management Perspectives*，2014，28（02）：198－219.

⑧ Huotari P.，Jrvi K.，Kortelainen S. et al. Winner does Not Take All：Selective Attention and Local Bias in Platform based Markets [J]. *Technological Forecasting and Social Change*，2017（114）：313－326.

武和李燕萍①、周文辉和何奇松②、胡海波等③对平台赋能能力的界定和描述，从服务赋能和资源赋能两个方面设计 4 个测量题项。

突发性环境波动的测量主要借鉴了科利（Kohli）④，米勒（Miller）⑤的量表，因量表沿用时间长、沿用广泛，已十分成熟，本章以新冠疫情为例，因此根据访谈收集的资料，确定 3 个题项作为调节变量的测量项。

以上所有变量与测量题项的对应关系见表 7 - 2。

表 7 - 2　　　　　　　　　　信度与效度检验结果

变量名	编码	题项	因子载荷	Cronbach's α	CR	AVE
多主体知识共享	K	本众创空间经常与政府共享资源	0.876	0.906	0.923	0.750
		本众创空间经常与高校共享资源	0.855			
		本众创空间经常与行业企业共享资源	0.881			
		本众创空间经常与协会联盟共享资源	0.851			
平台赋能能力	P	本众创空间获取的新知识、资源等能有效解决入驻企业运营过程中产生的问题	0.854	0.878	0.900	0.693
		本众创空间获取的新知识、资源等能在入驻企业内快速流动、共享	0.863			
		本众创空间获取的新知识、资源等与原有的知识、资源能紧密结合和匹配	0.848			
		本众创空间获取的新知识、资源等能有效辅助入驻企业注册、融资、成长等	0.760			

① 陈武，李燕萍. 众创空间平台组织模式研究［J］. 科学学研究，2018，36（04）：593 - 600 + 608.

② 周文辉，何奇松. 创业孵化平台赋能对资源配置优化的影响——基于机制设计视角的案例研究［J］. 研究与发展管理，2021，33（01）：162 - 174.

③ 胡海波，卢海涛，王节祥，黄涛. 众创空间价值共创的实现机制：平台视角的案例研究［J］. 管理评论，2020，32（09）：323 - 336.

④ Kohli A K，Jaworski B J. Developing a market orientation market orientate on：the construct, research propositions，and managerial implications［J］. *Journal of Marketing*，1990（54）：1 - 18.

⑤ C. D. Miller，P. K. Toh. Complementary components and returns from coordination within ecosystems via standard setting［J］. *Strategic Management Journal*，2020，43（03）：627 - 662.

续表

变量名	编码	题项	因子载荷	Cronbach's α	CR	AVE
突发性环境波动（以新冠疫情为例）	E	新冠疫情为本众创空间发展带来了更大的发展机会	0.830	0.719	0.834	0.626
		全面复工后本众创空间云入驻（线上会员服务）企业数量将明显多于线下（实体入驻）企业数量	0.780			
		新冠疫情对本众创空间的影响将会是长期持续性的	0.763			
知识创造绩效	I	本众创空间孵化企业成功率是多少？（＝孵化成功入驻企业数量÷入驻企业数量）	0.774	0.650	0.804	0.579
		本众创空间入驻企业盈利的比率是？（＝投资盈利的入驻企业数÷总投资入驻企业数）	0.830			
		本众创空间推荐多少家企业进入孵化器（或加速器）？	0.671			

7.3　假设检验与结果分析

本研究采用半结构化访谈和问卷调查数据进行分析，综合运用可靠性检验、描述性统计、相关分析、探索性和验证性因子分析、结构方程模型、层次线性回归等方法，目的是探索多主体知识共享、平台赋能能力、知识创造绩效以及新冠疫情冲击等变量之间的相互影响关系，构建概念模型，为众创空间赋能入驻企业提供实证分析依据。

7.3.1　信度和效度检验

为了验证样本数据的可靠性，本章应用 SPSS 24.0 对问卷调查收集的数据进行信度和效度分析，结果显示（见表 7－2）：所有变量的 Cronbach's α

均达到 0.65 及以上，证实了本量表真实可信，题项一致性高。在效度分析上，应用探索性因子分析方法中的主成分分析，使用最大方差旋转法，对测量变量进行巴特利特球体检验，结果显示：量表的 KMO 值分别为 0.789（>0.5），Bartlett 球体检验为 0.000，适合做因子分析，所有题目的因子载荷系数达到 0.6 及以上，证实了量表结构效度良好。

在探索性因子分析的基础上，应用 SPSS AMOS 24.0 对模型的变量进行了验证性因子分析，对变量的建构信度（CR）和平均方差提取值（AVE）进行计算。通过验证，所有变量的建构信度值（CR）均大于 0.8，说明潜在变量的信度高，平均方差提取值（AVE）均大于 0.5，说明测量变量可解释潜在变量的程度高，模型的内在质量很好，具体结果见表 7 – 3。

表 7 – 3 　　　　　　　　　　　　　KMO 和 Bartlett 的检验

取样足够度的 Kaiser – Meyer – Olkin 度量		0.789
Bartlett 的球形度检验	近似卡方	1478.207
	df	91
	Sig.	0.000

7.3.2　描述性统计和相关分析

问卷调查的主体部分主要包括了众创空间运营方的背景信息、客观选择题和李克特五级量表三部分。本章对客观选择题收集的数据采用描述性统计，试图通过客观问答了解众创空间角色、功能、定位以及平台与入驻创业团队的交互关系和方式，对于答卷中未选择或是选择其他项的管理者再次电话咨询和确认，筛选对结论具有补充作用的回答，过滤无效答案，具体结果见表 7 – 4。

表7-4　　　　　　　　　　　　描述性分析　　　　　　　　　　单位：%

题项	选项/频率							
本众创空间在整个知识网络中的理想角色	创业指导机构	创业辅助机构	微型产业集群	公益事业	风险投资机构	社会企业	中介机构	营利性企业
	83.97	83.21	51.15	35.11	29.01	27.48	24.43	22.14
与本众创空间有联系的最主要五个主体	政府	高校/科研院所	行业/企业	协会/联盟	金融服务机构	客户	其他众创空间	风险投资机构
	87.02	74.05	61.83	59.54	45.04	40.46	36.64	27.48

本众创空间与相关主体的关系	协同发展	积极合作	市场竞争	帮扶辅助	牵线搭桥
政府	44.27	57.25	3.05	58.02	48.85
高校	56.49	67.94	2.29	32.06	30.53
行业/企业	69.47	67.18	16.79	42.75	39.93
协会/联盟	71.76	64.89	24.43	39.69	45.04
平均值	60.50	64.32	11.64	43.13	41.09

本众创空间与相关主体互动的方式	提供导师	业务咨询	会议沙龙	民间活动	项目路演	投资洽谈	公益宣传	帮扶辅导
政府	32.06	48.85	39.69	22.90	35.11	28.24	60.31	62.60
高校	70.99	41.98	42.75	11.45	38.17	21.37	36.64	58.78
行业/企业	50.38	69.47	59.54	27.48	47.33	61.07	30.53	50.38
协会/联盟	36.64	50.38	58.02	32.82	35.11	35.11	37.40	47.33
平均值	47.52	52.67	50.00	23.66	38.93	36.45	41.22	54.77

注：按频率从大到小整理。

　　如表7-4所示，在客观问答题的调查中，超过83%的管理者认为众创空间在整个知识网络中扮演创业指导机构和辅导机构的角色，超过50%的管理者认为众创空间是一种微型产业集群，这也凸显了众创空间作为创新创业的平台，通过聚集初创企业形成知识网络并提供资源和服务的平台性质以及赋能入驻企业的功能。在选择与本众创空间有联系的最主要的五个主体中，排名前五的分别为政府（87.02%）、高校/科研院所（74.05%）、行业/企业（61.83%）、协会/联盟（59.54%）以及金融服务机构（45.04%）。考虑超过50%的运营方的调查数据较有说服力，以及试测过程中的探索性因子分析结论，在李克特量表的问卷调查过程中，主要选取了政府、高校、行业企业、协会联盟作为主要的参与主体，探索多主体知识共享与众创空间之间的影响关系。众创空间与相关主体的关系选择中，大部分主体都选择了协同发展（60.50%）和积极合作（64.32%），可以看出多主体的参与在众创空间的发展过程中起到了积极的推动和协同创新的效应。主要的互动方式包括了帮扶辅导（54.77%）、业务咨询（52.67%）、会议沙龙（50.00%）、提供导师（47.52%）等。

针对调查中李克特五级量表部分，主要采用SPSS 24.0统计分析软件对收集的收据进行描述性统计分析和相关性分析，初步剖析各个变量之间的相关关系，为后续模型的构建和检验奠定基础。表7-5主要描述了各个变量的平均数、标准差以及Pearson相关系数。由于各个变量之间的相关水平的临界值均小于0.6，表明各个变量之间几乎不存在共线性关系。

表7-5　　　　　　　　变量的描述性统计和相关分析

变量	均值	标准差	年限	性质	级别	K	P	E
年限	2.280	0.568	1					
性质	3.500	1.091	−0.071	1				
级别	2.910	1.116	0.127	−0.153*	1			
K	3.974	0.941	−0.068	0.089	−0.084	1		
P	4.512	0.575	−0.160*	0.193**	−0.188**	0.383**	1	
E	3.430	0.922	0.043	−0.132*	0.174**	−0.005	0.184**	1
I	2.976	0.982	0.134*	−0.045	0.085	−0.054*	0.139*	0.065*

注：相关系数为Pearson系数。***表示在0.1%水平下显著，**表示在1%水平下显著，*表示在5%水平下显著。

7.3.3 模型拟合

本部分借鉴约雷斯科（Joreskog）[①] 对模型拟合优度的建议，采用 SPSS AMOS 24.0 软件构建模型的拟合优度进行判定，根据相对和绝对拟合指标删除部分测量项目，模型拟合情况见表 7－6。Model1 为一因子模型，将所有变量都合并成一个因子。Model2 为二因子模型。将多主体知识共享、平台赋能能力、突发性环境波动合并为一个因子，知识创造绩效为另外一个因子。Model3 为三因子模型，在 Model2 的基础上将突发性环境波动变量独立形成一个因子。Model4 为三因子模型，与 Model3 不同的是将多主体知识共享拆分出来独立成一个因子。Model5 为四因子模型，即将每个变量独立成一个因子。可以看出，本研究的 Model5 四因子模型拟合指标值具有最好的模型拟合优度。在 Model5 的基础上通过模型修正值 MI 的判定，对部分具有相关关系的残差项建立关联路径，得到 Model6，其中拟合指标 RMR > 0.05，GIF > 0.9，NFI > 0.9，RMSEA < 0.1，说明 Model6 具有最优化的模型拟合性。

表 7－6 多模型拟合优度检验

Model	因素代码	X^2	Df	X^2/Df	RMR	GFI	NFI	IFI	CFI	RMSEA
Model1	K + P + E + I	788.175	77	10.236	0.170	0.629	0.480	0.505	0.500	0.200
Model2	K + P + E, I	681.801	76	8.971	0.136	0.658	0.550	0.579	0.574	0.186
Model3	K + P, E, I	534.143	74	7.218	0.086	0.705	0.647	0.681	0.677	0.164
Model4	K, P + E, I	263.154	74	3.556	0.116	0.857	0.826	0.869	0.867	0.105
Model5	K, P, E, I	119.582	72	1.661	0.055	0.929	0.921	0.967	0.967	0.054
Model6	K, P, E, I	57.102	66	0.865	0.041	0.966	0.962	1.006	1.000	0.000

[①] Joreskog K G. Testing structural equation models in testing structural equation models [J]. *Contemporary Sociology*, 1993, 23（01）: 66－67.

7.3.4 假设检验

因本研究引入了平台赋能能力的中介效应以及突发性环境波动的调节效应，为了进一步探究自变量、因变量、中介变量和调节变量之间的交互关系，检验本研究的假设，在传统线性回归的基础上，采用 SPSS PROCESS 方法对变量之间的关系进行检验，结果如表 7 - 7 所示。

表 7 - 7　　　　　　　　　　　多模型假设检验

变量名	Model1	Model 2	Model 3	Model 4	Model 5
控制变量					
平台年限	0.124	0.128	0.257 *	0.225	- 0.105
平台性质	- 0.026	- 0.032	- 0.052	- 0.024	- 0.085 **
平台级别	0.066	0.070	0.083	0.059	- 0.076 *
解释变量					
多主体知识共享		0.072	0.005	0.224	0.573 ***
中介变量					
平台赋能能力			0.324 **		0.324 **
调节变量					
突发性环境波动				0.221	0.563 ***
突发性环境波动 × 多主体知识共享				- 0.042	- 0.101 **
调整后的 R^2	0.011	0.011	0.057	0.032	0.380
F	1.818	1.658	2.735	1.228	14.529

注：*** 表示在 0.1% 水平下显著，** 表示在 1% 水平下显著，* 表示在 5% 水平下显著。

在 Model2 中，多主体知识共享对知识创造绩效的作用不显著，即 H7 - 1 不成立。在 Model3 中加入中介变量平台赋能能力，平台赋能能力对知识创造绩效的影响作用显著，H7 - 2 成立。结合表 7 - 8 有调节的中介效应检验的结果，可以看出多主体知识共享对平台赋能能力的影响显著，H7 – 3 成立。温忠麟等指出，自变量对因变量影响不显著，可以继续中介效应的验证，因为间接效应依旧可能存在①。从 H7 – 1、H7 – 2、H7 – 3 的检验结果得出，平台赋能能力在多主体知识共享和知识创造绩效的关系中存在"遮掩效应"。② Model4 中加入了调节变量，结果显示新冠疫情对知识创造绩效的影响不显著，新冠疫情和多主体知识共享的交互作用对知识创造绩效的影响也不显著，H7 – 6 不成立。Model5 是在 Model4 基础上同时加入中介变量和调节变量后得到，可以得出中介变量和调节变量对因变量的影响都是显著的，H7 – 4 和 H7 – 6 成立。突发性环境波动对平台赋能的调节作用为正向，但突发性环境波动与多主体知识共享的交互作用对平台赋能能力的调节作用转为负向。

表 7 – 8 有调节的中介效应检验

	Effect	SE	LLCI	ULCI
直接效应：多主体知识共享→知识创造绩效				
	0.005	0.073	– 0.139	0.149
间接效应：多主体知识共享→平台赋能				
高（+1SD）	0.320 ***	0.053	0.215	0.426
中（Mean）	0.227 **	0.035	0.128	0.297
低（–1SD）	0.135 **	0.046	0.044	0.225
间接效应：多主体知识共享→平台赋能→知识创造绩效				
高（+1SD）	0.104 ***	0.047	0.027	0.210
中（Mean）	0.074 ***	0.033	0.019	0.152
低（–1SD）	0.044 ***	0.029	0.006	0.117

注：*** 表示在 0.1% 水平下显著，** 表示在 1% 水平下显著，* 表示在 5% 水平下显著。

为了进一步分析有调节的中介效应，结合表 7 – 8 有调节的中介效应

---

① 温忠麟，叶宝娟. 中介效应分析：方法和模型发展 [J]. 心理科学进展，2014（05）：731 – 745.

② 苏斌原，张卫，苏勤，喻承甫. 父母网络监管对青少年网络游戏成瘾为何事与愿违？——一个有调节的中介效应模型 [J]. 心理发展与教育，2016（05）：604 – 613.

中直接效应和间接效应结果，可以看出多主体知识共享对知识创造绩效的直接效应是不显著的。此时引入中介变量的建模模型已从传统的中介模型中"多主体知识共享对知识创造绩效的影响"转变为"多主体知识共享如何不影响知识创造绩效"。通过引入平台赋能能力这一中介变量，多主体知识共享对平台赋能能力的间接效应和中介效应对知识创造绩效的影响在新冠疫情的调节下均为显著差异，且在正负一个标准差的调节作用中影响关系均呈现显著，置信区间（LLCI—ULCI）均不包含 0，由此可以得出平台赋能能力呈现完全中介效果的结论。如果没有引入平台赋能能力这一中介变量，多主体知识共享与知识创造绩效的总效应和直接效应均不显著，多主体知识共享与知识创造绩效之间的关系被掩盖了。① 这也正反映了多主体知识共享在帮扶初创企业过程中，在资源约束、资源编排、资源重组等方面出现的现实困境，若没有专业孵化平台对异质性资源进行整合和加工，对初创企业的知识创造活动是无法形成价值的。同样，在强竞争的营商环境下，外部环境的突变对平台赋能的调节作用往往是正向的，为创业企业的转型升级创造了更多的商机和驱动力。

在此基础上我们绘制有平台赋能中介效应的新冠疫情调节效应图，可以更加直观地观察到不同强度新冠疫情冲击下，知识共享对平台赋能能力的提升幅度。从图 7 - 3 可以看出，新冠疫情的冲击强度较小时，多主体知识共享能更好地促进平台赋能能力的提升；反之，多主体知识共享对平台赋能能力的提升也更弱。

---

① 罗一君，孔繁昌，牛更枫，周宗奎. 压力事件对初中生抑郁的影响：网络使用动机与网络使用强度的作用 [J]. 心理发展与教育，2017（03）：337 - 344.

Shrout, P. E., and Bolger, N. Mediation in experimental and nonexperimental studies：New procedures and recommendations [J]. *Psychological Methods*, 2002（07）：422 - 445.

J., and Hayes, A. F. Asymptotic and resampling strategies for assessing and comparing indirect effects in multiple mediator models [J]. *Behavior Research Methods*, 2008（40）：879 - 891.

Baron, R. M., and Kenny, D. A. The moderator-mediator variable distinction in social psychological research：Conceptual, strategic, and statistical considerations [J]. *Journal of Personality and Social Psychology*, 1986（51）：1173 - 1182.

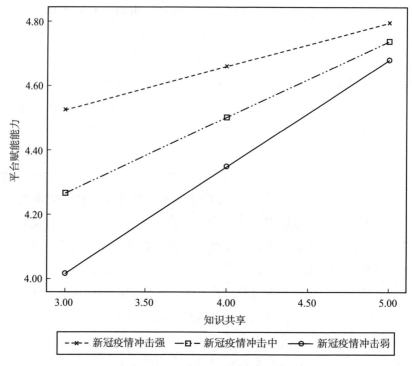

图 7 - 3　有中介的调节效应

7.4　结论与启示

第一，初创企业在突变的外部环境下，随时面临生存和发展的压力。由于缺乏创业经验，对于政府、高校、行业企业、相关协会或第三方组织分享的零散的知识、信息和资源不能充分地整合、运用，编排。通过创新创业平台的服务、辅导和支持，才能高效解决创业过程中的各种复杂问题，减少创业的成本和风险，更迅速地更新和迭代创新资源，以更快的速度实现成果转化和价值输出。对于初创企业，更应该关注众创空间特别是具有国家级、省级等备案的综合型众创空间的服务条例，有意识地关注帮扶辅导、业务咨询、会议沙龙、提供导师等知识共享的互动活动，以增强企业突破资源和环境的约束力，促进初创企业和众创空间的协同创新和价值共创。

第二，新冠疫情的冲击对综合型众创空间是挑战也是机遇。在外部环境突发性波动下，综合型的众创空间因具有前期资源积累，获得来自政府、高校、行业企业、协会等各方补贴、支持的可能性更大，加之多主体的参与，知识共享深度和广度增加，在环境剧烈震荡时，一定程度上过滤了外部冲击、增加了内部主体市场的竞争能力。创新创业平台可以通过外部环境的突变，挖掘新的需求和商机，宣传新的习惯和生活模式，充分发挥资源和服务赋能的平台效能，进而促进新技术、新产品、新服务的研发，促进新创企业的孵化。

第三，中小型众创空间在日常运营和管理过程中要注重平台"交易"和"创新"属性的培养，增强组织韧性，提升资源和服务赋能的能力，以资源汇集、整合、拼凑、编排、重构、创造等知识活动为基础，实时关注外部环境和国际形势的复杂多变，灵活化组织管理模式和流程，不断提升众创空间管理者的眼界和经验，提升中小型众创空间的危机应对能力，对标国家级以及省级众创空间评价考核指标，以实现创新创业平台供应链的高速发展。

7.5　本章小结

本章在第 6 章虚拟数值仿真模拟的基础上，选取兼具"强交易"和"强创新"属性的综合型众创空间为样本，通过实证分析探讨在新冠疫情影响下，多主体知识共享、平台赋能能力与知识创造绩效之间的关系，研究结果显示：平台赋能在多主体知识共享和知识创造绩效中起到了完全中介作用；新冠疫情对平台的赋能能力有正向的调节作用，新冠疫情与多主体知识共享的交互作用对平台赋能能力的影响转为负向调节作用；新冠疫情的冲击强度较小时，多主体知识共享能更好地促进平台赋能能力的提升；反之，多主体知识共享对平台赋能能力的提升也更弱。研究结论为在不确定环境下，科学有效地发挥众创空间平台赋能效用，促进众创空间与初创企业高质量可持续性发展提供了建议和启示。

第8章 创新生态系统网络嵌入及众创空间知识整合对众创空间绩效的影响

　　创新生态系统是经济变革时代创新创业、产业发展的重要基础。众创空间基于创新创业活动需要与创客、科研院所、大学、政府、中介机构等创新主体紧密联系与互动，形成复杂的创新生态系统。众创空间与创新生态系统其他组织间在共生竞合的相互关系中进行着物质和信息交互，从而实现可持续的创新涌现，推动创新生态系统的动态演化。得益于创新生态系统，众创空间可与系统中的不同主体搭建网络关系，从而通过对网络资源的获取与整合推动众创空间中的企业个体创新想法的产生，进而激发网络效应，提升企业个体的创新行为。因此，对于众创空间而言，可以依托创新生态系统网络嵌入关系，实现多主体的开放协作与资源共享，促进众创空间的知识整合，实现整个系统的价值共创，从而成为区域创新能力提升的新生力量。①

　　当前学者对于众创空间的研究已经关注到网络关系与众创空间知识活动，但是当前的研究主要集中在众创空间知识网络演化、网络嵌入与创新绩效、众创空间多主体协同创新②，对于创新生态系统网络嵌入的赋能机

---

① 胡军燕，钟玲，修佳钰. 众创空间集聚对区域创新能力的影响 [J]. 统计与决策，2022，38（08）：174－178.

② 卫武，倪慧. 众创空间生态系统网络的强弱关系分析 [J]. 科学管理研究，2020，38（02）：24－28.

张卓，魏杉汀. 基于双网络视角的众创空间合作创新网络演化机制研究 [J]. 科技进步与对策，2020，37（13）：10－19.

赵观兵，谢华彬. 价值链视角下众创空间多主体协同创新演化博弈分析 [J]. 技术与创新管理，2022，43（03）：270－276＋317.

黄钟仪，向玥颖，熊艾伦，苏伟琳. 双重网络、双元拼凑与受孵新创企业成长：基于众创空间入驻企业样本的实证研究 [J]. 管理评论，2020，32（05）：125－137.

理研究还有待展开，主要存在的问题有：第一，已有关于众创空间的研究多集中于从创客层面或者众创空间层面单一层面的研究，鲜有从跨层级的视角揭示创新生态系统网络关系对于众创空间的赋能现象；第二，鲜有研究直接讨论创新生态系统网络关系与众创空间绩效的关系，虽然最新研究表明，众创空间集聚有助于提升众创空间绩效，但到目前为止，创新生态系统网络关系对众创空间绩效影响的作用机制仍是"黑箱"，是否存在重要的中介变量值得探究。

　　针对上述研究局限，本研究基于创新生态系统网络关系—众创空间知识整合—众创空间绩效分析框架，构建以平台赋能为调节变量，以众创空间知识整合为中介变量的结构方程模型，以求更加翔实地探究创新生态系统网络嵌入与众创空间绩效的关系，以期为众创空间的知识管理实践提供有益启示。

8.1　理论分析与研究假设

8.1.1　主要概念界定

（1）创新生态系统网络嵌入。

　　为应对环境的不确定性与知识创造的复杂性，众创空间的知识活动需要依赖于可形成多方合作、相互依赖的网络组织形态——创新生态系统。[①]在创新生态系统内，众创空间中企业与众创空间内部各创客之间，基于空间内的集聚与互动交流，形成众创空间内部知识网络；众创空间中企业与创新生态系统中的科研院所、高校、中介机构等相关组织通过联系互动，发生知识的传播、整合、创造等知识活动，形成众创空间生态系统知识网络。[②]众创空间中企业所嵌入的双层次网络，整合了众创空间内外不同层次网络的功

[①]　裴蕾，王金杰. 众创空间嵌入的多层次创新生态系统：概念模型与创新机制［J］. 科技进步与对策，2018，35（06）：1－6.

[②]　胡军燕，钟玲，修佳钰. 众创空间集聚对区域创新能力的影响［J］. 统计与决策，2022，38（08）：174－178.

能与优势，网络关系呈现出强弱联结并存的特点，网络结构呈现出密集性与稀疏性并存的属性，网络知识由于主体的多元化呈现出丰富性与异质性。

（2）众创空间知识整合。

自亨德森和克拉克（Henderson and Clark）① 提出"知识整合"以来，学者们从动态视角和过程视角界定知识整合。尽管视角不同，但学者们对于知识整合的本质认识是一致的，都强调对于不同来源、载体、功能的知识进行组合或对互补知识资源进行整合②，以弥补其自身所欠缺的创新能力。对于知识整合的研究则主要从个体、团队和组织三个层面开展，鲜有研究关注到众创空间层面的知识整合。众创空间作为面向大众创新创业的开放工作空间、资源共享空间和社交网络交流空间，可以有效整合创新资源、促进创新知识的交互与扩散、加速创新知识的孵化。③ 因此，本研究从动态视角将众创空间知识整合定义为：众创空间凭借其在创新生态系统中的枢纽位置，通过调动自身的动态反应能力以甄别和筛选优质的内外部异质性知识、信息和资源，引导创客以及创客与空间外部优质知识、信息资源精准对接与整合创造，从而使众创空间保持长久的创新能力。④

（3）众创空间平台赋能。

现代管理学理论预言家玛丽·帕克·芙丽特（Mary Parker Follett）在20世纪20年代首次提出"赋能授权"，认为企业的管理应当打破等级森严的组织结构，在决策过程中更多关注企业员工的知识与经验。⑤ 之后学者们关于赋能理论的研究视角主要包括组织赋能视角和个人赋能视角，在不同的视角下从多个子维度衡量赋能⑥，尽管研究视角不同，但都强调激发组

---

① Henderson R，Clark K. Architectural Innovation：The Reconfiguration of Existing Product Technologies and the Failure of Established Firms ［J］. *Administrative Science Quarterly*，1990，35（01）：9 – 30.

② 梁娟，陈国宏. 多重网络嵌入、知识整合与知识创造绩效 ［J］. 科学学研究，2019，37（02）：301 – 310.

③ 卫武，倪慧. 众创空间生态系统网络的强弱关系分析 ［J］. 科学管理研究，2020，38（02）：24 – 28.

④ 赵葳. 众创空间创客团队社会资本对团队创新绩效影响研究 ［D］. 湘潭：湘潭大学，2019.

⑤ 张文艺. 数据赋能对企业创新绩效的影响机制 ［D］. 杭州：浙江工商大学，2021.

⑥ 周文辉，何奇松. 创业孵化平台赋能对资源配置优化的影响——基于机制设计视角的案例研究 ［J］. 研究与发展管理，2021，33（01）：162 – 174.

织成员的能量。众创空间作为创新生态系统中承载开放式创新的主阵地之一，是创新资源聚合器和创业服务的重要平台，能够在创新生态系统中联结起不同主体间的互动，赋能创客/企业的创新成长。因此，本研究将众创空间平台赋能界定为众创空间凭借其在创新生态系统中的枢纽位置，通过为其中的创客/企业提供一系列价值链上的增值服务，优化其中创客/企业的知识获取、共享、整合和创造能力，从而提升企业应对环境变动的高阶能力。①

（4）众创空间绩效。

当前关于众创空间绩效的研究不多，已有的文献从不同视角对众创空间绩效开展研究。张静进等从人员投入、经费投入、总收入、吸纳就业衡量众创空间的创新创业效率。② 李洪波以创新创业培训、资金技术服务、创业集聚能力、创新创业成效四个指标评价众创空间运行效率。③ 李永慧等以在孵团队和企业获得的社会投资额作为众创空间绩效指标。官方层面，各地监管部门对众创空间的考核均有不同的政策，但多数将重点放在创业服务考核上，如创业导师、投融资服务等。④ 本研究在综合学者们研究的基础上，从众创空间促进创新生态系统的协同发展、促进就业、帮扶创业、促进区域经济发展等方面进行衡量。

8.1.2 研究假设

（1）创新生态系统网络嵌入与众创空间绩效。

已有研究表明网络关系所体现的社会资本尤为重要⑤，众创空间中企业基于网络嵌入与供应商、客户、同行等建立良好关系，从中获取关于市

---

① 朱勤，孙元，周立勇. 平台赋能、价值共创与企业绩效的关系研究 [J]. 科学学研究，2019，37（11）：2026 - 2033 + 2043.
② 张静进，陈光华. 基于 DEA 模型的众创空间创新创业效率及投入冗余比较研究 [J]. 工业技术经济，2019，38（09）：26 - 34.
③ 李洪波，史欢. 基于 DEA 方法的国内众创空间运行效率评价 [J]. 华东经济管理，2019，33（12）：77 - 83.
④ 郑玉华. 众创空间绩效评价研究 [D]. 福州：福建农林大学，2020.
⑤ 赵葳. 众创空间创客团队社会资本对团队创新绩效影响研究 [D]. 湘潭：湘潭大学，2019.

场、产品改进建议等知识，降低沟通成本和交易成本①。众创空间中企业还可以通过网络获取合法性、实现技术转移、获取经营性资源。新创企业通过与政府保持密切联系，有助于获取关键信息资源和融资政策优惠，通过与高校研究机构合作，为企业的专利技术和产品创新提供保障。通过创新生态系统网络嵌入有助于新创企业解决初创时合法性不足的问题②，通过网络的功能互补和协调效应，克服新生弱性和"小而弱"的双重约束，从而有助于整个众创空间绩效的提升。因此，本研究假设：

H8-1：创新生态系统网络嵌入正向影响众创空间绩效。

（2）创新生态系统网络嵌入与众创空间知识整合。

创新生态系统网络嵌入是众创空间新创企业获取知识和信息资源的重要途径。而由于知识的零散性，加之创新生态系统网络所获取的各方知识信息资源需要依赖于众创空间，难以直接转化为新创企业的结构性知识，需要众创空间对其进一步有效整合。由于新创企业所处环境的复杂性与多变性，从网络中获取知识信息资源对于创新能力的推动效应依赖于众创空间整合知识的能力。网络中异质性知识的获取是众创空间知识整合的前提。已有研究表明网络关系、网络资本均会对组织知识整合产生影响。③因此，本研究假设：

H8-2：创新生态系统网络嵌入正向影响众创空间知识整合。

（3）众创空间知识整合与众创空间绩效。

众创空间通过对创新生态系统网络中丰富的、异质性的知识资源进行有机的整理、融合，帮助其中的新创企业获取更多关于市场、技术、生产运作、融资政策优惠等机会和信息，为初创企业的创新与绩效产出奠定基础，并进一步提升众创空间整体绩效。众创空间知识整合在创新生态系统网络嵌入与众创空间绩效之间起中介作用。梁娟等实证研究发现内外部知识整合在

---

①② 黄钟仪，向玥颖，熊艾伦，苏伟琳. 双重网络、双元拼凑与受孵新创企业成长：基于众创空间入驻企业样本的实证研究 [J]. 管理评论，2020，32（05）：125-137.

③ 王晓红，张雪燕，徐峰，等. 社会资本对跨学科研究团队知识整合的影响机制 [J]. 科学学研究，2020，38（08）：1464-1472.

谢莹. 网络嵌入性与知识整合对企业创新绩效的影响研究 [D]. 乌鲁木齐：新疆财经大学，2021.

多重网络嵌入与知识创造绩效之间起中介作用。① 因此，本研究假设：

H8 - 3：众创空间知识整合正向影响众创空间绩效。

H8 - 4：众创空间知识整合在创新生态系统网络嵌入与众创空间绩效间具有中介作用。

（4）众创空间平台赋能的调节作用。

从动态能力的视角来看，众创空间平台赋能使其中的新创企业通过网络关系获取新资源与新知识，从而不断适应市场、顾客与技术等方面的变化②，因此有助于众创空间绩效的提升。平台赋能能够提高组织绩效，已得到国内外学者的一致认可。③ 但平台赋能对众创空间绩效提升的赋能机制还需进一步研究。一些学者考察了平台赋能对创新绩效的调节作用。如朱勤等学者发现平台赋能有助于提高出口企业的绩效。处在创新生态系统核心地位的平台能够通过"赋能"，使企业形成应对复杂动态环境的高阶能力，即通过交易匹配使企业把握市场机遇，优化企业的运营模型，驱动产品与服务创新，从而提高企业绩效。④ 对于众创空间而言，通过众创空间平台赋能作用，将创新生态系统网络中供需双方互补性的知识、信息、制度等资源有效对接，实现资源配置优化，提升众创空间对于多元化异质性知识、信息、制度等资源的整合能力，进而提升众创空间绩效。

因此，本研究假设：

H8 - 5：平台赋能在创新生态系统网络嵌入与众创空间知识整合间存在调节作用。

H8 - 6：平台赋能正向影响创新生态系统网络嵌入与众创空间绩效之

---

① 赵观兵，谢华彬. 价值链视角下众创空间多主体协同创新演化博弈分析 [J]. 技术与创新管理，2022，43（03）：270 - 276 + 317.

② 黄钟仪，向玥颖，熊艾伦，苏伟琳. 双重网络、双元拼凑与受孵新创企业成长：基于众创空间入驻企业样本的实证研究 [J]. 管理评论，2020，32（05）：125 - 137.

③ 周文辉，何奇松. 创业孵化平台赋能对资源配置优化的影响——基于机制设计视角的案例研究 [J]. 研究与发展管理，2021，33（01）：162 - 174.

朱勤，孙元，周立勇. 平台赋能、价值共创与企业绩效的关系研究 [J]. 科学学研究，2019，37（11）：2026 - 2033 + 2043.

④ 朱勤，孙元，周立勇. 平台赋能、价值共创与企业绩效的关系研究 [J]. 科学学研究，2019，37（11）：2026 - 2033 + 2043.

间经由众创空间知识整合的间接效应。

综上所述，可得本章理论模型如图 8 - 1 所示。

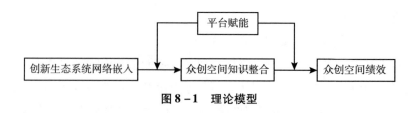

图 8 - 1   理论模型

间接效应，即在高平台赋能下，强创新生态系统网络嵌入会促进更强的众创空间知识整合，进而激发更高的众创空间绩效。

8.2   样本获取与变量测量

8.2.1   样本选择与来源

本章实证研究的数据源自第 3 章问卷一的调查结果，问卷调查过程在第 3 章中已做描述。根据本章的研究内容及其与问卷一调查题项的匹配性，本章利用所回收的 231 份有效样本作为分析依据。问卷调查过程、样本分布及样本数量均符合本章的研究要求。

8.2.2   变量的定义与测量

本文借鉴格兰诺维特（Granovetter）①、蔡彬清和陈国宏②的研究成果

---

①   Granovetter M. Economic action and social structure：the problem of embeddedness ［J］. *American Journal of Sociology*，1985（91）：481 – 510.

②   蔡彬清，陈国宏. 链式产业集群网络关系、组织学习与创新绩效研究 ［J］. 研究与发展管理，2013，25（04）：126 – 133.

进行改编，形成五个题项对创新生态系统网络关系进行测量；参考兰斯特和克拉克（Lansiti and Clark）[①]、蔡猷花等[②]、梁娟等[③]的研究成果，对测量题项进行改编，形成五个题项对众创空间知识整合进行衡量；众创空间平台赋能结合了朱勤等[④]、周文辉等[⑤]的研究成果进行改编，采用五个题项进行测量。众创空间绩效参考张静进等[⑥]、李洪波等[⑦]的量表进行测度。此外，本研究借鉴韩莹[⑧]的研究，以众创空间年龄、众创空间性质、众创空间所属级别为控制变量进行分析以期获得更为准确的研究结论。测量量表具体如表 8-1 所示。

表 8-1   **信度和效度检验**

变量	题项	因子载荷	Cronbach's α	CR	AVE
创新生态系统网络嵌入	R1 学术界/大学与本众创空间联系的稳定程度	0.883	0.947	0.948	0.784
	R2 产业/企业与本众创空间联系的稳定程度	0.895			
	R3 政府与本众创空间联系的稳定程度	0.879			
	R4 基于媒体、文化的公众与本众创空间联系的稳定程度	0.909			

---

① Iansiti M., Clark K., B. Integration and dynamic capability: evidence from development in automobilesand main frame computers [J]. *Industrial and Corporate*, 1994 (03): 557 – 605.

② Henderson R, Clark K. Architectural Innovation: The Reconfiguration of Existing Product Technologies and the Failure of Established Firms [J]. *Administrative Science Quarterly*, 1990, 35 (01): 9 – 30.

③ 梁娟，陈国宏. 多重网络嵌入、知识整合与知识创造绩效 [J]. 科学学研究，2019，37 (02)：301 – 310.

④ 朱勤，孙元，周立勇. 平台赋能、价值共创与企业绩效的关系研究 [J]. 科学学研究，2019，37 (11)：2026 – 2033 + 2043.

⑤ 周文辉，何奇松. 创业孵化平台赋能对资源配置优化的影响——基于机制设计视角的案例研究 [J]. 研究与发展管理，2021，33 (01)：162 – 174.

⑥ 张静进，陈光华. 基于 DEA 模型的众创空间创新创业效率及投入冗余比较研究 [J]. 工业技术经济，2019，38 (09)：26 – 34.

⑦ 李洪波，史欢. 基于 DEA 方法的国内众创空间运行效率评价 [J]. 华东经济管理，2019，33 (12)：77 – 83.

⑧ 韩莹. 众创空间中企业创业拼凑对创新绩效的影响研究 [J]. 科学学研究，2020，38 (08)：1436 – 1443 + 1508.

续表

变量	题项	因子载荷	Cronbach's α	CR	AVE
创新生态系统网络嵌入	R5 其他众创空间及其协会与本众创空间联系的稳定程度	0.86	0.947	0.948	0.784
平台赋能	EES1 本众创空间能够定期参与政府等级评定与考核，获取政府补贴	0.877	0.933	0.934	0.739
	EES2 本众创空间与高校及科研机构共享导师资源，共同研发项目	0.883			
	EES3 本众创空间能够及时对接同行业相关企业的市场商业资源	0.854			
	EES4 本众创空间有利于激发大众创新创业的意愿，辅助众包、众筹等项目推进	0.887			
	EES5 本众创空间发展过程考虑区域自然资源的配置	0.794			
众创空间知识整合	AOEE1 本众创空间能够从外部环境（自然、人文、制度、法律、经济、教育、商业等）的变化中识别出发展机会	0.854	0.936	0.936	0.746
	AOEE2 本众创空间尝试不断地改造或者重组来更好地满足市场需求	0.891			
	AOEE3 本众创空间通常能够抓住环境变化带来的机遇	0.847			
	AOEE4 本众创空间在提出创新战略时总会考虑一系列的备选方案	0.852			
	AOEE5 本众创空间可以迅速调整商业模式以满足政府和市场波动的需求	0.873			
众创空间绩效	EDM1 本众创空间的主要价值观是促进整个创新生态系统的协同发展	0.929	0.964	0.964	0.818
	EDM2 本众创空间的发展有利于更好地促进众创空间绩效提升	0.894			

续表

变量	题项	因子载荷	Cronbach's α	CR	AVE
众创空间绩效	EDM3 本众创空间的发展有利于促进区域经济发展	0.831	0.964	0.964	0.818
	EDM4 本众创空间的发展有利于对接创新创业教育实践	0.919			
	EDM5 本众创空间的发展能够在一定程度上解决就业问题	0.897			
	EDM6 本众创空间的发展动机是帮扶大众青年创业	0.952			

8.3 假设检验与结果分析

8.3.1 信度和效度分析

本研究使用 AMOS 对各个构面的信度进行检验。检验结果如表 8 - 1 所示，可以看到本章所用变量的 Cronbach's α 值均大于建议的 0.7 水平，说明各变量达到了研究的信度要求。对各个影响因素的探索性因子分析结果中，KMO 值为 0.901，Bartlett 球形检验显著性水平为 0.000，适合进行因子分析。计算各变量的平均方差提取量（AVE）和组合信度（CR），各变量的 AVE 均高于 0.5，组合信度 CR 均高于 0.7，表明测量数据具有良好的收敛效度。

根据约雷斯科（Jöreskog）① 的建议，本研究采用 AMOS 23.0 软件对量表模型进行整体拟合优度检验，根据绝对与相对拟合指标删除测量项

---

① Jöreskog, K. G. "Testing structural equation models", in *Testing Structural Equation Models*, eds K. A. Bollen and J. S. Long（Newbury Park, CA：Sage）［J］. 1993, 23（01）：66 - 67.

目，整体拟合情况汇总如表 8-2 所示。其中，M1 为单因子模型，所有的指标都是独立的；M2 为二因子模型，将创新生态系统网络关系与平台赋能、知识整合与众创空间绩效各合并为一个因子；M3 为三因子模型，创新生态系统网络关系、平台赋能、知识整合合并为一个因子；M4 为本研究的四因子模型。可以看出，本研究的四因子模型具有最好的拟合效果，说明本研究理论模型与数据拟合度良好。

表 8-2 多模型拟合结果汇总

模型编号	因子结构	X^2	df	X^2/df	RMSEA	CFI	TLI	IFI
模型 M4	四因子 d	356.877	183	1.95	0.064	0.966	0.961	0.966
模型 M3	三因子 c	917.709	186	4.934	0.131	0.856	0.838	0.857
模型 M2	二因子 b	1432.059	188	7.617	0.17	0.756	0.727	0.757
模型 M1	单因子	2419.597	189	12.802	0.227	0.562	0.513	0.564

8.3.2 描述性统计和相关分析

在模型检验之前，我们还对各变量的相关性进行分析，结果如表 8-3 所示。所有变量之间均具有一定的相关性且相关系数并不太高；各变量的方差膨胀因子（VIF）均小于 3，低于阈值 10，表明各变量间的多重共线性问题不严重。SEM 建模中各关键变量间的相关系数均为正向显著，初步支持了本研究的部分假设。

表 8-3 相关系数

变量	平均值	标准偏差	年龄	单位性质	级别	创新生态系统网络关系	平台赋能	知识整合	众创空间绩效
年龄	2.28	0.57	1						
单位性质	3.48	1.15	-0.06	1					
级别	2.15	0.86	-0.021	-0.064	1				

续表

变量	平均值	标准偏差	年龄	单位性质	级别	创新生态系统网络关系	平台赋能	知识整合	众创空间绩效
创新生态系统网络关系	3.67	1.23	−0.058	0.062	0.006	1			
平台赋能	3.76	1.16	−0.012	0.107	−0.136*	0.645**	1		
知识整合	3.84	1.12	−0.115	0.181**	−0.107	0.372**	0.356**	1	
众创空间绩效	3.82	1.11	−0.052	0.066	−0.04	0.539**	0.515**	0.640**	1

注：相关系数为 Pearson 系数。*** 表示在 0.1% 水平下显著，** 表示在 1% 水平下显著，* 表示在 5% 水平下显著。

8.3.3　假设检验

M1 中将成立年限、单位性质、众创空间级别作为控制变量纳入方程回归分析；M2 在 M1 的基础上，纳入创新生态系统网络嵌入，从表 8 − 4 我们可以看到，M2 的 R^2 值为 0.294，意味着可以解释区域创新的 29.4% 的变化原因。M2 的 F 值为 23.525，$p < 0.001$，表明该模型的回归效果显著，说明创新生态系统网络嵌入正向影响众创空间绩效（β 值 = 0.537，$p < 0.001$），表明 H8 − 1 成立。在 M3 中，众创空间知识整合的回归系数 β 值为 0.654，$p < 0.001$，说明知识整合对众创空间绩效具有显著正向影响；H8 − 2 验证成立。M5 中将成立年限、单位性质、众创空间级别作为控制变量纳入回归分析，M6 在 M5 的基础上，纳入创新生态系统网络嵌入，结果表明，创新生态系统网络嵌入对知识整合的回归系数 β 值为 0.359，$p < 0.001$，模型 F 值 = 12.521，$p < 0.001$，表明创新生态系统网络嵌入正向影响知识整合，H8 − 3 成立。

表 8 - 4　　　　　　　　　　　　假设检验

变量	众创空间绩效				知识整合			
	M1	M2	M3	M4	M5	M6	M7	M8
成立年限	- 0.049	- 0.02	0.021	0.026	- 0.107	- 0.088	- 0.092	- 0.067
单位性质	0.06	0.029	- 0.05	- 0.048	0.168*	0.147*	0.137*	0.118
级别	- 0.037	- 0.042	0.027	0.011	- 0.099	- 0.102	- 0.08	- 0.082
创新生态系统网络嵌入		0.537***		0.349***		0.359***	0.251**	0.341***
知识整合			0.654***	0.523***				
平台赋能							0.167*	0.332***
创新生态系统网络关系 × 平台赋能								0.318***
R^2	0.008	0.294	0.413	0.517	0.054	0.181	0.197	0.244
ΔR^2	- 0.005	0.281	0.402	0.507	0.041	0.167	0.179	0.224
F	0.609	23.525***	39.714***	48.256***	4.279***	12.521***	11.045***	12.049***

注：相关系数为 Pearson 系数。*** 表示在 0.1% 水平下显著，** 表示在 1% 水平下显著，* 表示在 5% 水平下显著。

在验证中介效应时，M4 中，自变量在创新生态系统网络嵌入的基础上加入了中介变量知识整合，创新生态系统网络关系的回归系数 β 值从 M2 中的 0.537（p < 0.001）显著减小为 0.349（p < 0.001），且知识整合的回归系数 β 值为 0.523，p < 0.001，说明纳入中介变量后创新生态系统网络嵌入对众创空间绩效仍旧是显著的，且知识整合对众创空间绩效也是显著的。因此，知识整合在创新生态系统网络嵌入对众创空间绩效的影响中存在部分中介作用，本研究的 H8 - 4 得以成立。

在验证调节效应时，本研究根据温忠麟等提出的调节作用检验方法①，将创新生态系统网络嵌入作为自变量，将平台赋能作为调节变量，众创空

①　温忠麟，侯杰泰，张雷. 调节效应与中介效应的比较和应用 [J]. 心理学报，2005（02）：268 - 274.

间知识整合作为因变量，以及将自变量与调节变量的交互项作为预测变量。结果表明，M7 创新生态系统网络嵌入对知识整合的回归系数为0.251，P < 0.01，平台赋能对知识整合的回归系数为0.167，P < 0.05，由此可见，创新生态系统网络嵌入、平台赋能对知识整合具有显著正向影响；M8 中，创新生态系统网络嵌入与平台赋能交互项回归系数为正且显著（β 值为0.318，p < 0.001），说明在创新生态系统网络嵌入对众创空间知识整合的影响中平台赋能存在正向调节效应，H8 - 5 成立。

在此基础上，本研究制作了调节效应图以更直观地观察平台赋能对创新生态系统网络关系及众创空间知识整合的影响。图 8 - 2 表明当平台赋能较强时，创新生态系统网络关系可以更好地促进众创空间知识整合的提升；反之，若平台赋能较弱，创新生态系统网络关系对众创空间知识整合的提升作用也较弱。

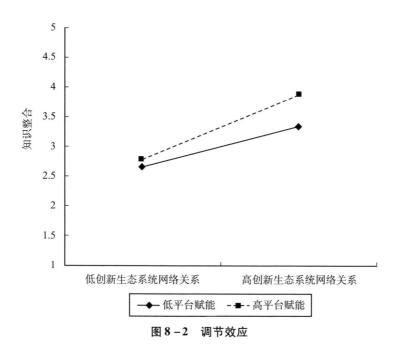

图 8 - 2　调节效应

8.3.4　有调节的中介检验

本研究运用 SPSS process 进行有调节的中介效应检验，检验结果如表 8-5 所示。通过 process 运算分析，在调节变量均值的基础上分别加减 1 个标准差之后形成高低值，表中条件间接效应显示，在低水平的平台赋能中，间接效应为 0.1053，置信区间 [0.0646, 0.2751] 不包含零，效应显著；而在高水平的平台赋能中，间接效应为 0.5527，置信区间 [0.3329, 0.7724] 不包含零，效应显著。因此平台赋能在创新生态系统网络关系与众创空间绩效中有调节的中介效应是显著的，H8-6 得到验证。

表 8-5　　　　　　　　　　　有调节的中介效应检验结果

因变量		Index	BootSE	BootLLCI	BootULCI
中介效应		0.1233	0.0481	0.0254	0.2154
条件间接效应	低值	0.1053	0.0862	0.0646	0.2751
	高值	0.5527	0.1115	0.3329	0.7724

8.4　结论与启示

本章基于网络嵌入理论与平台赋能视角，以众创空间为研究对象，获取了 231 家众创空间的样本数据，实证检验了创新生态系统网络关系与众创空间绩效之间的影响机制，探讨了众创空间知识整合的中介作用与众创空间平台赋能的调节作用，得到以下研究结论：

（1）众创空间知识整合正向中介创新生态系统网络嵌入对众创空间创新绩效的影响。众创空间通过创新生态系统网络关系构建，可与政府、高校、科研院所、中介服务机构、投融资机构等建立关系，从中获取关于技术、知识、商业、市场、政策、融资等方面非冗余的、异质性的知识信息，并进一步通过对知识信息的筛选、过滤、整理、吸收，帮助其中的新创企业全方面获取创业所需要的机会和信息，解决创业中的难题，促进初创企业绩效的提升，进而进一步提升众创空间整体的绩效。

（2）平台赋能正向影响创新生态系统网络嵌入与众创空间绩效之间经由众创空间知识整合的间接效应。通过众创空间平台赋能作用，众创空间以其在创新生态系统网络中的枢纽位置，与网络中多方主体建立网络关系，通过对知识信息等资源的获取与整合利用，赋能新创企业的成长，从而提升众创空间整体绩效。

上述研究结论，对众创空间管理实践具有一定的指导作用，主要体现在：（1）众创空间的管理者应当认识到创新生态系统网络关系构建对众创空间绩效具有促进作用。相较于成熟企业，众创空间中的初创企业面临着"小而弱"与"新而弱"的双重约束，其自身资源十分有限，这是众多新创企业失败的主要原因之一。因此，众创空间管理者应当积极通过创新生态系统网络关系的嵌入，帮助其中的新创企业全方位地获取创业所需资源，助力新创企业获得成功。具体而言，众创空间管理者通过创新生态系统网络合作性搭建，加强自身与外部关系主体的沟通交流，并根据新创企业的需要为其获取资源搭桥牵线。（2）众创空间管理者应当认识到众创空间知识整合能力的重要性。如何将创新生态系统中丰富的异质性知识与信息，通过甄别、筛选、整理、融合，使其能与新创企业的需求动态匹配，主要依赖于众创空间的知识整合能力。资源整合能力与关系网络呈现联动牵制的作用关系。众创空间通过对分散在创新生态系统中的各种资源与信息进行整合，为其中的新创企业提供动态匹配需求和关键机会，实现外部知识由杂乱到聚拢再到精准匹配的过程①，从而实现创新生态系统的协同发展、实现帮扶创业，并进一步促进区域经济发展。（3）众创空间应当重视发挥平台赋能的调节作用。平台赋能是初创企业获取知识信息等资源，优化企业运营模式，获取应对复杂环境的高阶能力的重要途径。在当前平台经济崛起的背景下，众创空间应当运用信息数字技术等手段赋能新创企

① 黄钟仪，向玥颖，熊艾伦，苏伟琳．双重网络、双元拼凑与受孵新创企业成长：基于众创空间入驻企业样本的实证研究［J］．管理评论，2020，32（05）：125–137.

业，提升众创空间自身的资源整合能力并为初创企业精准匹配创业所需的资源，提高初创企业的创新效率，激发初创企业的活力。

8.5　本章小结

本章构建了一个以众创空间平台赋能为调节变量、众创空间知识整合为中介变量的创新生态系统网络嵌入影响众创空间绩效的被调节的中介模型。通过对231家众创空间进行问卷调研和数据分析，得出以下研究结论：众创空间知识整合正向中介创新生态系统网络嵌入对众创空间绩效的影响；平台赋能正向调节创新生态系统网络嵌入与众创空间绩效之间经由众创空间知识整合的间接效应。本章节扩展并完善了众创空间创新绩效的影响边界条件，对众创空间的创新管理实践具有重要借鉴意义。

第9章 创新生态系统环境对众创空间知识创造的影响

随着创新民主化条件的日趋成熟，众创空间成为扶持新创企业和创客的关键力量。我国众创空间发展环境不断优化，创业者和新创企业不再将众创空间简单地视为提供办公硬件设施的场所，而是更加看重众创空间所构建的生态环境及其提供的创新氛围。因此，众创空间"二房东"式的发展方式逐渐被创新生态系统所取代，空间运营者通过构造一种对内自足、对外开放的生态模式①，为创业企业、创客聚集全方位的资源。

迄今，学者们对于众创空间的研究主要包括两个方面，一部分学者主要对概念和特征进行探讨，如桑耶尔－韩等（Sang－Yeal Han et al.）将众创空间当作一个信息集聚的物理空间，人们在其中进行创造性活动②；霍尔姆等（Holm et al.）认为众创空间可以通过鼓励创业促进中小企业发展，以此推动社会经济进步③；法里托（Farritor）认为众创空间中的内在动机和非结构化的活动能够对创新起到良好的促进作用④；霍尔姆还提出众创空间有助于培育新创企业，为创新创造良好的环境，使创新设计更加合理和可行⑤。另一部分学者从创新创业角度对众创空间开展研究。众

① 卫武，赵璇. 众创空间平台开放度对在孵企业商业模式创新影响研究［J］. 软科学，2021，35（08）：128－133.

② Han S, Yoo J, Zo H, et al. Understanding makerspace continuance：A self-determination perspective［J］. *Telematics and Informatics*，2017，34（04）：1－15.

③ Van Holm E J. Makerspaces and Local Economic Development［J］. *Economic Development Quarterly*，2017，31（02）：1－10.

④ Farritor S. University－Based Makerspaces：A Source of Innovation［J］. *Technology and innovation*，2017，19（01）：389－395.

⑤ Van Holm E J. Makerspaces and Contributions to Entrepreneurship［J］. *Procedia－Social and Behavioral Sciences*，2015（195）：24－31.

创空间内集聚的创客数量众多、角色多元，他们在特定的地理空间内聚集在一起，有意或无意地分享彼此的创意思想，实现知识共享。众创空间与创新生态系统的其他主体间也不断发生知识的流动，通过内外知识整合促进新知识的产生，进而促进创新。刘志迎等通过实地调研发现，创客自我效能感通过知识共享的中介作用间接影响创新行为，众创空间能够激发创客间的知识共享，使创客愿意投入更大努力去开发和掌握新技能，从而促进创新。① 安妮－黄和海伦－帕特里奇（Anne Wong and Helen）研究发现众创空间不仅是一个制造空间，而且在地理位置上聚集创业者分享知识与资源、合作项目以及建立关系网络，从而促进新知识、新想法的产生。②

总体来看，多数学者认为众创空间是集众多资源于一体的创新创业实践平台（载体），具有低成本、便利化、全要素特征，是有利于实现"大众创业、万众创新"的工作空间、网络空间、社交空间和资源共享空间。作为创新生态系统的子集，众创空间与创新生态系统中的技术公司、大学、研究院所、中介机构及政府部门等其他相关组织共同服务于创新活动，鼓励"杂草"们自由生长，通过塑造适当的环境来激发创新的产生。因此，众创空间在创新生态系统中发挥着至关重要的作用。但是，目前关于"众创空间"的研究多集中在概念的界定、空间构成、特征分析和对新创企业成长提供的支持等方面，鲜有探讨外部环境如何支持众创空间的创新发展的成果。知识活动是创新的基础，但目前人们对众创空间中知识活动的关注度不够高，众创空间中知识创造的影响因素与运行机制等相关方面的研究尚不多见。

基于以上考虑，本章拟探究创新生态环境如何通过价值共创的中介作用影响新创企业知识创造绩效，以及众创空间适应环境的动态能力如何调节环境支持对众创空间知识创造绩效的影响，研究结论可为如何有效改善外部环境对众创空间资源支持提供理论基础，为提升众创空间知识创造绩效实践提供具体的指导路径，也为政府制定和完善提升众创空间层次的相

---

① 刘志迎，孙星雨，徐毅. 众创空间创客创新自我效能感与创新行为关系研究——创新支持为二阶段调节变量［J］. 科学学与科学技术管理，2017，38（08）：144－154.

② Wong A，Partridge H. Making as Learning：Makerspaces in Universities［J］. *Australian Academic & Research Libraries*，2016，47（03）：1－17.

关政策提供参考。

9.1 理论背景与研究设计

9.1.1 众创空间创新生态系统

创新生态系统分为企业创新生态系统、区域创新生态系统和国家创新生态系统三个层次。[①] 本研究所定义的创新生态系统可以被看作区域创新生态系统的一种类型，众创空间是该系统的一个子集（单元）。作为创新创业平台，众创空间内部主体包括入驻企业、创客、运营商：入驻企业和创客是众创空间创新的主力，它们根据自身发展战略和可用资源开展各类创新活动，使创意落地生根；众创空间运营商为企业和创客提供创新活动场地和资源获取渠道，在企业不同发展阶段为其提供创新创业培训，扶持新创企业成长。运营商负责创造并管理良好的合作环境、创新氛围与制定规章制度，这些举措有助于触发入驻企业参与价值共创的意愿[②]，从而影响系统整体的知识共享和合作创新。

众创空间与空间外部的政府、大学、科研机构以及外部服务商等多主体之间相互协同、共同创新。[③] 政府、高校以及其他外部服务商为众创空间提供环境支持，包括政策保障、资金支持和人才支持等[④]，保障众创空间创新生态系统正常运行。众创空间创新生态系统多主体之间的相互关系如图 9-1 所示。

---

① 叶爱山 . 创新生态系统研究综述与展望 [J]. 中国商论，2017 (17)：148-149.

② Balakrishnan B，Balakrishnan B. The effectiveness of an enriched servicescape framework on value-in-use and behavioural responses：the coworking space context [D]. *Australia*：*RMIT University*，2017.

③ Rice M P. Co-production of business assistance in business incubators：an exploratory study [J]. *Journal of Business Venturing*，2002 (17)：163-187.

④ 田学斌，刘志远，洪帅 . 中国创新生态环境研究综述 [J]. 未来与发展，2020，44 (03)：1-6.

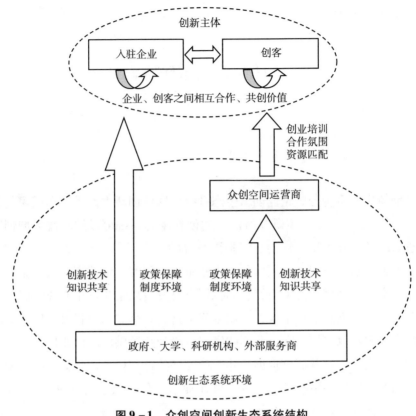

图9-1 众创空间创新生态系统结构

9.1.2 研究假设

（1）创新生态系统的环境支持与众创空间知识创造绩效。

创新生态系统环境是支撑众创空间健康运行的基本保障和发展动力①，对众创空间的环境支持主要表现为众创空间外部机构提供政策支持、金融支持、资源支持、技术支持等②，这些支持是在孵企业存活、发展、知识

---

① 解学梅，王宏伟.开放式创新生态系统价值共创模式与机制研究［J］.科学学研究，2020，38（05）：912-924.

② 孙荣华，张建民.基于创业生态系统的众创空间研究：一个研究框架［J］.科技管理研究，2018，38（01）：244-249.

创造的基本保障。政府制定各种财政补贴、知识产权保护等公共政策引导企业积极参与，降低创新门槛，保护众创空间知识创新成果，提高创新生态系统的创新能力和知识转化效率。[①] 高校与研究机构是知识创造的主要源泉，学研方往往具有扎实的理论基础和前沿的科学知识，能为创新生态系统提供专业人才和实验设备。[②] 金融等其他服务机构与众创空间相互合作，通过众扶、众包、众筹等运行机制与众创空间有机联动，提高众创空间组织效率[③]，从而为组织间知识传输、知识共享提供通道。企业之间的知识传输和知识共享对知识创造具有显著的正向影响[④]，因此，本研究提出假设：

H9－1：创新生态系统的环境支持正向影响众创空间的知识创造绩效。

（2）价值共创的中介作用。

价值共创是指企业通过与利益相关者的互动，整合多方资源从而共同提升消费体验的过程。[⑤] 早期关于价值共创的研究强调顾客体验及顾企互动，随着平台经济及互联网经济的发展，价值创造主体呈多元化趋势，逐渐由企业单独创造转向由企业、供应商、顾客以及其他知识资源拥有者共同创造[⑥]，服务生态系统成为价值共创研究新的理论视角。因此，价值共创的研究对象从简单的二元关系转变为复杂的社会网络主体。[⑦] 近几年，学者们将价值共创纳入不同类型的生态系统开展研究，如众创空间、虚拟品牌社区等。众创空间作为多元创新主体价值创造的平台，对价值创造主

① 李燕萍，李洋．价值共创情境下的众创空间动态能力——结构探索与量表开发［J］．经济管理，2020，42（08）：68－84．

② 马文聪，叶阳平，徐梦丹，等．"两情相悦"还是"门当户对"：产学研合作伙伴匹配性及其对知识共享和合作绩效的影响机制［J］．南开管理评论，2018，21（06）：95－106．

③ 王丽平，刘小龙．价值共创视角下众创空间"四众"融合的特征与运行机制研究［J］．中国科技论坛，2017（03）：109－116．

④ 张伟．资源型产业链知识创造影响因素研究——基于贵州中部磷化工产业链的分析［J］．管理学报，2016，13（06）：871－879．

⑤ Vargo, S. L., Lusch, R. F.. Evolving to a New Dominant Logic for Marketing［J］. *Journal of Marketing*, 2004, 68（01）：1－17.

⑥ Zott, C., Amit, R.. Business model innovation［J］. *Research Technology Management*, 2015, 57（03）：500－504.

⑦ 关辉国，杨平泊．价值共创研究进展述评与展望——从"二元交互"到"网络系统"视角［J］．商业经济研究，2021（18）：126－130．

体的范围和相互关系进行了重新界定,其价值创造主体不仅局限于生产者,同时包括参与创新活动的创新主体,其他主体的参与不仅创造出更多的价值,也推动了创新创业的发展。[①]

创新生态系统的政策环境支持、规章制度、资源知识供给和技术支持等会驱动企业价值共创意愿,促进系统价值共创行为。[②] 外部支持机构和运营商作为服务提供者,为企业提供各类资源,帮助新创企业摆脱资源困境,同时运营商还会举办各类活动,搭建企业与企业之间的沟通桥梁,实现知识共享;企业作为服务需求者和接收者,其服务诉求影响着众创空间的发展方向,其在追求自身发展的同时也是在为整个系统创造价值[③];众创空间外部环境中,政府主要通过财政补贴降低企业知识获取成本,制定知识产权保护政策降低企业协作创新风险,鼓励企业与其他企业共享知识与资源,合作研发[④];众创空间通过和高校、研发机构合作,将企业的资金、信息和技术与学研方的知识、人才相匹配,形成资源互补优势,激发企业研发动力,促进生态系统内部价值共创[⑤];其他外部服务商如金融机构、猎头公司、行业相关企业等则主要利用市场需求、技术创新和竞争压力[⑥],促使企业为保持竞争优势积极向外合作和构建合作共同体共创价值。

众创空间价值共创的参与主体包括运营商、入驻企业、创客和用户,价值共创发生在运营主体和入驻企业、入驻企业之间以及入驻企业与用户

① 王丽平,刘小龙. 价值共创视角下众创空间"四众"融合的特征与运行机制研究 [J]. 中国科技论坛,2017 (03):109－116.

② 解学梅,王宏伟. 开放式创新生态系统价值共创模式与机制研究 [J]. 科学学研究,2020,38 (05):912－924.

王发明,朱美娟. 创新生态系统价值共创行为影响因素分析——基于计划行为理论 [J]. 科学学研究,2018,36 (02):370－377.

周文辉,曹裕,周依芳. 共识、共生与共赢:价值共创的过程模型 [J]. 科研管理,2015,36 (08):129－135.

③ 刘芹良,解学芳. 创新生态系统理论下众创空间生成机理研究 [J]. 科技管理研究,2018,38 (12):240－247.

④ 黄钟仪,赵骅,许亚楠. 众创空间创新产出影响因素的协同作用研究——基于31个省市众创空间数据的模糊集定性比较分析 [J]. 科研管理,2020,41 (05):21－31.

⑤⑥ 解学梅,王宏伟. 开放式创新生态系统价值共创模式与机制研究 [J]. 科学学研究,2020,38 (05):912－924.

之间①，价值共创的方式表现为资源整合与互动合作。价值共创一方面能够直接影响创新生态系统内的资源和信息共享，提高知识整合利用率和转化率②；另一方面，价值共创有助于系统内各主体风险共担、利益共享，提高彼此之间的信任程度，从而形成稳定和谐的创新氛围，有利于系统内隐性知识的交流传播。企业之间频繁交流也可能碰撞出新的创意，带动创新产品的研发③。因此，本研究提出假设：

H9 - 2：价值共创在创新生态系统环境支持与众创空间知识创造绩效之间起中介作用。

（3）动态能力的调节作用。

动态能力主要强调动态性以及适应性④，能够使企业资源更具创新性和灵活性，从而有效响应顾客多元化和快速变化的需求⑤。众创空间是一类特殊的平台组织，其动态能力是指众创空间动态地、有意识地整合资源、学习和重构资源的能力，这些能力的内在特征都是基于组织过程视角并强调关联的动态性行为。⑥ 随着系统内外环境变化，企业所需、所想也会发生改变，这就需要众创空间学会"自我更新"、不断适应变化、调整各类制度才能保障运营方、入驻企业持续合作，维持共创行为。

当众创空间具有高动态能力，从资源整合和资源重构的角度来看，众创空间能够对来自创新生态系统环境的资源、自身资源以及入驻企业资源进行有效挖掘并提升其潜在用途⑦，能够为众创空间知识创造过程提供充

① 胡海波，卢海涛，王节祥，黄涛. 众创空间价值共创的实现机制：平台视角的案例研究 [J]. 管理评论，2020，32（09）：323 – 336.

② 成琼文，赵艺璇. 企业核心型开放式创新生态系统价值共创模式对价值共创效应的影响——一个跨层次调节效应模型 [J]. 科技进步与对策，2021：1 – 10.

③ Filieri R. Consumer co-creation and new product development：a case study in the food industry [J]. *Marketing Intelligence & Planning*，2013，31（01）：40 – 53.

④ AgarwalR，Selen W. Dynamic Capability Building in Service Value Networks for Achieving Service Innovation [J]. *Decision Sciences*，2009，40（03）：431 – 475.

⑤ 朱良杰，何佳讯，黄海洋. 互联网平台形成的演化机制——基于韩都衣舍的案例研究 [J] 大连：管理案例研究与评论，2018（02）：163 – 180.

⑥ Wu L Y. Applicability of the Resource-based and Dynamic-capability Views under Environmental Volatility [J]. *Journal of BusinessResearch*，2010，63（01）：27 – 31.

⑦ 李燕萍，李洋. 价值共创情境下的众创空间动态能力——结构探索与量表开发 [J]. 经济管理，2020，42（08）：68 – 84.

足的资源支持①；从学习能力的角度来看，具有高动态能力的众创空间能够根据环境支持的变化情况对共创合作关系进行动态调整和有效整合，引导各参与方建立共创共赢的共识，协调和避免冲突，进而推动共创系统的不断优化，为知识创造提供创新性的组织氛围。反之，若众创空间不具有动态能力，当外部环境发生变化或者出现突发状况时，其难以有效洞察孵化过程中可能存在的风险整合，难以及时作出调整并提出有效的解决方案，不利于塑造和激发成员协同创造价值，促进众创空间系统持续向好发展。② 因此，本研究提出假设：

H9 - 3：动态能力在环境支持和知识创造绩效关系中起到正向调节的作用。

根据以上假设，本章构建了创新生态系统环境支持、价值共创、动态能力与知识创造绩效关系的理论模型，如图9 - 2所示。

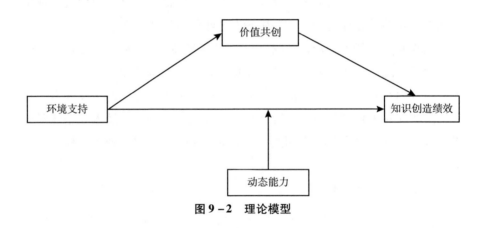

图9 - 2　理论模型

9.1.3　数据来源与样本情况

本章实证研究的数据源自第3章问卷一的调查结果，问卷调查过程在

---

① 孙梦瑶，李雪灵. 孵化器内网络、资源拼凑对孵化能力的影响机理 [J]. 长春：社会科学战线，2019（06）：257 - 261.

② 李燕萍，李洋. 价值共创情境下的众创空间动态能力——结构探索与量表开发 [J]. 经济管理，2020，42（08）：68 - 84.

第 3 章中已做描述。根据本章的研究内容及其与问卷—调查题项的匹配性，本章利用所回收的 159 份有效样本作为分析依据。问卷调查过程、样本分布及样本数量均符合本章的研究要求。

分析众创空间样本的分布特征：（1）从运营单位性质来看，高校创办的众创空间有 20 家（占比 12.6%），运营单位为国有企业的有 19 家（占比 11.9%），为合资企业的有 19 家（占比 11.9%），为私营企业的有 92 家（占比 57.9%），其他类型占比 5.7%；（2）从成立时间上看，成立 1 年及以下的众创空间占比 1.9%，1 ~ 5 年占比 66.7%，5 ~ 10 年占比 26.4%，10 年及以上占比 5.0%；（3）从众创空间级别上看，国家级的众创空间有 54 家，占比 34%，省级的有 54 家，占比 34%，市级的有 51 家，占比 32%。总体上分布较为平均，较具有代表性。

9.1.4 变量测量

借鉴钟卫东等[①]对企业外部环境支持（Sup）的量表，环境支持包括政府（Sup1）、高校（Sup2）、科研机构及其他行业相关主体（Sup3）对众创空间的支持力度；借鉴现有研究[②]对客户价值共创行为的量表，考虑到本研究对象为众创空间，将题项中的参与主体改为众创空间，因此，价值共创（Val）包括众创空间资源整合（Val1）、互动合作（Val2）、资源共享程度（Val3）3 个题项；借鉴吉普森和伯金肖（Gibson and Birkinshaw）[③] 的量表，动态能力（Ada）主要包括众创空间运营商抓住机遇（Ada1）、调整模式（Ada2）、适应环境波动能力（Ada3）3 个题项；借鉴

---

① 钟卫东，孙大海，施立华. 创业自我效能感、外部环境支持与初创科技企业绩效的关系——基于孵化器在孵企业的实证研究［J］. 南开管理评论，2007（05）：68 – 74.

② Aarikka – Stenroos L，Jaakkola E. Value co-creation in knowledge intensive business services：A dyadic perspective on the joint problem solving process ［J］. *Industrial Marketing Management*，2012，41（01）：15 – 26.

Yi Y，Gong T. Customer Value Co – Creation Behavior：Scale Development and Validation ［J］. *Journal of Business Research*，2013，66（09）：1279 – 1284.

③ Gibson C B，Birkinshaw J. The Antecedents, Consequences, and Mediating Role of Organizational Ambidexterity ［J］. *The Academy of Management Journal*，2004，47（02）：209 – 226.

梁娟和陈国宏[①]的研究量表以及结合众创空间背景,知识创造绩效(Per)包括孵化企业成功率(Per1)、入驻企业盈利率(Per2)、入驻企业比赛获奖率和企业推荐率(Per3)3个测量题项。参考已有研究,选择众创空间成立年限(Year)、空间所有者(运营方)类型(Type)和空间级别(Level)[②] 作为控制变量。

9.2 实证分析

9.2.1 信效度分析

利用 SPSS 21.0 进行验证性因子分析,结果如表9-1所示。各个变量的因子载荷和平均萃取方差(AVE)值都大于0.5,说明题项之间内部一致性较好,CR 值>0.7,说明题项很好地解释了变量,具有较好的信度。此外还用 SPSS 21.0 进行了探索性因子分析和可靠性检验,各个变量的KMO 值都在0.7 左右,表明测项的效度可以接受,Cronbach's α 系数大于0.7,信度良好,可以进行下一步的相关性检验和回归分析。

表9-1 变量信效度检验

变量	题项	Estimate	AVE	CR	KMO	Cronbach's α
Sup	Sup1	0.678	0.509	0.756	0.684	0.753
	Sup2	0.753				
	Sup3	0.707				

---

① 梁娟,陈国宏. 多重网络嵌入与集群企业知识创造绩效研究 [J]. 科学学研究,2015,33(01):90-97.

② 李燕萍,李洋. 价值共创情境下的众创空间动态能力——结构探索与量表开发 [J]. 经济管理,2020,42(08):68-84.

续表

变量	题项	Estimate	AVE	CR	KMO	Cronbach's α
Val	Val1	0.860	0.662	0.853	0.732	0.843
	Val2	0.885				
	Val3	0.681				
Ada	Ada1	0.824	0.645	0.845	0.696	0.845
	Ada2	0.819				
	Ada3	0.763				
Per	Per1	0.743	0.502	0.800	0.788	0.793
	Per2	0.794				
	Per3	0.624				
	Per4	0.660				

9.2.2 相关分析

变量之间的相关性检验结果如表 9 - 2 所示，环境支持、动态能力、价值共创和知识创造绩效四个变量之间均存在显著的正相关关系，初步检验了假设的正确性。此外本章采用非可测潜在方法因子法对数据进行同源方差检验，加入共同方法因子后的五因子模型拟合参数（$\chi^2/df = 1.581$，IFI = 0.963，TLI = 0.950，CFI = 0.963，RMSEA = 0.051）与四因子模型的拟合参数（$\chi^2/df = 1.565$，IFI = 0.964，TLI = 0.952，CFI = 0.964，RMSEA = 0.051）相比变化不大，因此，样本数据不存在严重的共同方法偏差。[①]

表 9 - 2　　　　　　　各变量的均值、标准差和相关系数

变量	均值	标准差	Year	Type	Level	sup	Val	Ada
Year	2.350	0.606						
Type	3.320	1.155	- 0.042					

---

① 温忠麟，黄彬彬，汤丹丹. 问卷数据建模前传 [J]. 心理科学，2018，41（01）：204 - 210.

续表

变量	均值	标准差	Year	Type	Level	sup	Val	Ada
Level	2.230	0.907	−0.236 **	0.027				
Sup	4.421	0.642	−0.079	0.098	−0.129			
Val	4.440	0.633	−0.136	0.238 **	−0.145	0.621 **		
Ada	4.304	0.662	−0.143	0.112	0.022	0.564 **	0.636 **	
Per	2.862	0.913	0.261 **	−0.120	−0.161 *	0.219 **	0.237 **	0.194 *

注：相关系数为 Pearson 系数。*** 表示在 0.1% 水平下显著，** 表示在 1% 水平下显著，* 表示在 5% 水平下显著。

9.2.3　假设检验

采用逐步线性回归的方法对假设进行检验。参照温忠麟等[①]的研究，检验中介效应应包括的条件：（1）自变量对因变量影响显著；（2）自变量对中介变量的影响显著；（3）一起回归时，中介变量对因变量的回归系数显著，自变量的回归系数显著（部分中介）或不显著（完全中介）。假设检验结果如表 9 – 3 所示。

表 9 – 3　　　　　　　　　　　线性回归结果

因变量	价值共创		知识创造绩效				
变量	模型 1	模型 2	模型 3	模型 4	模型 5	模型 6	模型 7
Year	−0.179 *	−0.111	0.351 **	0.392 **	0.432 **	0.432 **	0.444 **
Type	0.130 **	0.098 **	−0.085	−0.104	−0.143 *	−0.139 *	−0.087
Level	−0.134 *	−0.070	−0.104	−0.065	−0.043	−0.040	−0.107
Sup		0.574 **		0.346 **		0.137	0.297 *
Val					0.451 **	0.364 **	
Ada							0.251 *

---

① 温忠麟，张雷，侯杰泰，等. 中介效应检验程序及其应用 [J]. 心理学报，2004（05）：614 – 620.

续表

因变量	价值共创		知识创造绩效				
变量	模型 1	模型 2	模型 3	模型 4	模型 5	模型 6	模型 7
Int1							0.354 *
R^2	0.107	0.433	0.090	0.147	0.178	0.183	0.189
调整 R^2	0.090	0.419	0.073	0.125	0.156	0.157	0.157
F	6.211 ***	29.452 ***	5.123 ***	6.650 ***	8.319 ***	6.872 ***	5.908 ***

注：相关系数为 Pearson 系数。*** 表示在 0.1% 水平下显著，** 表示在 1% 水平下显著，* 表示在 5% 水平下显著。

由模型 3 和模型 4 的回归结果可知，环境支持显著正向影响知识创造绩效（$\beta = 0.346$，$p < 0.01$），H9-1 成立，条件（1）满足。可见，创新生态系统环境可以通过提供各类政策、资源支持帮助空间内企业和创客进行知识创造，辅助企业成长。

模型 1 以价值共创为因变量，加入控制变量成立年限、类型和级别进行回归，模型 2 在模型 1 的基础上加入自变量环境支持，结果显示环境支持显著正向影响价值共创（$\beta = 0.574$，$p < 0.01$），条件（2）满足。模型 5 结果显示价值共创对众创空间知识创造绩效存在正向影响（$\beta = 0.451$，$p < 0.01$）。模型 6 将自变量和中介变量同时放入以知识创造绩效为因变量的回归模型中，此时环境支持不显著（$\beta = 0.137$，$p > 0.05$），价值共创依然显著（$\beta = 0.364$，$p < 0.01$），条件（3）得到支持。因此，价值共创在创新生态系统环境支持与众创空间知识创造绩效之间起中介作用，H9-2 成立。

调节作用的假设主要由模型 7 检验，在以知识创造绩效为因变量、环境支持为自变量的回归模型中加入调节变量动态能力和交互项后，环境支持与动态能力的交互项显著正向影响知识创造绩效（$\beta = 0.354$，$p < 0.05$），H9-3 成立。动态能力的具体调节效应如图 9-3 所示。

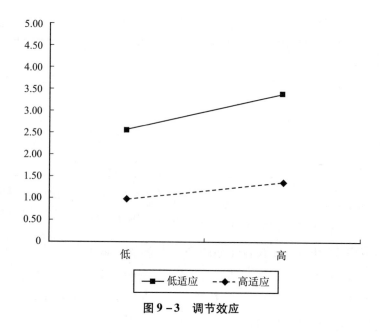

图 9 - 3   调节效应

9.2.4   稳健性分析

为了确保研究结论的可靠性，本章还通过 SPSS 21.0 的 PROCESS 插件，利用 Bootstrap 法分别检验中介效应和调节效应的成立情况，结果如表 9 - 4 所示，在中介效应检验中，环境支持通过价值共创的中介作用对因变量的影响为 0.230，且 95% 置信区间为 [0.033, 0.408]，不含 0，说明中介作用显著；在调节效应检验中，动态能力和环境支持的交互项 Int1 对因变量知识创造绩效的影响为 0.354，且 95% 置信区间为 [0.022, 0.685]，不含 0，说明交互项影响显著，调节效应成立。

表 9 - 4   **Bootstrap 法检验结果**

变量	Effect	BootSE	BootLLCI	BootULCI
Val	0.230	0.093	0.033	0.408
Ada	0.251	0.124	0.006	0.496
Int1	0.354	0.168	0.022	0.685

9.3　结论与启示

本章以众创空间为研究对象，基于创新生态系统视角探究环境支持如何通过价值共创的中介作用影响众创空间知识创造绩效，以及众创空间适应环境的动态能力如何调节环境支持对众创空间知识创造绩效的影响。通过对 159 家众创空间调研数据开展实证研究，得到以下结论：（1）创新生态系统的环境支持正向影响众创空间知识创造绩效，说明众创空间创新生态系统的相关主体（包括政府、高校、研究机构、金融机构以及其他外部服务商）需要为众创空间提供人力、财力、物力以支持其创新发展。（2）环境支持正向影响价值共创。政府、高校等外部机构积极支持众创空间发展，空间运营者为企业定制培训方案和发展策略，并且积极营造信任、共享的知识创新氛围，能够促进多主体间开放协作，共同持续创造价值。（3）价值共创在环境支持与知识创造绩效的关系中起到中介作用，即环境支持力通过促进众创空间各主体价值共创实现知识、资源共享和企业之间协同创新，从而提高众创空间整体的知识创造绩效。（4）动态能力在环境支持和知识创造绩效关系中起到正向调节的作用。因此，众创空间需要提升对外界环境的敏感度，实现应对能力的动态性以及适应性，以应对市场快速变化的环境及需求。

众创空间的发展离不开环境的支持，政府等外部支持机构应该持续关注众创空间发展，为其提供政策支持、财政优惠、专利保障等资源和制度支持，降低知识共享风险和成本，保障空间内企业持续输出价值；高校、科研机构是大量知识发现和聚集的源泉，企业能够将知识充分利用，实现知识商业化，两者应当加强合作，众创空间可以作为其中的桥梁，通过举办各类创业沙龙和校园活动帮助两者提高匹配效率，最优化资源配置；空间运营主体需要实时监控内部企业发展，根据企业实际情况调整帮扶措施，并"因地制宜、因材施教"，动态调整空间内部知识共享制度、文化等，提高企业对众创空间及内部其他企业的信任度，创造良好的创新氛围和完善的激励机制，推动生态系统各主体价值共创。

9.4　本　章　小　结

　　本章基于创新生态系统视角探究环境支持如何通过价值共创的中介作用影响众创空间知识创造绩效，以及众创空间适应环境的动态能力如何调节环境支持对众创空间知识创造绩效的影响。研究发现：环境支持正向影响众创空间知识创造绩效；环境支持正向影响价值共创；价值共创在环境支持与知识创造绩效的关系中起中介作用；动态能力在环境支持和知识创造绩效关系中起到正向调节的作用。本章研究结论丰富了众创空间知识创造绩效影响因素的研究成果，为众创空间创新管理和政策制定提供理论依据。

第4篇

众创空间内部知识共享与创造

第10章 众创空间内部知识共享对企业知识创造的影响

创新创业是经济发展的重要动力之源，也是治国富民之本与强国之策，对于加快推动我国经济社会结构调整、打造经济发展新引擎、增强经济发展后劲、扩大劳动就业、激发全国亿万群众创新智慧和强大创造力，促进特色社会主义纵向资源流动等都具有重要指导意义。[①] 众创空间以创新创业为根本目标，其内部管理成员以及入驻企业往往具有较好的技术知识专业背景和较高的专业知识应用能力，知识资源共享和创造是众创空间得以良性发展的必要环节。[②] 随着网络技术的不断进步和知识经济时代的到来，知识早已成为组织推动创新创业发展的核心资源，营造众创空间中良好的企业知识共享生态环境、构建科学的企业知识资源共享与创新机制是众创空间可持续发展的根本。[③] 因此，本章选取众创空间与进驻其中的企业为研究对象，将其分为空间层和企业层两个层面，用回归分析方法研究众创空间中知识共享对知识创造的具体影响。

---

① 黄钟仪，刘瀚宇，苏伟琳，熊艾伦. 众创空间创新氛围一定能促进创客创新？个体—情境交互理论视角的实证研究 [J]. 科学学与科学技术管理，2021，42（08）：97 – 115.
② 张肃，靖舒婷. 众创空间知识生态系统模型构建及知识共享机制研究 [J]. 情报科学，2017，35（11）：61 – 65.
③ 卫武，杨天飞，温兴琦. 基于企业发展周期的众创空间服务与角色 [J]. 科学学研究，2021，39（09）：1720 – 1728.

10.1 理论分析与研究假设

10.1.1 知识共享与知识创造

众创空间集合了企业知识技术社区、开发任务平台、技术支持市场三大功能。企业可以从这里通过企业知识技术社区平台获取并直接分享企业知识资源，通过企业开发任务平台直接获得企业开发技术任务或直接寻找合作伙伴，再以技术支持市场直接完成开发成果市场交易与知识转化。[①]知识资源的共享可以是一种拥有知识的组织个体主动地、自愿地向需要共享知识的其他组织或个体成员分享技能、经验、知识的一种行为，也可以是一种知识在知识资源拥有者与知识接受者之间不断进行转移与不断转化、重塑的一个驱动过程。[②] 在众创空间中，入驻企业间的知识共享经过对空间内部知识进行转化、吸收、内化后会逐渐形成知识的一个良性循环，进而为不断激发知识创造活力，为推动进驻企业持续发展增值提供创新驱动力。[③] 因此，在目前的众创空间中，入驻企业可以通过对其他企业知识资源进行共享，促进企业间合作与交流、创造新知识。故假设：

H10-1：在众创空间中，知识共享对企业知识创造具有正向作用。

10.1.2 机会识别的中介作用

在企业管理流程中，机会的准确识别是许多创业者和战略行为研究者

---

① 刘志迎，武琳．众创空间：理论溯源与研究视角 [J]．科学学研究，2018，36（03）：569－576.

② 马鸿佳，唐思思，郑莉莉．创业团队多样性对惯例更新的影响：知识共享的中介和共享领导的调节作用 [J/OL]．南开管理评论：1－17 [2021－12－23].

③ 霍生平，赵葳．众创空间创客团队断裂带对创新行为的影响：基于知识共享的中介跨层研究 [J]．科学学与科学技术管理，2019，40（04）：94－108.

都非常关注的核心问题，它反映了企业如何准确识别一个新的创业想法，并将其想法进行价值转化，从而发展成为一种符合商业价值观并可利于企业创造更多价值的创业战略行为。① 穆尔德等（Mulder et al.）认为，创业者可以通过探索获取隐性创业知识，发现和充分利用新的商业市场竞争机会和新的合作伙伴机会等，或者通过学习他人利用这些机会的有效方式，探索其背后的商业思维运作模式，并能够在实践中对其加以综合运用，不断创造新的价值。② 机会识别能力并不是创业者先天就必须具备的，而是需要其通过创业知识的不断获取，逐步形成并得以不断提高。③ 在复杂的、动态的创业机会环境中，创业者可以通过不断地知识信息接触与交流，学习总结经验，积极探索获取创业知识，并有效帮助自己更好地正确把握和充分利用各种创业机会，提高自身机会利用能力，有效促进企业知识创造，有助于促进企业的可持续发展。④ 同时，在企业知识共享的过程中也会面临相互矛盾的知识处理问题，而相关机会精准信息的识别更加有利于帮助创业者充分内化知识共享时所可能导致的各种知识信息处理矛盾，从而帮助创造生产出新的知识。⑤ 因此，在众创空间中，企业通过开展知识共享以有效提高机会识别效率，进而构建独特的企业知识价值基础体系，成为知识创造的重要战略手段。故假设：

H10 - 2：在众创空间中，机会识别在知识共享对企业知识创造的影响中起到了中介作用。

---

① 张洪金，胡珑瑛，谷彦章. 用户体验对创业机会迭代的影响研究——基于小米公司的探索性案例分析 [J/OL]. 科学学研究：1 - 17 [2021 - 12 - 23].

② Mulder M, Lans T, Verstegen J, et al. Competence development of entrepreneurs in innovative horticulture [J]. *Journal of Workplace Learning*, 2007, 19（01）：32 - 44.

③ 张洪金，胡珑瑛，谷彦章. 用户体验、创业者特质与公司创业机会识别——基于京东公司的探索性案例研究 [J]. 管理评论，2021, 33（07）：337 - 352.

④ 王艳，苗红，李欣，黄鲁成，吴菲菲. 知识基因视角下的技术融合机会发现研究 [J]. 科学学与科学技术管理，2021, 42（07）：18 - 34.

⑤ 秦兰，胡芬，王国红，黄昊. 创业者创业激情影响机会识别的内在机理——基于过程视角的多案例分析 [J]. 管理案例研究与评论，2021, 14（03）：295 - 308.

10.1.3　知识获取与空间氛围的调节作用

资源学理论和企业战略论普遍认为，企业管理是独特的现有资源、能力和知识的集合体，初创时期企业如何有效获取和利用现有资源，从而采取及时正确决策和有效行动的管理行为对企业的知识创造至关重要。[①] 知识共享机制能够有效促进企业更深入地充分理解众创空间内部组织成员所掌握的知识资源基础，并能够刺激企业动态地将知识资源流动整合起来，强化其内部知识资源获取的综合能力。[②] 事实上，在充分实现知识资源共享的众创空间中，初创公司企业在新兴的市场领域往往更具技术创新性和先行性，它们从一个风险更高的创业市场中可以发现更多机会，持知识获取倾向的企业可以利用各种知识信息的获取以不断提高其市场竞争力和优势，可以获取的知识信息越多，能够识别市场机会变化的方式选择也就越多。知识获取被普遍认为是影响业务运营绩效的重要价值衡量因素，特别是对于一些企业，知识获取被视为其探索和不断获取新业务机会的关键。[③] 因此，本章认为，企业的知识获取，在知识共享对机会识别的影响中起到了调节作用。

H10 - 3：知识获取对在知识共享对机会识别的影响中起到了调节作用。知识获取能力越强，知识共享对知识创造的影响就越强；知识获取能力越弱，知识共享对知识创造的影响就越弱。

目前，多数学者将组织氛围程度视为一种企业感受到的工作氛围[④]，众创空间的氛围即是指入驻后的企业感知到的在众创空间中工作时组织环

---

① 汤超颖，张悦强，高嘉欣. 外部异质知识获取与研发团队突破性创造力 [J]. 科学学研究，2020，40（09）：1621 - 1629.

② 霍生平，赵葳. 众创空间创客团队断裂带对创新行为的影响：基于知识共享的中介跨层研究 [J]. 科学学与科学技术管理，2019，40（04）：94 - 108.

③ 卫武，赵璇. 众创空间平台开放度对在孵企业商业模式创新的影响研究 [J]. 软科学，2021，35（08）：128 - 133.

④ 贾建锋，李会霞，刘志，刘秋余. 组织创新氛围对员工突破式创新的影响 [J]. 科技进步与对策，2022，39（03）：145 - 152.

境中主动支持、认可创新的程度以及参与创新创业活动的活跃程度[①]。在空间氛围较弱的众创空间中，知识信息的互动共享通常未必一定会受到空间管理者的鼓励与高度重视，企业往往更加倾向于将众创空间中的知识直接解读为一种不务实的商业活动。相反，在信息互动开放氛围强的众创空间运营环境中，企业的知识共享常常能够得到企业的高度重视与广泛化的认可，并被倡导为一种有益于维护空间整体利益和促进企业有效运营的解决方式。[②] 因而，强烈的企业组织感和创新氛围可以鼓励企业大胆尝试新鲜的想法并公开传达交换各自的专业观点，从而更有利于获取有价值的机会。这也就意味着在一个空间氛围较强的众创空间中，企业将更加心无顾忌地进行知识共享充分交流，从而更有利于企业的机会识别。[③] 故假设：

H10 - 4：空间氛围在知识共享对机会识别的影响中起到了调节作用。即空间氛围越强，知识共享对知识创造的影响就越强；空间氛围越弱，知识共享对知识创造的影响就越弱。

本章研究概念模型如图 10 - 1 所示。

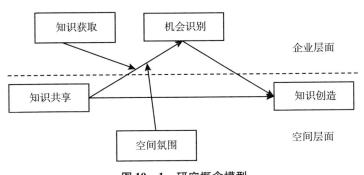

图 10 - 1　研究概念模型

①　黄钟仪，刘瀚宇，苏伟琳，熊艾伦. 众创空间创新氛围一定能促进创客创新？个体—情境交互理论视角的实证研究 [J]. 科学学与科学技术管理，2021，42（08）：97 - 115.

②　王兴元，朱强. 众创空间支持对大学生创客团队创新绩效影响机制研究 [J]. 科技进步与对策，2018，35（14）：128 - 134.

③　钟熙，付晔，王甜. 包容性领导、内部人身份认知与员工知识共享——组织创新氛围的调节作用 [J]. 研究与发展管理，2019，31（03）：109 - 120.

10.2 数据分析与假设检验

10.2.1 样本的选取与数据的收集

本章实证研究的数据源自第 3 章问卷二的调查结果，问卷调查过程在第 3 章中已做描述。根据本章的研究内容及其与问卷二调查题项的匹配性，本章以所回收的 307 份有效样本作为分析依据。问卷调查过程、样本分布及样本数量均符合本章的研究要求。

从表 10 - 1 可以看出，变量的 Cronbach's α 系数均在 0.6 以上，测度模型的综合信度得到了较好的满足，表明具有较好的内部一致性。在效度方面，本问卷的题项均来自文献中的已有题项，故具有良好的内容效度。在此基础上，进一步对变量进行探索式因子分析，探索性因子分析结果如表 10 - 1 所示，通过最大均衡值法进行旋转，各个测量项的标准化因子负荷均大于 0.6，并且平均方差提取值（AVE）均大于 0.5，组合信度值（CR）均大于 0.8，满足效度要求。

表 10 - 1　　　　　　　　变量因子分析与信度效度检验

变量名	题项	测量变量	Cronbach's α	因子载荷	AVE	CR
知识共享	本企业所在众创空间所拥有的信息共享平台（如局域网、共享数据库等）	KS1	0.930	0.690	0.731	0.931
	我经常在众创空间内分享一些我认为比较有价值的信息	KS2		0.660		
	我经常在众创空间内分享一些相关政策或市场知识	KS3		0.662		

续表

变量名	题项	测量变量	Cronbach's α	因子载荷	AVE	CR
知识共享	我经常在众创空间内分享我处理问题的方法	KS4	0.930	0.666	0.731	0.931
	我经常在众创空间内提出一些产品改进建议或者措施等	KS5		0.733		
知识获取	本企业能够从本众创空间内部其他企业或机构获得市场开发技能	KA1	0.937	0.761	0.835	0.938
	本企业能够从本众创空间内部其他企业或机构获得企业管理技能	KA2		0.736		
	本企业能够从本众创空间内部其他企业或机构获得新技术	KA3		0.687		
空间氛围	众创空间内其他伙伴与本企业进行知识、技术交流的愿望非常强烈	SA1	0.868	0.836	0.626	0.869
	本企业与众创空间内其他伙伴之间的非正式交流与学习机会很多	SA2		0.753		
	本企业在与众创空间内其他伙伴进行知识交流或技术合作过程中目标的一致性程度	SA3		0.748		
	本企业与众创空间内其他伙伴经营理念与组织文化的相容性	SA4		0.702		
机会识别	在例行的日常工作中，本企业能萌发出更多潜在的创业想法	OR1	0.653	0.515	0.599	0.816
	对于创业机会，本企业有特别的敏感性和警觉性	OR2		0.711		
	发现潜在的创业机会对本企业来说非常不易	OR3		0.883		
知识创造	本企业在众创空间中获得的新知识、新技术与原有的知识、技术能紧密结合和匹配	KC1	0.962	0.666	0.808	0.962

续表

变量名	题项	测量变量	Cronbach's α	因子载荷	AVE	CR
知识创造	本企业在众创空间中能充分运用取得的新知识、新技术有效解决运营过程中产生的问题	KC2		0.670		
	企业能够通过与众创空间中其他企业的交流来完善工作方式	KC3		0.715		
	企业能够通过与众创空间中其他企业的交流来改善相关技术	KC4	0.962	0.746	0.808	0.962
	企业能够通过与众创空间中其他企业的交流来解决问题/创造机会	KC5		0.716		
	企业能够通过与众创空间中其他企业的交流将新的知识与原有知识进行组合创造出新的想法、产品或服务	KC6		0.749		

在验证性因子分析中，模型的整体拟合情况汇总如表 10-2 所示。其中，模型 1 为零模型，所有的指标都是独立的；模型 2 为三因子模型，将知识获取、机会识别和空间氛围合并为一个因子；模型 3 为四因子模型，在模型 2 的基础上将空间氛围拆分为独立因子；模型 4 为本研究的五因子模型，即在模型 3 的基础上进一步将知识获取和机会识别进行拆分。可以看出，本研究的五因子模型具有最好的拟合效果，说明本研究理论模型与数据拟合度良好。

表 10-2　　　　　　　　　　多模型拟合情况汇总

模型	X2	Df	X2/DF	RMR	NFI	IFI	CFI
模型 1	1023.984	189	5.418	0.028	0.856	0.879	0.879
模型 2	868.538	186	4.670	0.026	0.878	0.901	0.901
模型 3	700.024	183	3.825	0.023	0.901	0.925	0.925
模型 4	622.833	179	3.480	0.021	0.912	0.936	0.936

10.2.2 描述性统计和相关分析

表 10 – 3 中描述了各变量的平均数、标准差以及 Pearson 相关系数，其中对角线上的数值为 AVE 的平方根。可以看出知识共享、机会识别、知识获取、空间氛围及知识创造间基本呈显著正相关，说明变量间存在着密切的关系。

表 10 – 3   相关系数

变量	均值	标准差	相关系数				
			(1)	(2)	(3)	(4)	(5)
知识共享（1）	3.921	0.715	1				
知识获取（2）	4.030	0.698	0.837**	1			
空间氛围（3）	3.965	0.643	0.739**	0.723**	1		
机会识别（4）	3.911	0.615	0.588**	0.588**	0.527**	1	
知识创造（5）	4.056	0.685	0.887**	0.887**	0.766**	0.631**	1

注：** 表示在 1% 水平下显著。

10.2.3 假设检验

本章用多元线性回归分析方法对不同模型进行检验，具体结果见表 10 – 4。

表 10 – 4   假设检验

变量名	模型 1	模型 2	模型 3	模型 4	模型 5	模型 6	模型 7
控制变量							
企业年龄	− 0.015	− 0.006	− 0.002	− 0.001	− 0.002	− 0.020*	− 0.022*
员工数	− 0.001	0.000	− 0.001	0.000	− 0.001	0.001**	0.002**
行业	− 0.002	0.001	0.000	0.000	− 0.002	0.006	0.005
年收入	− 0.009	0.006	0.004	− 0.001	0.002	0.004	0.008

续表

变量名	模型 1	模型 2	模型 3	模型 4	模型 5	模型 6	模型 7
主效用							
知识共享		0.850 **	0.752 **	0.367 **	0.620 **	-0.230	0.166
中介变量							
机会识别			0.194 **	0.093 **	0.160 **		
调节变量							
知识获取				0.532 **		-0.118	-0.011
空间氛围					0.223 **		
交互效用							
知识共享 × 知识获取						0.116 *	
知识共享 × 空间氛围							0.053
R^2	0.009	0.789	0.808	0.890	0.823	0.009	0.002
F	0.682	225.619 **	221.046 **	345.767 **	204.673 **	4.761 *	0.773

注：相关系数为 Pearson 系数。*** 表示在 0.1% 水平下显著，** 表示在 1% 水平下显著，* 表示在 5% 水平下显著。

由表 10 - 4 可知，模型 1 仅有控制变量，从模型 2 开始依次加入自变量、中介变量与调节变量。在模型 2 中，知识共享对知识创造产生显著正向作用（$\beta = 0.850$，$p < 0.01$），表明 H10 - 1 成立。模型 3 中，加入了机会识别，发现机会识别（$\beta = 0.194$，$p < 0.01$）对知识创造有显著正向作用，H10 - 2 成立。进一步验证组织学习的中介效果，从表 10 - 5 中可以看出，在机会识别对知识创造的影响中，其间接效果的置信区间不包含零，说明中介效果存在，又由于其直接效果也存在，故探索式机会识别在知识共享对知识创造的影响中起到了部分中介作用，故 H10 - 2 成立。在此基础上，在模型 4 和模型 5 中分别加入了调节变量知识获取和空间氛围，可以看出，知识获取和空间氛围对知识创造的影响显著。模型 6 和模型 7 在对数据进行中心化处理之后，具体分析知识获取和空间氛围的调节

作用，发现加入了交互项后，知识获取的调节作用（β = 0.116，p <
0.01）的效果均显著，H10 - 3 成立。而知识共享与空间氛围的交互项不
显著，表示空间氛围的调节作用不显著，即 H10 - 4 不成立。在此基础上，
研究进一步验证了机会识别的中介效果，通过表 10 - 5 可知，机会识别在
知识共享与知识创造中的间接效果的置信区间不包含 0，表明机会识别的
中介效果显著。

表 10 - 5　　　　　　　　　中介效应检验

项目	直接效果			间接效果		
	Effect	LLCI	ULCI	Effect	LLCI	ULCI
知识共享→机会识别→知识创造	0.8502	0.800	0.9003	0.099	0.060	0.145

10.3　结论与启示

在众创空间中，企业间有效的知识共享可以提升企业知识创造水平。
为了最大限度地有效提高众创空间企业知识共享效率，众创空间可以通过
定期组织举办一些专题讨论会、茶话会、项目经验分享会等，为真正实现
企业间知识共享创造条件。这一方面有利于加强知识主体之间的信息沟通
和知识交流，从而大大提高入驻企业之间的知识信任度；另一方面也促进
了各个知识领域之间的互相学习，从而真正达到取长补短的目的。除此之
外，在新的知识领域的不断碰撞与冲击下，有利于企业充分发挥知识创造
潜能。①

在众创空间中，机会识别能力较强的企业可以更好地利用知识共享促
进企业的知识创造。机会识别能力涉及企业是否能够察觉并在遇到某种知
识缺口时提出解决问题的方法，因此通过机会识别能力能够有效帮助企业

---

① 张肃，靖舒婷. 众创空间知识生态系统模型构建及知识共享机制研究 [J]. 情报科学，
2017，35（11）：61 - 65.

准确辨别哪些获利机会往往是有效的，有效的创业获利机会直接影响创业是否能够成功。机会识别能力强的企业通常可以比较不同获利机会的相关风险成本，并重新确定在资本市场上的获利机会，有助于不断增强企业的创业创新动机和战略决策领导能力，树立企业信心，促进企业的知识创造。[①]

在众创空间中，知识获取能力较强的企业，其知识共享能更好地促进企业对机会的识别，从而进一步激发企业知识创造活力。企业不仅需要高度重视在众创空间中进行创业实践知识的直接交流和创业信息的获取，还要有意识、主动地分享创业实践、创新经验等，通过经常性反思和不断学习，不断内化优秀创业项目实践知识和经验教训，为本企业创业活动的开展提供重要参考和借鉴，借以不断逐步强化自身能够发现和合理充分利用企业市场竞争机会的综合能力，提升自己的核心市场竞争能力，在激烈的市场竞争中得以更好的生存与发展。[②]

10.4 本 章 小 结

众创空间是在我国政府的大力支持倡导之下，以顺应我国科技经济社会快速发展和鼓励"大众创业、万众创新"的新型企业服务平台。随着全国各地"大众创业、万众创新"相关创业支持政策的不断深入有效推进，众创空间也在不断蓬勃发展，聚集了一大批大规模和高质量的创新创业推动项目，众创空间已经快速发展成为推动民众创新创业的重要经济活动服务平台。众创空间的各种知识资源共享模式会直接影响企业的知识创造驱动机制，企业层面和空间层面的不同因素都起到一定影响作用。本章基于众创空间的理论基础和应用实践，通过问卷调查收集数据，运用统计分析方法，从知识共享对企业知识创造的机制探讨中，明晰机会识别的中介作

---

① 孙永波，丁沂昕. 创业导向、外部知识获取与创业机会识别 [J]. 经济与管理研究，2018，39（05）：130－144.

② 李子彪，孙可远，赵菁菁. 企业知识基础如何调节多源知识获取绩效？——基于知识深度和广度的门槛效应 [J]. 科学学研究，2021，39（02）：303－312.

用，并探讨知识获取、空间氛围的调节作用，以探究众创空间中知识共享对知识创造的具体作用机制。研究结果发现：在众创空间中，知识共享对企业知识创造能力具有显著正向影响，机会识别在其中发挥了中介作用，而知识获取起到了正向调节作用。在创新环境不断变化的情形下，为激发众创空间中企业知识创造潜能提供了有益启示。

第11章 众创空间中企业组织学习对知识创造的影响

除知识共享外，企业自身的组织学习能力也影响着其知识创造。目前，"大众创业、万众创新"已经成为当下互联网时代发展的潮流，而推进"双创"战略则是培育中国经济新动能的不二选择。众创空间是融合"创新"和"创业""投资"和"孵化"等全要素的综合服务平台①，已经成为落实"双创"战略的重要场所。众创空间内是由多个企业主体组成的，以开放为特点的综合系统，在这个综合系统中，不同的企业无时无刻不在传递知识、信息和文化，促进了新技术、新模式、新产品以及新业态不断涌现。近年来，国内众创空间在数量上快速增长，但数量上的快速增长并不等于发展上的高质量②，已经有大量众创空间由于同质化和空心化而破产③，并且过分依赖政府财政补贴。这些问题说明我国众创空间还停留在粗放型的发展状态，还没有达到向集约型的发展方式转变。推动众创空间开发模式有效变革的关键是加快众创空间内知识与信息的高效流转，提高企业知识创造的效率，使其更加利于企业从新产品与新工艺中持续退出，并能在竞争激烈的市场上生存与发展。④ 为此，本研究选取众创空间内企业作为研究主体，探讨探索式组织学习与利用式组织学习在企业知识创造过程中所起的特定作用机理，以期为众创空间内企业合理使用空间资

---

① 解学芳，刘芹良. 创新2.0时代众创空间的生态模式——国内外比较及启示 [J]. 科学学研究，2018，36（04）：577-585.

② 吴杰，战焰磊，周海生. "众创空间"的理论解读与对策思考 [J]. 科技创业月刊，2017，30（01）：46-49+53.

③ 陈凤，项丽瑶，俞荣建. 众创空间创业生态系统：特征、结构、机制与策略——以杭州梦想小镇为例 [J]. 商业经济与管理，2015（11）：35-43.

④ 韩莹. 众创空间中企业创业拼凑对创新绩效的影响研究 [J]. 科学学研究，2020，38（08）：1436-1443+1508.

源、促进知识创造产出等方面提供一些有益的启示。

11.1　理论基础与研究假设

11.1.1　组织学习对知识共享的影响

知识创造是修正现有知识的活动进而形成新知识。[①] 在传统的组织知识创造活动中，主要通过激发组织中的个别成员来创造新的个别知识，然后通过跨层次转移形成新的集体知识。[②] 为了保持自身发展，企业必须不断形成新的组织知识[③]，更新和替换现有的知识集，以提高经营和管理的效率。众创空间中企业的知识创造更容易在组织间协同的特定环境中发生，一般是根据合作伙伴的需要进行的专业化的活动。[④] 知识创造活动不仅可以获得相互认识和理解，还可以提高彼此的业务绩效。

知识之吸收、累积、传播、运用及创造都须仰赖于学习之历程，故众创空间中企业之知识创造离不开组织学习。[⑤] 组织学习推动了企业对已有管理标准、规范、制度与文化的反思与变革，有助于企业知识资产的构建，避免核心技术为竞争者所仿造，增强其知识创造能力。[⑥] 组织学习所具有的动态性质，也有助于企业在多变的市场环境下持续地获取知识竞

---

① 金鑫，张敏，孙广华，杨虎. 众创空间、初创企业与风险投资的合作策略及投资决策研究 [J]. 管理工程学报，2023，37（02）：183 - 196.

② 陈金亮，王涛. 组织资本推动下的知识运行：作用机理与情境分析 [J]. 管理评论，2013，25（08）：92 - 101.

③ 王雪原，黄佳赛. 不同情境制造企业跨界技术创新行为与作用逻辑 [J]. 科学学研究，2023，41（04）：744 - 756.

④ 王涛，陈金亮，沈孟如. 外部知识获取与内部知识创造的融合——组织交互嵌入情境下的跨界团队 [J]. 经济与管理研究，2019，40（07）：90 - 101.

⑤ 张华，顾新. 战略联盟治理对企业突破性创新的影响机理研究 [J]. 管理学报，2022，19（09）：1354 - 1362.

⑥ 易靖韬，曹若楠. 流程数字化如何影响企业创新绩效？——基于二元学习的视角 [J]. 中国软科学，2022（07）：94 - 104.

争力。低水平组织学习将导致静态组织不能适应环境变化，面临竞争挑战。[①]

具体而言，组织学习可从两个方面进行考量。一是让众创空间内的企业发挥效能，更加高效地提升已有知识积累应用水平与价值，并在知识共享的进程中为当下技术、产品与工艺的发展打下基础。通过学习可以使制造商空间内的企业在和其他企业进行沟通时快速获取周围相似知识并能高效快速提升公司创新水平。[②] 二是对企业知识库进行探索性学习和拓展。由于众创空间能够给其中的企业带来更加丰富的交流机会，探索性学习能够促使企业脱离已有知识系统，进而推动企业知识创造、新产品推出、满足客户的潜在需求[③]，故本章提出假设：

H11 - 1：众创空间中企业组织学习正向影响企业知识创造。

H11 - 1a：众创空间中企业探索式组织学习正向影响企业知识创造。

H11 - 1b：众创空间中企业利用式组织学习正向影响企业知识创造。

11.1.2　机会识别与知识获取对知识创造的影响

众创空间中机会识别指企业在复杂环境下对机会进行感知和概念化，旨在实现附加价值。机会识别无法脱离企业主观能动性，众创空间有丰富的经济资源、社会资源与心理资源，有助于企业初创时知识资源获取与识别机会。[④] 优势企业能够通过寻找机会将优质资源利用起来以便利企业知识的产生。此外，知识获取在众创空间内对企业至关重要，提升知识获取能力也就成了企业的主要决策行为之一。[⑤] 企业知识获取能力越高，从外

---

① 易凌峰，欧阳硕，梁明辉. 知识管理、组织学习、创新与企业核心竞争力的关系研究 [J]. 华东师范大学学报（哲学社会科学版），2015，47（03）：119 - 124 + 171.

② 林春培，张振刚. 基于吸收能力的组织学习过程对渐进性创新与突破性创新的影响研究 [J]. 科研管理，2017，38（04）：38 - 45.

③ Li C R, Yeh C H. Leveraging the benefits of exploratory learning and exploitative learning in NPD：The role of innovation field orientation [J]. *R&D Management*，2017，47（03）：484 - 497.

④ 张强强，吴溪溪，马红玉. 三维资本如何提升农民创业绩效——创业学习和创业机会识别的链式中介作用 [J]. 农业经济与管理，2022（03）：28 - 41.

⑤ 杨杰，汪涛，王新. 众筹互动对产品创新绩效的影响研究——基于京东众筹平台科技类产品众筹的实证分析 [J]. 软科学，2022，36（09）：97 - 102 + 109.

部吸收到的知识尤其是异质性知识资源越多，有利于建立起内部知识分享的平台，促进企业知识创造。[①] 故本章假设：

H11 – 2：众创空间中企业机会识别正向影响企业知识创造。

H11 – 3：众创空间中企业知识获取正向影响企业知识创造。

11.1.3 机会识别和知识获取的中介作用

众创空间内企业机会识别与知识获取的目的在于取得知识资源，以有效减少知识活动组织化所需的时间与距离，并提升知识活动的效益与优势。[②] 企业在组织学习中能够通过机会识别、知识获取等方式对各类知识进行有效的吸收与整理，从而形成一种全新的知识体系并生成有利于企业进行知识创造的新型知识储备。[③] 因此，企业机会识别与知识获取能力在组织学习对知识创造的影响中起到了中介作用。企业组织学习通过机会识别和知识获取有效地作用于知识创造。基于以上分析，本章提出如下研究假设：

H11 – 4：众创空间中，企业机会识别能力在组织学习对知识创造的影响中起到了中介作用。

H11 – 4a：众创空间中，企业机会识别能力在探索式组织学习对知识创造的影响中起到了中介作用。

H11 – 4b：众创空间中，企业机会识别能力在利用式组织学习对知识创造的影响中起到了中介作用。

H11 – 5：众创空间中，企业知识获取能力在组织学习对知识创造的影响中起到了中介作用。

H11 – 5a：众创空间中，企业知识获取能力在探索式组织学习对知识

---

① 唐源，邵云飞，陈一君. 跨界行为、知识整合能力对企业创新绩效的影响研究：基于知识获取和资源损耗的作用 [J]. 预测，2020，39（04）：31 – 37.

② 姚梅芳，邱书园，唐思思. 创新型企业服务主导逻辑、动态能力与价值共创关系研究 [J]. 吉林大学社会科学学报，2022，62（04）：46 – 57 + 234.

③ 尹剑峰，叶广宇，黄胜. 国际化导向、国际知识吸收能力与国际机会识别关系研究 [J]. 科学学与科学技术管理，2021，42（08）：76 – 96.

创造的影响中起到了中介作用。

H11 – 5b：众创空间中，企业知识获取能力在利用式组织学习对知识创造的影响中起到了中介作用。

本章概念模型如图 11 – 1 所示。

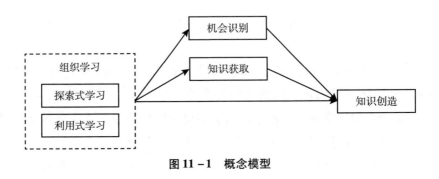

图 11 – 1　概念模型

11.2　样本收集与数据分析

11.2.1　样本的选取与数据的收集

本章实证研究的数据源自第 3 章问卷二的调查结果，问卷调查过程在第 3 章中已做描述。根据本章的研究内容及其与问卷二调查题项的匹配性，本章以所回收的 307 份有效样本作为分析依据。问卷调查过程、样本分布及样本数量均符合本章的研究要求。

研究信效度指标见表 11 – 2，各变量 Cronbach's α 系数都超过 0.6，测度模型综合信度满足程度很高，说明内部一致性很好。该问卷题项如表 11 – 1 所示，全部来源于文献现有题项，因此内容效度很好。样本 KMO 值为 0.955，巴特里特球形检验显著，因此表明适用于因子分析。基于该指标进一步开展探索式因子分析，结果见表 11 – 2，采用最大平衡值法进行旋转，各测量项标准化因子负荷都超过 0.5，平均方差提取值（AVE）和建构信度（CR）基本达到分析要求。

表 11 − 1   **测量题项**

变量名	题项
探索式学习	本企业在众创空间中不断寻求产品/市场信息以解决高风险问题（TSXX1）
	本企业在众创空间中不断寻求潜在市场需求信息以开发新项目（TSXX2）
	本企业在众创空间中寻求进入新领域的产品/市场信息（TSXX3）
利用式学习	本企业在众创空间中不断寻求有用信息来解决目前产品/市场问题（LYXX1）
	本企业在众创空间中寻求客户与竞争者信息来完善产品/市场发展战略（LYXX2）
	本企业在众创空间中强调对以往经验的运用与新知识的积累（LYXX3）
机会识别	在例行的日常工作中，本企业能萌发出更多潜在的创业想法（JHSB1）
	对于创业机会，本企业有特别的敏感性和警觉性（JHSB2）
	发现潜在的创业机会对本企业来说非常不易（JHSB3）
知识获取	本企业能够从本众创空间内部其他企业或机构获得市场开发技能（ZSHQ1）
	本企业能够从本众创空间内部其他企业或机构获得企业管理技能（ZSHQ2）
	本企业能够从本众创空间内部其他企业或机构获得新技术（ZSHQ3）
知识创造	本企业在众创空间中获得的新知识、新技术与原有的知识、技术能紧密结合和匹配（ZSCZ1）
	本企业在众创空间中能充分运用取得的新知识、新技术有效解决运营过程中产生的问题（ZSCZ2）
	企业能够通过与众创空间中其他企业的交流来完善工作方式（ZSCZ3）
	企业能够通过与众创空间中其他企业的交流来改善相关技术（ZSCZ4）
	企业能够通过与众创空间中其他企业的交流来解决问题/创造机会（ZSCZ5）
	企业能够通过与众创空间中其他企业的交流将新的知识与原有知识进行组合创造出新的想法、产品或服务（ZSCZ6）

表 11 − 2   **信效度分析**

变量名	测量变量	Cronbach's α	因子载荷	AVE	CR
探索式组织学习	TSXX1		0.582		
	TSXX2	0.903	0.661	0.7539	0.9015
	TSXX3		0.731		

续表

变量名	测量变量	Cronbach's α	因子载荷	AVE	CR
利用式组织学习	LLXX1	0.924	0.773	0.7984	0.9223
	LLXX2		0.796		
	LLXX3		0.756		
机会识别	JHSB1	0.653	0.646	0.4765	0.7098
	JHSB2		0.857		
	JHSB3		0.987		
知识获取	SZHQ1	0.937	0.771	0.8345	0.938
	SZHQ2		0.751		
	SZHQ3		0.693		
知识创造	ZSCZ1	0.962	0.658	0.8017	0.9604
	ZSCZ2		0.639		
	ZSCZ3		0.744		
	ZSCZ4		0.748		
	ZSCZ5		0.758		
	ZSCZ6		0.776		

验证性因子分析时对模型进行了总体拟合，结果见表11-3。其中，模型1为零模型，所有的指标都是独立的；模型2为三因子模型，将探索式组织学习和利用式组织学习合并为一个因子，将机会识别、知识获取与知识创造合并为另一个因子；模型3为三因子模型，在模型2的基础上将知识创造分对为独立因子；模型4为本研究的五因子模型，即在模型3的基础上进一步将探索式组织学习、利用式组织学习、机会识别与知识获取进行拆分。可以看出，本研究的五因子模型具有最好的拟合效果，说明本研究理论模型与数据拟合度良好。

表 11－3 多模型拟合情况汇总

模型	X2	Df	CMIN/DF	RMR	IFI	TLI	CFI	RMSEA
模型 1	1321.965	135	9.792	0.040	0.811	0.785	0.811	0.170
模型 2	654.228	134	4.882	0.031	0.917	0.905	0.917	0.113
模型 3	626.047	132	4.743	0.029	0.921	0.909	0.921	0.111
模型 4	4577.482	125	3.660	0.018	0.947	0.935	0.947	0.093

11.2.2 描述性统计和相关分析

表 11－4 中描述了各变量的平均数、标准差以及 Pearson 相关系数。可以看出探索式组织学习、利用式组织学习、机会识别与知识获取及知识创造间基本呈显著正相关，说明变量间存在着密切的关系。

表 11－4 相关系数

项目	均值	标准差	相关系数				
			(1)	(2)	(3)	(4)	(5)
探索式学习（1）	4.066	0.653	1				
利用式学习（2）	4.090	0.650	0.849 **	1			
机会识别（3）	3.911	0.615	0.690 **	0.643 **	1		
知识获取（4）	4.030	0.698	0.703 **	0.717 **	0.599 **	1	
知识创造（5）	4.056	0.685	0.731 **	0.721 **	0.631 **	0.914 **	1

注：** 表示在 1% 水平下显著。

11.3 假设检验

本章用多元线性回归分析方法对不同模型进行检验，具体结果见表 11－5。

表 11 - 5 　　　　　　　　　　　假设检验

变量名	模型 1	模型 2	模型 3
控制变量			
企业年龄	-0.014 (0.014)	0.003 (0.009)	0.003 (0.006)
员工数	-0.001 (0.001)	-0.002 (0.001)	-0.001 (0.000)
行业	-0.002 (0.007)	-0.002 (0.005)	0.000 (0.003)
主效用			
探索式组织学习		0.428*** (0.075)	0.133** (0.048)
利用式组织学习		0.409*** (0.075)	0.021 (0.047)
中介变量			
机会识别			0.087* (0.035)
知识获取			0.749*** (0.033)
R^2	0.008	0.585	0.856
F	0.825	85.002	253.090

注：相关系数为 Pearson 系数。 *** 表示在 0.1% 水平下显著， ** 表示在 1% 水平下显著， * 表示在 5% 水平下显著。

由表 11 - 5 可知，模型 1 仅有控制变量，从模型 2 开始依次加入自变量与中介变量。在模型 2 中，探索式组织学习（β = 0.428，p < 0.001）与利用式组织学习（β = 0.409，p < 0.001）对知识创造产生显著正向作用，表明 H11 - 1 成立。模型 3 中，加入了机会识别和知识获取，发现机会识别（β = 0.087，p < 0.05）与知识获取（β = 0.749，p < 0.001）对知识创

造有显著正向作用，H11 - 2 成立。进一步验证机会识别和知识获取的中介效果，从表 11 - 6 中可以看出，在探索式组织学习别对知识创造的影响中，机会识别和知识获取间接效果的置信区间不包含零，说明中介效果存在，又由于其直接效果也存在，故机会识别和知识获取在探索式组织学习对知识创造的影响中起到了部分中介作用，故 H11 - 3 成立。同理，在利用式组织学习对知识创造的影响中，机会识别和知识获取间接效果的置信区间不包含零，说明中介效果存在，又由于其直接效果不存在，故机会识别和知识获取在探索式组织学习对知识创造的影响中起到了完全中介作用，故 H11 - 4 成立。

表 11 - 6　　　　　　　　　　中介效应检验

项目	直接效果			间接效果		
	Effect	LLCI	ULCI	Effect	LLCI	ULCI
探索式组织学习→机会识别→知识创造	0.1331	0.0387	0.2275	0.240	0.095	0.388
探索式组织学习→知识获取→知识创造				0.040	0.008	0.078
利用式组织学习→机会识别→知识创造	0.020	- 0.072	0.114	0.353	0.212	0.498
利用式组织学习→知识获取→知识创造				0.015	0.195	0.484

11.4　结论与启示

（1）众创空间内的组织学习能有效地促进知识创造。众创空间是来自不同行业、不同背景、不同知识储备的企业集聚。不同组织之间错综复杂的信息联系在一起，总可以碰撞出思维的火花。企业可以不断地累积成功的经验，并通过组织学习来改进认知学习方式并不断汲取经验，众创空间企业可以通过不断地组织学习来捕获知识演化趋势，这为企业进行机会识别、知识获取等提供了有效依据，进而为推动企业进行知识创造提供了更加完善的组织学习资源以及协作、交流的机会。[①]

（2）众创空间中企业的机会识别能力关系其存续与发展。入驻众创空间的企业多数都处于起步阶段，资源相对有限，其未来发展存在较大不确定性。复杂多变的外部环境和企业内部资源因素等问题均对企业经营造成了一定的冲击，而机会识别则能捕捉其在瞬息万变市场环境下的成功契机。一方面，众创空间中的企业需要突破固有网络关系的束缚，更加宽泛地搜集信息、把握市场信息变化、识别创新机会。另一方面，企业目标信息搜集通常发生在众创空间所开展的有关活动之中，从而进一步提升了创新机会发现的数量与品质。

（3）众创空间中企业应重视组织学习过程中的知识获取。通过强化外部知识获取能力，众创空间内部企业会把外部新知识融入自身知识库，时刻强化众创空间内部知识交互，推动企业之间知识流动并帮助企业获得众创空间关键资源。企业在组织学习的过程中将众创空间内部知识资源视为企业发展的首要目标。此外，通过强化不同产业企业内部知识流通与沟通，往往会增强知识获取过程中的合作能力，并善于利用外部知识助力进行知识创造。[②]

11.5 本章小结

在"大众创业、万众创新"背景下，众创空间可作为"双创"服务平台。本章基于众创空间背景，通过问卷调查收集数据，运用统计分析方法，探讨众创空间内部企业组织学习对知识创造的具体作用机制。研究发

---

① 齐莹，王向阳，李嘉敏. 创新网络中组织兼容性对知识创造的影响机理研究 [J]. 情报科学，2022，40（05）：173 - 179.

② 李卫忠，陈海权，李星星，任志宽. 知识获取、R&D 资本对技术创新绩效的影响研究——兼议所有权性质和内部治理结构的调节效应 [J]. 科技管理研究，2020，40（13）：226 - 233.

现：在众创空间中，探索式组织学习和利用式组织学习均对企业知识创造有显著正向影响，机会识别和知识获取在其中发挥了中介作用。最后提出促进众创空间企业知识创造的对策建议，力求为完善我国众创空间建设与初创企业知识管理实践提供有益启示。

第12章　创新生态系统网络嵌入及双元创业拼凑对众创空间内部组织知识创造的影响

　　知识活动是技术创新的微观基础，知识的获取、共享与创造对于推动众创空间创新成果的产出发挥着重要的作用。① 日益激烈的竞争环境加剧了创新过程的复杂性和对知识积累的需求，单纯依靠众创空间中企业自身的知识积累难以满足需求，需要通过与其他经济组织的协作创新，促进知识在创新主体间的流动与共享，推动知识要素的重新组合，实现可持续创新发展。② 基于创业主导逻辑，以价值共创为导向，众创空间中企业基于对异质性资源（特别是知识）的内在需求，与众创空间内部网络、创业者网络、众创空间生态系统网络中各类企业和组织建立多层次交互关系（信任互惠、技术合作、市场交易、互联网互动等），通过正式（规则正式化、合同、集体协商制度）或非正式（社会规范和信任关系）交互机制，形成旨在实现基于情景的动态资源共享、分工合作、协同创新的松散耦合的多层次创新网络。相比于单一网络，多层次网络中包含众创空间内外的各类企业与组织，网络主体身份具有异质性、组织间关系更为多元化，能够更好地为众创空间中企业提供丰富、多元、异质的外部知识，促进众创空间中企业对于知识的获取、吸收、整合和创造能力的提高，从而实现知识资源的优化配置。③ 然而，嵌入多层次网络能够给众创空间中企业带来较高的知识创造绩效吗？已有研究从网络结构与关系视角探讨了网络嵌入性与企业绩效的关系，发现存在"嵌入性悖论"。学者们试图通过某些中介

---

　　①② 张肃，靖舒婷. 众创空间知识生态系统模型构建及知识共享机制研究 [J]. 情报科学，2017，35（11）：61–65.

　　③ 裴蕾，王金杰. 众创空间嵌入的多层次创新生态系统：概念模型与创新机制 [J]. 科技进步与对策，2018，35（06）：1–6.

因素和调节因素的研究来解释嵌入性悖论，然而并未获得一致结论。① 对于众创空间中的企业而言，"新生弱性"与"小而弱性"的双重约束限制了众创空间中企业的成长与发展。创业拼凑作为突破资源约束的一种有效办法受到了学者们的关注。② 众创空间中的企业在多层次网络嵌入中，能否通过探索创业拼凑的方式促进知识创造绩效的提高，是亟待解决的关键问题。

基于此，本章在第 11 章研究的基础上，考虑网络嵌入的影响，基于多层次网络嵌入—双元创业拼凑—知识创造绩效分析框架，构建结构方程模型，以求更加翔实地探究众创空间中企业多层次网络嵌入与知识创造绩效的关系，以期为众创空间中企业的知识管理实践提供有益启示。

12.1　主要概念界定

12.1.1　众创空间中企业多层次网络嵌入

为应对环境的不确定性与知识创造的复杂性，众创空间的知识活动需要依赖于可形成众多方合作、相互依赖的网络组织形态——创新生态系统。③ 在创新生态系统内，基于地理临近，众创空间中企业与众创空间内部各创客之间通过空间内的集聚与互动交流，形成众创空间内部知识网络；基于认知临近，众创空间中企业与所处产业链中企业通过联系互动获取创业所需的异质性资源，形成产业链知识网络；基于组织临近，众创空间中企业与创新生态系统中的科研院所、高校、中介机构等相关组织通过

---

① Senyard J. , Baker T. , Steffens P. Bricolage as a Path to Innovativeness for Resource – Constrained New Firms [J]. *Journal of Product Innovation Management*, 2014, 31 (02): 211 – 230.

② Baker T, Nelson R E. Creating something from nothing: Resource construction through entrepreneurial bricolage [J]. *Administrative Science Quarterly*, 2005, 50 (03): 329 – 366.

③ 裴蕾，王金杰. 众创空间嵌入的多层次创新生态系统：概念模型与创新机制 [J]. 科技进步与对策，2018, 35 (06): 1 – 6.

联系互动，发生知识的传播、整合、创造等知识活动，形成众创空间生态系统知识网络。[①] 众创空间内部网络中存在大量的企业和组织，呈现出较高的节点密集性；而众创空间外部网络跨越了地理边界，节点可分布在全球范围内，呈现出较高的稀疏性。多层次网络中，处在同一地域和产业中的企业和组织具有较高的嵌入性和信任度，呈现出强联结的特性，而位于不同产业和地理空间的企业和组织由于较少的接触频率和较低的情感联结，呈现出弱联结特性。同时，由于主体间知识资源的差异性，使主体间知识依赖具有异质性，主要体现为节点度分布的不均匀。为了凸显上述特征，本研究将从关系嵌入、结构嵌入、知识嵌入等多个维度进行度量，分析各嵌入维度与知识创造绩效的关系。

12.1.2　双元创业拼凑

有限的资源给众创空间中企业的发展带来了阻碍，如何克服资源约束是众创空间中企业面临的难题，创业拼凑是众创空间中企业突破资源约束阻碍的有效方式。创业拼凑的研究基本沿袭了贝克等（Baker et al.）学者的观点，认为创业拼凑是企业通过对手头资源要素的凑合整合，即刻行动开展创业活动以解决新问题和利用新机会。[②] 森尼亚德等（Senyard et al.）从资源拼凑的频率和范围角度，提出了选择性拼凑和并行性拼凑。其中，并行性拼凑是指在多个项目、多个领域同时开展的持续性、重复性的拼凑，拼凑范围更大。选择性拼凑是指在个别项目、个别领域开展的不连续的、有选择的拼凑，拼凑范围更小。[③] 本章沿用学者们对于创业拼凑的二元分类，将创业拼凑划分为选择性拼凑和并行性拼凑两个维度进行研究。

---

① 张肃，靖舒婷. 众创空间知识生态系统模型构建及知识共享机制研究 [J]. 情报科学，2017，35（11）：61－65.

② Baker T，Nelson R E. Creating something from nothing：Resource construction through entrepreneurial bricolage [J]. *Administrative Science Quarterly*，2005，50（03）：329－366.

③ Senyard J.，Baker T.，Steffens P. Bricolage as a Path to Innovativeness for Resource－Constrained New Firms [J]. *Journal of Product Innovation Management*，2014，31（02）：211－230.

12.1.3　知识创造绩效

当前的研究更多以创新绩效为研究对象，对于知识创造绩效的关注较少。创新绩效与知识创造绩效的内涵不同。当前学术界对于知识创造的理解包含三种：一是认为知识创造包含于知识创新的过程之中，二是将知识创造与知识创新等同，三是认为知识创新包含于知识创造之中。① 本研究采纳第三种观点，将知识创造定义为提出新观点、新思想，其重点在于知识的“创造和运用”，注重将新知识转化为新产品、流程与服务。从知识创造的结果来看，知识创新是知识创造的子集。② 本章基于法赫和普鲁萨克（Fahey and Prusak）③ 的观点，从知识创造转化为生产力以实现知识创造的应用经济效益的角度衡量知识创造绩效。

12.2　研　究　假　设

12.2.1　众创空间中企业多层次网络嵌入与知识创造绩效关系

众创空间中企业嵌入的知识活动网络是多层次、多梯度和动态联结的知识交互网络，通过原市场领域和新市场领域知识、原技术领域和新技术领域知识的融合交错④，形成高效的知识要素融合过程，深度推进知识主体之间的知识活动。从关系嵌入视角，众创空间中的企业与空间内外其他

---

① 晏双生. 知识创造与知识创新的涵义及其关系论 [J]. 科学学研究，2010，28（08）：1148 –1152.

② 梁娟，陈国宏. 多重网络嵌入、知识整合与知识创造绩效 [J]. 科学学研究，2019，37（02）：301 –310.

③ Fahey, L. and Prusak, L. The eleven deadliest sins of knowledge management [J]. *California Management Review*，1998，40：265 –276.

④ Tzameret H. Rubin, Tor Helge Aas, Andrew Stead. Knowledge flow in Technological Business Incubators: Evidence from Australia and Israel [J]. *Technovation*，2015（41），11 –24.

企业、高校科研院所、政府、行业协会等构建关系网络，拥有更加丰富的网络资源。多层次网络中强弱联结并存，强联结提升了创新主体间知识共享的效率和知识的增值效应，弱联结有助于新鲜和异质性知识的获取。[①]从结构嵌入视角，多层次网络兼具节点密集性与稀疏性特征，帮助众创空间中企业形成稳定的交流机制与维系获得异质性知识与发展的机会。[②] 从知识嵌入视角，多层次网络嵌入为众创空间中企业提供了丰富的知识资源，随着众创空间内知识链与外部知识主体的不断融合，多样化的知识源提升了众创空间中企业创新的成功率。[③] 为此，本章假设：

H12 - 1：众创空间中企业多层次网络嵌入（关系嵌入 H12 - 1a、结构嵌入 H12 - 1b、知识嵌入 H12 - 1c）正向影响众创空间中企业知识创造绩效。

12.2.2 多层次网络嵌入与双元创业拼凑的关系

现有研究证实了社会网络对众创空间中企业拼凑行为有重要影响，认为关系网络为众创空间中企业获得拼凑资源提供了重要渠道，也是拼凑行为的触发器。[④] 而不同层次网络关系有着不同的知识、信息和资源，对于众创空间中企业的机会发现与资源使用产生异质性的影响，从而影响拼凑行为。[⑤]

对于众创空间中企业而言，多层次网络的嵌入丰富了众创空间中企业获取知识的来源。众创空间中企业通过嵌入多层次网络能够更好地获取、

[①] 梁娟，陈国宏. 多重网络嵌入与集群企业知识创造绩效研究 [J]. 科学学研究，2015，33（01）：90 - 97.

[②] 梁娟，陈国宏. 多重网络嵌入、知识整合与知识创造绩效 [J]. 科学学研究，2019，37（02）：301 - 310.

[③] Cummings J N. Work groups, structural diversity, and knowledge sharing in a gobal organization [J]. *Management Science*, 2004（50）：352 - 364.

[④] Desa G. , Basu S. Optimization or Bricolage? Overcoming Resource Constraints in Global Social Entrepreneurship [J]. *Strategic Entrepreneurship Journal*, 2013, 7（01）：26 - 49.

[⑤] 黄钟仪，向玥颖，熊艾伦，苏伟琳. 双重网络、双元拼凑与受孵新创企业成长：基于众创空间入驻企业样本的实证研究 [J]. 管理评论，2020，32（05）：125 - 137.

整合各种资源与能力,并能够对不同源头的相关知识信息进行收集与筛选。① 而结构洞与桥联结扩展了众创空间中企业所接触知识的多样性,为知识的整合与重构提供了有利条件,并且强联结关系使得成员间彼此信任,从而增强彼此间进行资源交换与分享的意愿,促进知识信息交流与共享行为。② 多层次网络中的互动关系有助于众创空间中企业发现新的商业机会和项目资源,促使企业同时开展多个新商业机会的拼凑行为,即激发了众创空间中企业的并行性拼凑行为。③ 同时,多层次网络中异质性的知识信息资源,能够帮助企业探索现有市场领域外的机会,促使企业有选择性地在重点领域整合资源,触发选择性拼凑行为。④ 为此,本章假设:

H12 - 2:多层次网络嵌入正向影响众创空间中企业双元创业拼凑。

H12 - 2a:关系嵌入正向影响众创空间中企业选择性创业拼凑。

H12 - 2b:结构嵌入正向影响众创空间中企业选择性创业拼凑。

H12 - 2c:知识嵌入正向影响众创空间中企业选择性创业拼凑。

H12 - 2d:关系嵌入正向影响众创空间中企业并行性创业拼凑。

H12 - 2e:结构嵌入正向影响众创空间中企业并行性创业拼凑。

H12 - 2f:知识嵌入正向影响众创空间中企业并行性创业拼凑。

12.2.3 双元创业拼凑与知识创造绩效的关系

创业拼凑是众创空间中企业在资源环境约束情境下通过现有资源的将就、重构、即兴而作等能动策略,帮助众创空间中企业对现有资源进行创造性利用与全新价值发掘,以解决资源约束的有力途径。⑤ 其中,并行性创业拼凑强调企业同时采取多种拼凑、在多个领域尝试多种可能性,以避

---

① 韩莹,陈国宏. 多重网络嵌入与产业集群知识共享关系研究 [J]. 科学学研究,2016,34 (10):1498 - 1506.

② 杜健,姜雁斌,郑素丽,章威. 网络嵌入性视角下基于知识的动态能力构建机制 [J]. 管理工程学报,2011,25 (04):145 - 151.

③④ 黄钟仪,向玥颖,熊艾伦,苏伟琳. 双重网络、双元拼凑与受孵新创企业成长:基于众创空间入驻企业样本的实证研究 [J]. 管理评论,2020,32 (05):125 - 137.

⑤ 祝振铎,李非. 创业拼凑、关系信任与新企业绩效实证研究 [J]. 科研管理,2017,38 (07):108 - 116.

免错失机会，并通过拼凑使企业在学习、试错中调整行为与方向。① 众创空间中企业基于多层次网络关系获得丰富的知识、资源和能力。众创空间提供的创业导师、平台成员之间的内部网络以及众创空间生态系统网络中正式与非正式的沟通带来项目团队内的协作与跨团队的知识经验交流，扩展了企业所接触到的商业机会，可能触发众创空间中企业利用手头资源寻找能够实现的、合适结果的拼凑活动②，从而帮助企业对知识进行整合、创造与应用，并进一步将所创造的知识转化为经济效益。选择性创业拼凑是众创空间中企业集中精力在对企业生存至关重要的领域进行拼凑活动。③ 采取这种拼凑方式的企业会选择性地放弃部分机会，会在更少的领域实现"从无到有"，更加注重利用比较优势，从而减少机会成本，提高对有限资源的利用效率④，促进企业创造的知识转化为应用经济效益。为此，本章假设：

H12 - 3：双元创业拼凑正向影响众创空间中企业知识创造绩效。

H12 - 3a：选择性创业拼凑正向影响众创空间中企业知识创造绩效。

H12 - 3b：并行性创业拼凑正向影响众创空间中企业知识创造绩效。

12.2.4　双元创业拼凑的中介作用

前文的分析初步论述了众创空间中企业多层次网络嵌入通过影响选择性创业拼凑与并行性创业拼凑进而提高知识创造绩效的逻辑关系。众创空间中企业通过对多层次网络中丰富的、异质性的知识资源进行有机的整合、创造，可以形成新的知识体系⑤，加深众创空间中企业对现有市场和项目的深度理解，同时也可能为企业提供新的市场机会，促使众创空间中

① Welter C. , Mauer R. , Wuebker R. J. Bridging Behavioral Models and Theoretical Concepts：Effectuation and Bricolage in the Opportunity Creation Framework ［J］. *Strategic Entrepreneurship Journal*, 2016, 10 (01)：5 - 20.

②③ Senyard J. , Baker T. , Steffens P. Bricolage as a Path to Innovativeness for Resource - Constrained New Firms ［J］. *Journal of Product Innovation Management*, 2014, 31 (02)：211 - 230.

④ Fisher G. Effectuation, Causation, and Bricolage：A Behavioral Comparison of Emerging Theories in Entrepreneurship Research ［J］. *Entrepreneurship Theory and Practice*, 2012, 36 (05)：1019 - 1051.

⑤ 梁娟，陈国宏. 多重网络嵌入、知识整合与知识创造绩效 ［J］. 科学学研究, 2019, 37 (02)：301 - 310.

企业开展选择性创业拼凑和并行性创业拼凑活动①，进而提高企业的知识创造绩效。黄钟仪等研究证实了商业网络关系与支持性网络关系通过双元创业拼凑中介作用于企业的成长。② 王庆金等研究表明创业拼凑在社会资本与企业绩效的关系中存在部分中介效应。③ 为此，本章假设：

H12－4：双元创业拼凑在多层次网络嵌入与知识创造绩效间起到中介作用。

H12－4a：选择性创业拼凑在关系嵌入与众创空间中企业知识创造绩效间起到中介作用。

H12－4b：选择性创业拼凑在结构嵌入与众创空间中企业知识创造绩效间起到中介作用。

H12－4c：选择性创业拼凑在知识嵌入与众创空间中企业知识创造绩效间起到中介作用。

H12－4d：并行性创业拼凑在关系嵌入与众创空间中企业知识创造绩效间起到中介作用。

H12－4e：并行性创业拼凑在结构嵌入与众创空间中企业知识创造绩效间起到中介作用。

H12－4f：并行性创业拼凑在知识嵌入与众创空间中企业知识创造绩效间起到中介作用。

本章研究的理论模型，如图 12－1 所示。

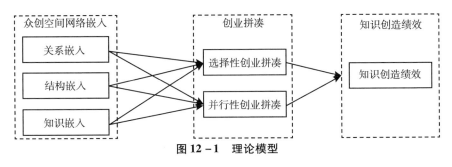

图 12－1 理论模型

①② 黄钟仪，向玥颖，熊艾伦，苏伟琳. 双重网络、双元拼凑与受孵新创企业成长：基于众创空间入驻企业样本的实证研究 [J]. 管理评论，2020，32（05）：125－137.

③ 王庆金，王强，周键. 社会资本、创业拼凑与新创企业绩效——双重关系嵌入的调节作用 [J]. 科技进步与对策，2020，37（20）：49－57.

12.3 数据获取

12.3.1 样本选择与来源

本章实证研究的数据源自第 3 章问卷二的调查结果，问卷调查过程在第 3 章中已做描述。根据本章的研究内容及其与问卷二调查题项的匹配性，本章以所回收的 307 份有效样本作为分析依据。问卷调查过程、样本分布及样本数量均符合本章的研究要求。

12.3.2 变量的定义与测量

本章借鉴蔡和戈沙尔（Tsai and Ghoshal）[1]、梁娟[2]等的量表对多层网络嵌入三个维度分别测量；参考贝克和尼尔森（Baker and Nelson）[3]、于晓宇等[4]、黄钟仪等[5]使用过的测量量表对选择性创业拼凑、并行性创业拼凑进行衡量；知识创造绩效参考梁娟[6]、Li[7]的量表进行测度。此外，

---

[1] Tsai W, Ghoshal S. Social capital and value creation: The role of intrafirm networks [J]. *Academy of Management Journal*, 1998, 41 (04): 464 – 476.

[2][6] 梁娟，陈国宏. 多重网络嵌入、知识整合与知识创造绩效 [J]. 科学学研究，2019，37 (02): 301 – 310.

[3] Baker T, Nelson R E. Creating something from nothing: Resource construction through entrepreneurial bricolage [J]. *Administrative Science Quarterly*, 2005, 50 (03): 329 – 366.

[4] 于晓宇，李雅洁，陶向明. 创业拼凑研究综述与未来展望 [J]. 管理学报，2017，14 (02): 306 – 316.

[5] 黄钟仪，向玥颖，熊艾伦，苏伟琳. 双重网络、双元拼凑与受孵新创企业成长：基于众创空间入驻企业样本的实证研究 [J]. 管理评论，2020，32 (05): 125 – 137.

[7] Li Y, Guo H, Liu Y, et al. Incentive Mechanisms, Entrepreneurial Orientation, and Technology Commercialization: Evidence from China's Transitional Economy [J]. *Journal of Product Innovation Management*, 2008, 25 (01): 63 – 78.

本研究借鉴韩莹的研究①，以企业年龄、年收入、企业所处行业为控制变量进行分析以期获得更为准确的研究结论。测量量表具体如表 12 – 1 所示。

表 12 – 1   变量测量与信效度检验

研究变量	观测变量	因素载荷	衡量指标
关系嵌入	RE1：本企业与众创空间内其他伙伴之间的知识信息交流强度	0.720	Cronbach's α = 0.926 CR = 0.786 AVE = 0.550 AVE 平方根 = 0.742
	RE2：本企业与众创空间内其他伙伴之间联系的频繁程度	0.775	
	RE3：本企业与众创空间中其他企业的联系密切	0.729	
结构嵌入	SE1：众创空间内本企业与供应商联系的稳定程度	0.902	Cronbach's α = 0.946 CR = 0.947，AVE = 0.816 AVE 平方根 = 0.903
	SE2：众创空间内本企业与客户联系的稳定程度	0.885	
	SE3：众创空间内本企业与销售商/代理商联系的稳定程度	0.933	
	SE4：众创空间内本企业与同行联系的稳定程度	0.892	
知识嵌入	KE1：本企业与众创空间内其他伙伴能分享知识、技术或研发成果，提高了企业知识水平	0.827	Cronbach's α = 0.904 CR = 0.834，AVE = 0.558 AVE 平方根 = 0.747
	KE2：本企业获得的新信息、新知识能在企业内部快速整合	0.735	
	KE3：众创空间内其他伙伴与本企业进行知识、技术交流的愿望非常强烈	0.728	
	KE4：本企业与众创空间内其他伙伴之间的非正式交流与学习机会很多	0.690	

---

① 韩莹. 众创空间中企业创业拼凑对创新绩效的影响研究 [J]. 科学学研究，2020，38 (08)：1436 – 1443 + 1508.

续表

研究变量	观测变量	因素载荷	衡量指标
选择性创业拼凑	SEV1：本企业在众创空间中能充分运用取得的新知识、新技术有效解决运营过程中产生的问题	0.654	Cronbach's α = 0.942，CR = 0.800，AVE = 0.502 AVE 平方根 = 0.708
	SEV2：企业能够通过与众创空间中其他企业的交流来完善工作方式	0.740	
	SEC3：企业能够通过与众创空间中其他企业的交流来改善相关技术	0.749	
	SEC4：企业能够通过与众创空间中其他企业的交流来解决问题/创造机会	0.685	
并行性创业拼凑	PEV1：本企业在众创空间中寻求进入新领域的产品/市场信息	0.760	Cronbach's α = 0.903，CR = 0.817，AVE = 0.598 AVE 平方根 = 0.773
	PEV2：本企业在众创空间中不断寻求潜在市场需求信息以开发新项目	0.809	
	PEV3：本企业在众创空间中不断寻求产品/市场信息以解决高风险问题	0.750	
知识创造绩效	KCP1：本企业创新产品的成功率高	0.825	Cronbach's α = 0.868，CR = 0.852，AVE = 0.657 AVE 平方根 = 0.811
	KCP2：本企业经常比同行更早推出新产品和服务	0.791	
	KCP3：本企业通过技术创新与技术学习降低了产品生产成本	0.815	

　　本研究拟运用结构方程方法开展分析。根据约瑞斯科（Joreskog）[①] 的建议，采用 AMOS 20.0 软件对量表模型进行整体拟合优度检验，根据绝对与相对拟合指标删除测量项目，整体拟合情况汇总如表 12 - 2 所示。其中，模型 1 为单因子模型，所有的指标都是独立的；模型 2 为三因子模型，将多层次网络嵌入三个维度以及创业拼凑两个维度各合并为一个因

---

　　① Joreskog K G. Testing structural equation models intesting structural equation models [J]. *Contemporary Sociology*，1993，23（01）：66 - 67.

子；模型 3 为五因子模型，在模型 2 的基础上再将多层网络嵌入拆分为关系嵌入、结构嵌入、知识嵌入三个因子；模型 4 为本研究的六因子模型，即在模型 3 的基础上将创业拼凑进一步拆分为选择性创业拼凑和并行性创业拼凑。可以看出，本研究的六因子模型具有最好的拟合效果，说明本研究理论模型与数据拟合度良好。

表 12 – 2　　　　　　　　　　　　多模型拟合情况汇总

模型	所含因子	χ^2/df	NFI	IFI	CFI	RMSEA
模型 1	RE + SE + KE + SEV + PEV + KCP	12.882	0.630	0.649	0.648	0.197
模型 2	RE + SE + KE、SEV + PEV、KCP	4.246	0.885	0.909	0.909	0.103
模型 3	RE、SE、KE、SEV + PEV、KCP	11.153	0.685	0.705	0.704	0.182
模型 4	RE、SE、KE、SEV、PEV、KCP	2.689	0.929	0.954	0.954	0.074

12.4　假设检验与结果分析

12.4.1　信度和效度分析

本研究使用 SPSS 20.0 对各个构面的信度进行检验。检验结果如表 12 – 3 所示，可以看到本章所用变量的 Cronbach's α 值均大于建议的 0.7 水平，说明各变量达到了研究的信度要求。对各个影响因素的探索性因子分析结果中，KMO 值为 0.934，Bartlett 球形检验显著性水平为 0.000，适合进行因子分析。计算各变量的平均方差提取量（AVE）和组合信度（CR），各变量的 AVE 均高于 0.5，组合信度 CR 均高于 0.7，表明测量数据具有良好的收敛效度。在表 12 - 3 中，各变量的 AVE 的平方根大于其所在行与列的值，表明各变量具有较好的区分效度。

表 12 - 3 　　　　　　　　　　模型拟合结果

拟合指标	χ^2/df	RMSEA	NFI	RFI	IFI	CFI	TLI
拟合值	2.876	0.078	0.924	0.908	0.949	0.949	0.938
结论	满足	满足	满足	满足	满足	满足	满足

12.4.2　假设检验

运用 AMOS 21.0 构建结构方程，采用极大似然估计法，对本章提出的理论模型进行拟合，模型拟合结果如表 12 - 3 所示。由表 12 - 3 可知，各项拟合指标均满足要求，表明多层网络嵌入、双元创业拼凑与知识创造绩效之间的整体框架模型与用于检验假设的数据高度匹配。理论模型检验结果如图 12 - 2 所示。

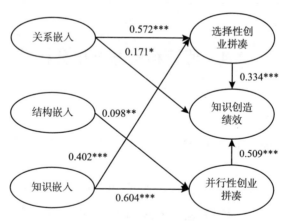

图 12 - 2　理论模型检验结果

（1）多层网络嵌入、双元创业拼凑与知识创造绩效影响分析。

由表 12 - 4 可以看出，关系嵌入对知识创造绩效的直接影响路径显著，支持了 H12 - 1b，即结构嵌入、知识嵌入对知识创造绩效的直接影响路径不显著，H12 - 1a、H12 - 1c 没有得到支持。结构嵌入、知识嵌入对并行性创业拼凑的直接影响显著，H12 - 2e、H12 - 2f 得证，H12 - 2d 没有得到支持。关系嵌入、知识嵌入对选择性创业拼凑的直接影响显著，H12 - 2a、H12 - 2c 得证，H12 - 2b 没有得到支持。选择性创业拼凑与并行性创业拼凑均直接影响知识创造绩效，H12 - 3a、H12 - 3b 得证。

表 12 - 4 　　　　　　　　　研究假设路径检验

路径	Estimate	S. E.	C. R.	P	支持性
关系嵌入→并行性创业拼凑	0.088	0.071	1.247	0.213	不支持
结构嵌入→并行性创业拼凑	0.098	0.031	3.115	0.002	支持
知识嵌入→并行性创业拼凑	0.604	0.080	7.562	***	支持
知识嵌入→选择性创业拼凑	0.402	0.071	5.652	***	支持
关系嵌入→选择性创业拼凑	0.572	0.069	8.287	***	支持
结构嵌入→选择性创业拼凑	0.018	0.029	0.631	0.528	不支持
选择性创业拼凑→知识创造绩效	0.334	0.091	3.686	***	支持
并行性创业拼凑→知识创造绩效	0.509	0.084	6.061	***	支持
关系嵌入→知识创造绩效	0.171	0.083	2.056	0.040	支持
结构嵌入→知识创造绩效	- 0.033	0.030	- 1.105	0.269	不支持
知识嵌入→知识创造绩效	- 0.162	0.084	- 1.937	0.053	不支持

（2）双元创业拼凑中介效应检验。

本研究采用麦金能（Mackinnon）的方法检验双元创业拼凑的中介效应，检验结果如表 12 - 5 所示，待检验中介选择性创业拼凑与并行性创业拼凑的置信区间不包含零点，表明可以拒绝中介效应不存在的原假设，即选择性创业拼凑在关系嵌入、知识嵌入与知识创造绩效间存在中介效应；并行性创业拼凑在结构嵌入、知识嵌入与知识创造绩效间存在中介效应。进一步支持了本章的研究 H12 - 4a、H12 - 4c、H12 - 4e、H12 - 4f，H12 - 4b、H12 - 4d 没有得到支持。这意味着，双元创业拼凑在多层网络嵌入与知识绩效间的中介效应存在差异性，企业应当根据实际需要，动态性调整创业拼凑方式。

表 12 – 5 中介效应检验

因变量	待检验中介	路径 a		路径 b		置信区间	
		系数	标准误	系数	标准误	Lower	Upper
关系嵌入	选择性创业拼凑	0.572	0.069	0.334	0.091	0.0829	0.32000
知识嵌入		0.402	0.071	0.334	0.091	0.06082	0.21821
结构嵌入	并行性创业拼凑	0.098	0.031	0.509	0.084	0.01831	0.08663
知识嵌入		0.604	0.080	0.509	0.084	0.19725	0.43032

12.5　结论与启示

本章提供了关于创新生态系统情境下众创空间中企业多层次网络嵌入—双元创业拼凑—知识创造绩效的整体解释框架，在理论层面充实了众创空间中企业创业拼凑在网络层面影响因素的探索，深化了众创空间中企业多层次网络嵌入影响知识创造绩效内部机制的研究，并在实践中为众创空间中企业克服"小而弱"的先天劣势探索创新路径提供依据和管理启示。通过实证检验，得到以下结论与启示：

众创空间中企业多层次网络不同维度对双元创业拼凑的影响存在差异。众创空间中企业关系嵌入、知识嵌入正向影响选择性创业拼凑，而结构嵌入和知识嵌入正向影响并行性创业拼凑，表明众创空间中企业与多层次网络中其他主体交往的过程中建立包括沟通、信任、承诺、包容在内的关系机制，能够促进知识、信息等资源的自由流动，提高企业对这些社会网络资源的认知与了解，从而能够将这些社会资源视为在手资源，统筹地加以创造性利用与拼凑。而选择性创业拼凑是企业选择性放弃部分机会与项目资源，减少不必要的机会成本，提高有限资源利用效率的拼凑方式。相较而言，关系嵌入和知识嵌入更有助于选择性创业拼凑的实现。而当众创空间中企业处于多层次网络中结构洞位置时，网络异质性带来了不同类型的知识与信息，为企业同时尝试多种商业机会和新的资源组合提供了条件，避免机会错失，通过并行性创业拼凑使企业在试错过程中学习和调整行为和方向。

双元创业拼凑发挥差异性的中介作用：选择性创业拼凑在关系嵌入与知识创造绩效间发挥部分中介作用；并行性创业拼凑在结构嵌入与知识创造绩效间发挥完全中介作用；双元创业拼凑在知识嵌入与知识创造绩效间发挥完全中介作用。这说明，众创空间中企业应当明确双元创业拼凑在多层次网络资源转化为知识创造绩效中的中介路径存在差异。众创空间中企业应对多层次网络嵌入状态与双元创业拼凑进行双向动态调整，以达到企业知识创造绩效的提升。一方面，当众创空间中企业进行选择性创业拼凑时，意味着企业集合力量将资源选择性地在现有机会的重点领域进行整合使用，因此众创空间中企业需要从网络中获取、整合不同领域的知识，应当加强关系嵌入与知识嵌入，提高关系强度和隐性知识的获取；当众创空间中企业进行并行性创业拼凑时，企业需要更多不同领域的异质性知识以及新的资源组合，则应当加强结构嵌入与知识嵌入，提升企业在网络中的位置，获取多方多元化知识，以探索和发现新的商业机会和项目资源。另一方面，当企业在关系嵌入、知识嵌入上具有优势时，紧密的关系带来更多网络成员间的互动、信任和包容，增强了资源交换与知识共享的意愿，加深企业对现有市场和资源的深度理解，能够更有针对性地开展选择性创业拼凑。在结构嵌入和知识嵌入上具有优势时，表明企业在网络中占据结构洞位置，企业与多层次网络主体间正式与非正式交流的沟通带来项目团队内的协作与跨团队的知识经验交流，应当考虑进行并行性创业拼凑，以驱动资源限制条件下的创新行为，推动企业将知识创造转化为应用经济效益。

12.6　本章小结

本章在第 11 章的基础上，进一步考虑网络嵌入的影响，以福建省众创空间中企业为对象收集数据，采用问卷调查法考察众创空间中企业多层次网络嵌入对知识创造绩效的影响，建立多层次网络嵌入、双元创业拼凑与知识创造绩效间相互关系的结构方程，探究其作用机制。研究结果表明：众创空间中企业关系嵌入直接影响知识创造绩效；双元创业拼凑发挥差异性的中介作用；选择性创业拼凑在关系嵌入与知识创造绩效间发挥部分中介作用；并行性创业拼凑在结构嵌入与知识创造绩效间发挥完全中介作用；双元创业拼凑在知识嵌入与知识创造绩效间发挥完全中介作用。本研究在理论层面充实了众创空间中企业创业拼凑在网络层面影响因素的探索，深化了众创空间中企业多层次网络嵌入影响知识创造绩效内部机制的研究，并在实践中为众创空间中企业克服"小而弱"与"新而弱"的双重先天劣势探索创新路径提供依据和管理启示。

第13章 众创空间中知识共享对企业创新绩效的作用

大力促进企业创新创业，打通从众创空间到企业创新的成长通道，培育和扶持企业发展，对于稳就业、强创新、促发展十分必要。[①] 随着"大众创业、万众创新"和创新驱动发展战略纵深推进，众创空间作为实现创新和创业有机结合的重要平台和载体[②]，其中知识和信息的共享很大程度上激发了市场活力和社会创造力[③]，为企业的生存与可持续发展提供了良好的环境基础。但目前学者们对于众创空间的研究多集中在内涵界定、功能的区分、案例分析、可持续发展[④]等理论方面，对于众创空间的定量研究仍较少，特别在后疫情时代，基于经济发展形势的变化，众创空间受疫情的影响情况及其对企业创新绩效的具体作用机制仍不明晰。

因此，本章在第11章、第12章的基础上重点研究知识共享与创新绩效的关系，结合后疫情时代我国创新创业发展的新态势，分析众创空间中知识共享对企业创新绩效的具体作用机制，以提出后疫情时代进一步推动众创空间企业创新发展的政策思考。

---

① 邹艳春，曾晓晴，聂琦，成雨聪. 新冠疫情下领导者人际情绪管理对员工创新绩效的影响 [J]. 中国人力资源开发，2020，37（08）：22 – 34 + 95.

② 崔海雷，吕爽. "多维协同、一体两翼"众创空间模式创新研究 [J]. 宏观经济研究，2020（07）：87 – 96.

③ 李燕萍，李洋. 价值共创情境下的众创空间动态能力——结构探索与量表开发 [J]. 经济管理，2020，42（08）：68 – 84.

④ 张玉明，赵瑞瑞，徐凯歌. 知识共享背景下众包与新创企业创新绩效——基于双元学习的中介作用 [J]. 中国科技论坛，2019（09）：136 – 145.

13.1 理论基础与研究假设

知识共享是指企业之间相互交流、交换以及传播知识。众创空间中的企业来自不同行业，它们已经意识到要保持持续创新的关键正是来自资源流通和知识沟通，在开展创新活动时很少会出现单打独斗的自我封闭式创新。众创空间内部的知识共享，被认为是提升个体创新能力、增强团队创新竞争力的有效方式之一。创客间的知识共享行为可以作为衔接团队断裂带与团队创新、个体创新的作用机制桥梁，通过知识交流、传播，企业成员间的异质性知识得到了充分的共享，不仅增加了企业所拥有的知识资源，也为企业生产活动提供了更多样化的视角和思路，从而有利于企业创新。[①] 一方面，知识共享有利于众创空间中企业内部成员之间学习交流，增强知识创造能力并提高知识流动水平，加速新知识与技术有效结合，进而转化为企业创新绩效。[②] 刘景东等指出，企业可以在知识共享后重新组合、转换并产生新知识以达到技术创新目的。[③] 汉森（Hansen）[④] 的实证研究结果表明，组织部门间知识共享水平越高，创新产品的研发成功概率越高。另一方面，知识共享促进众创空间中企业间创新合作，加快知识流动，提高企业创新绩效。泰勒等（Taylor et al.）认为，企业间合作的积极作用要依赖于共享多样性的知识才能得到有效的交流、整合和利用。[⑤] 因此，在众创空间中，企业通过知识共享，促进企业间合作与交流、创造新

---

① 张玉明，赵瑞瑞，徐凯歌. 知识共享背景下众包与新创企业创新绩效——基于双元学习的中介作用 [J]. 中国科技论坛，2019（09）：136－145.

② 喻登科，周子新. 普适性信任、知识共享宽度与企业开放式创新绩效 [J]. 科技进步与对策，2020，37（01）：112－121.

③ 刘景东，党兴华，谢永平. 不同知识位势下知识获取方式与技术创新的关系研究——基于行业差异性的实证分析 [J]. 科学学与科学技术管理，2015（01）：44－52.

④ Hansen, Morten T. Knowledge Networks: Explaining Effective Knowledge Sharing in Multiunit Companies [J]. *Organization Ence*, 2002, 13（03）：232－248.

⑤ Tyler J R, Wilkinson D M, Huberman B A. *E－mail as Spectroscopy: Automated discovery of community structure within organizations* [M]. Netherlands: Springer, 2003：143－153.

知识，提高企业创新绩效。① 故本章提出假设：

H13 - 1：在众创空间中，知识共享有利于提升企业创新绩效。

由于所处的外界环境不断变化，众创空间中的企业也需要不断加强双元学习以适应激烈的市场竞争。马奇（March）② 将双元学习划分为探索式学习与利用式学习。探索式学习是指"搜索、变异、冒险、实验、游戏、灵活性和发现"，并且它还代表探索外部环境与新知识、新技术的学习能力。③ 探索式学习所涉及的新知识可能是与原内部知识相脱离的或非常新颖的外部信息④，它强调企业进入新的市场，创造新的想法、产品和服务的长期目标。吉姆和夸克（Kim and Kuaku）⑤ 认为探索式学习是企业为适应动态环境而利用远离现有组织技能和经验的知识。而与之相比，利用式学习是"细化、选择、生产、效率、实现和执行"⑥，它包括改进当前的技术、方法和思想，即利用企业过去所积累的知识或技术所进行的组织学习行为，所以其可以使企业以较低的成本达到学习知识的目的。基于以上文献，本研究将探索式学习定义为利用外部知识形成新知识（与原有知识体系相脱离）更迭的过程与能力，将利用式学习视为企业充分挖掘已有知识并运用这些知识解决问题的过程与能力。⑦

众创空间中的企业在进行创新时，其灵感来源与技术发展离不开企业家对于外部知识的有效获取，除了企业间的知识共享外，这一过程会也涉及学习。通过与空间中其他企业的知识共享，组织学习可以在众创空间中提供企业家可行的创意与创新路径，当企业家面临创意的困境与创新的

---

① 刘宇，邵云飞，康健. 知识共享视角下联盟组合构型对企业创新绩效的影响 [J]. 科技进步与对策，2019，36（21）：134 - 140.

②⑥ March J G. Exploration and Exploitation in Organizational Learning [J]. *Organization Ence*，1991，2（01）：71 - 87.

③⑦ 张玉明，赵瑞瑞，徐凯歌. 突破知识共享困境：线上社会网络对创新绩效的影响——双元学习的中介作用 [J]. 科学学与科学技术管理，2019，40（10）：97 - 112.

④ Valaei N，Rezaei S，Ismail W K W. Examining learning strategies，creativity，and innovation at SMEs using fuzzy set Qualitative Comparative Analysis and PLS path modeling [J]. *Journal of Business Research*，2017（70）：224 - 233.

⑤ Kim N，Atuahene - Gima K. Using Exploratory and Exploitative Market Learning for New Product Development [J]. *Journal of Product Innovation Management*，2010，27（04）：519 - 536.

"瓶颈"时，为其获取创新方案。[①] 在此基础上，利用式学习能够使众创空间中的企业更高效地提升现有知识积累的应用水平和价值，从而在与创客进行知识共享的过程中更能够为开发当前技术、产品和流程奠定基础。陈侃翔等指出，促进创新的最有效方式是充分利用并改进现有的知识积累。[②] 众创空间中的企业通过利用式学习，能够在与其他企业交流的过程中迅速寻求熟悉和近似的知识，进而高效迅速地提高企业创新水平。[③] 而探索式学习则扩大了公司的知识基础，由于众创空间能够为创客提供更为丰富的交流机会，探索式学习也更能够鼓励企业脱离现有的知识体系，获取超越企业原有知识的创新能力，帮助企业推出全新的产品、创造出全新的市场或重塑当前市场、满足客户潜在的需求。[④] 故本章提出假设：

H13 - 2：在众创空间中，组织学习在知识共享对企业创新绩效的影响中起到了中介作用。

H13 - 2a：在众创空间中，探索式组织学习在知识共享对企业创新绩效的影响中起到了中介作用。

H13 - 2b：在众创空间中，利用式组织学习在知识共享对企业创新绩效的影响中起到了中介作用。

新冠疫情在给整体社会经济带来了沉重打击的同时也给企业带来了巨大的创新机遇，面对社会生活和生产方式的改变，众创空间如何应对外部动态环境的变化成为是否能够提升企业创新绩效的关键。为了应对疫情，不少地方的众创空间已将线下办公转为线上进行，在此过程中，入驻企业的知识共享方式也发生重要变化，也一定程度上保证了入驻企业间知识与信息沟通的顺畅性，在此特殊时期帮助入驻企业复工复产，为提升企业创

---

① 康益敏，朱先奇，李雪莲. 科技型企业伙伴关系、协同创新与创新绩效关系的实证研究 [J]. 预测，2019，38（05）：9 - 15.

② 陈侃翔，谢洪明，程宣梅，等. 新兴市场技术获取型跨国并购的逆向学习机制 [J]. 科学学研究，2018，36（06）：1048 - 1057.

③ 林春培，张振刚. 基于吸收能力的组织学习过程对渐进性创新与突破性创新的影响研究 [J]. 科研管理，2017，38（04）：38 - 45.

④ Lic R，Yeh C H. Leveraging the benefits of exploratory learning and exploitative learning in NPD：The role of innovation field orientation [J]. *R&D Management*，2017，47（03）：484 - 497.

新绩效提供了有效帮助。众创空间中的企业要做的不仅是按照过去的模式推动创新，而是需要进一步结合社会生产变革进行创新。[1] 新冠疫情此类重大公共卫生危机事件推动了众创空间的创新升级，而如何应对疫情冲击，无疑也是影响众创空间中知识共享及企业创新绩效的关键因素。[2] 故本章提出假设：

H13 – 3：疫情应对能力在知识共享对创新绩效的影响中起到了调节作用。即疫情应对能力越强，知识共享对创新绩效的影响就越强；疫情应对能力越弱，知识共享对创新绩效的影响就越弱。

本章概念模型如图 13 – 1 所示。

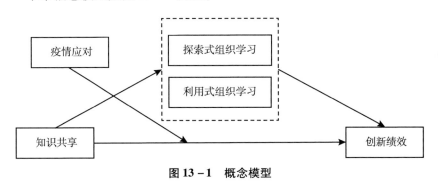

图 13 – 1　概念模型

13.2　数据分析与假设检验

13.2.1　数据获取与信效度分析

本章实证研究的数据源自第 3 章问卷二的调查结果，问卷调查过程在

---

① Gupta S, Kumar V, Karam E. New-age technologies-driven social innovation：What, how, where, and why［J］？ *Industrial Marketing Management*，2019（89）：499 – 516.

Reale F. Governing innovation systems：A Parsonian social systems perspective［J］. *Technology in Society*，2019（59）：101174. 1 – 101174. 8.

② 赖红波，孟哲. 重大公共卫生事件背景下企业传统创新与社会创新融合及创新转型研究［J］. 科技进步与对策，2020，37（14）：14 – 20.

第 3 章中已做描述。根据本章的研究内容及其与问卷二调查题项的匹配性，本章以所回收的 307 份有效样本作为分析依据。问卷调查过程、样本分布及样本数量均符合本章的研究要求。

从表 13 - 1 可以看出，变量的 Cronbach's α 系数均在 0.7 以上，测度模型的综合信度得到了较好的满足，表明具有较好的内部一致性。在效度方面，本问卷的题项均来自文献中的已有题项，故具有良好的内容效度。在此基础上，进一步对变量进行探索式因子分析，探索性因子分析结果如表 13 - 1 所示，通过最大均衡值法进行旋转，各个测量项的标准化因子负荷均大于 0.5，并且平均方差提取值（AVE）均大于 0.6，组合信度值（CR）均大于 0.7，满足效度要求。

表 13 - 1 变量因子分析与信度效度检验

变量	题项	测量变量	Cronbach's α	因子载荷	AVE	CR
知识共享	本企业所在众创空间所拥有的信息共享平台（如局域网、共享数据库等）	KS1	0.93	0.708	0.735	0.933
	我经常在众创空间内分享一些我认为比较有价值的信息	KS2		0.762		
	我经常在众创空间内分享一些相关政策或市场知识	KS3		0.764		
	我经常在众创空间内分享我处理问题的方法	KS4		0.735		
	我经常在众创空间内提出一些产品改进建议或者措施等	KS5		0.708		
探索式组织学习	本企业在众创空间中不断寻求产品/市场信息以解决高风险问题	ErL1	0.903	0.626	0.754	0.901
	本企业在众创空间中不断寻求潜在市场需求信息以开发新项目	ErL2		0.700		
	本企业在众创空间中寻求进入新领域的产品/市场信息	ErL3		0.753		

变量	题项	测量变量	Cronbach's α	因子载荷	AVE	CR
利用式组织学习	本企业在众创空间中不断寻求有用信息来解决目前产品/市场问题	EiL1	0.924	0.765	0.810	0.928
	本企业在众创空间中寻求客户与竞争者信息来完善产品/市场发展战略	EiL2		0.749		
	本企业在众创空间中强调对以往经验的运用与新知识的积累	EiL3		0.731		
疫情应对	新冠疫情下增加与众创空间中其他企业的互动对本企业的复工复产有重要帮助	Epi1	0.709	0.575	0.577	0.727
	全面复工后本企业与众创空间内其他企业的联系方式线上明显多于线下	Epi2		0.927		
创新绩效	本企业创新产品的成功率高	InP1	0.868	0.849	0.702	0.876
	本企业经常比同行更早推出新产品和服务	InP2		0.832		
	本企业通过技术创新与技术学习降低了产品生产成本	InP3		0.524		

在验证性因子分析中，模型的整体拟合情况汇总如表 13-2 所示。其中，模型 1 为零模型，所有的指标都是独立的；模型 2 为三因子模型，将组织学习和疫情应对合并为一个因子；模型 3 为四因子模型，在模型 2 的基础上将组织学习和疫情应拆分对为两个因子；模型 4 为本研究的五因子模型，即在模型 3 的基础上进一步将组织学习拆分为探索式组织学习和利用式组织学习。可以看出，本研究的五因子模型具有最好的拟合效果，说明本研究理论模型与数据拟合度良好。

表 13 – 2 多模型拟合情况汇总

模型	X^2	Df	X^2/DF	RMR	NFI	IFI	CFI
模型 1	1370.667	105	13.054	0.128	0.710	0.727	0.726
模型 2	483.542	101	4.788	0.032	0.898	0.917	0.917
模型 3	444.906	98	4.540	0.028	0.906	0.925	0.925
模型 4	393.053	94	4.181	0.027	0.917	0.936	0.935

13.2.2 描述性统计和相关分析

表 13 – 3 中描述了各变量的平均数、标准差以及 Pearson 相关系数，其中对角线上的数值为 AVE 的平方根。可以看出知识共享、探索式组织学习、利用式组织学习、疫情应对及创新绩效间基本呈显著正相关，说明变量间存在着密切的关系。

表 13 – 3 相关系数

变量	均值	标准差	相关系数				
			(1)	(2)	(3)	(4)	(5)
知识共享（1）	3.921	0.715	0.857				
探索式组织学习（2）	4.066	0.653	0.689 **	0.868			
利用式组织学习（3）	4.090	0.650	0.692 **	0.849 **	0.900		
新冠疫情（4）	3.994	0.659	0.634 **	0.676 **	0.694 **	0.760	
创新绩效（5）	3.929	0.647	0.742 **	0.724 **	0.645 **	0.613 **	0.838

注：** 表示在 1% 水平下显著。

13.2.3 假设检验

本章拟用多元线性回归分析法开展数据分析及假设检验，如表 13 – 4、表 13 – 5 所示。

表 13 - 4　　　　　　　　　　　假设检验

变量	模型 1	模型 2	模型 3	模型 4	模型 5
控制变量					
企业年龄	− 0. 004 (0. 061)	0. 028 (0. 041)	0. 068 (0. 037)	0. 076 (0. 037)	0. 073 ** (0. 036)
员工数	− 0. 087 (0. 062)	− 0. 076 (0. 041)	− 0. 107 ** (0. 037)	− 0. 111 ** (0. 037)	− 0. 097 ** (0. 036)
行业	− 0. 029 (0. 058)	− 0. 011 (0. 038)	− 0. 010 (0. 034)	− 0. 014 (0. 034)	− 0. 019 (0. 033)
年收入	0. 040 (0. 058)	0. 084 * (0. 039)	0. 059 * (0. 035)	0. 062 * (0. 034)	0. 050 (0. 034)
主效用					
知识共享		0. 746 ** (0. 038)	0. 471 ** (0. 050)	0. 439 * (0. 051)	0. 445 ** (0. 050)
中介效用					
探索式组织学习			0. 462 ** (0. 068)	0. 435 ** (0. 068)	0. 431 ** (0. 066)
利用式组织学习			− 0. 063 (0. 069)	− 0. 105 (0. 070)	− 0. 099 (0. 068)
交互作用					
新冠疫情				0. 126 ** (0. 050)	0. 117 ** (0. 049)
新冠疫情 × 知识共享					0. 124 ** (0. 031)
R^2	0. 009	0. 562	0. 652	0. 659	0. 677
F	0. 696	77. 123	79. 989	72. 040	69. 064

注： *** 表示在 0. 1% 水平下显著，** 表示在 1% 水平下显著，* 表示在 5% 水平下显著。

表 13 - 5 　　　　　　　　　　　中介效应检验

变量	直接效果			间接效果		
	Effect	LLCI	ULCI	Effect	LLCI	ULCI
知识共享→探索式 组织学习→创新绩效	0.403	0.315	0.492	0.269	0.153	0.407
知识共享→利用式 组织学习→创新绩效				-0.063	-0.212	0.075

由表 13 - 4 可知，模型 1 仅有控制变量，从模型 2 开始依次加入自变量、中介变量与调节变量。若不考虑新冠疫情的影响，在模型 2 中，知识共享对创新绩效产生显著正向作用（$\beta = 0.746$，$p < 0.001$），表明 H13 - 1 成立。模型 3 中，加入了探索式组织学习和利用式组织学习，发现探索式组织学习（$\beta = 0.462$，$p < 0.001$）对创新绩效有显著正向作用，而利用式组织学习对创新绩效的影响效果不显著，H13 - 2a 成立。进一步验证组织学习的中介效果，从表 13 - 5 中可以看出，在探索式组织学习对创业拼凑的影响中，其间接效果的置信区间不包含零，说明中介效果存在，又由于其直接效果也存在，故探索式组织学习在知识共享对创新绩效的影响中起到了部分中介作用。故 H13 - 2a 成立。而利用式组织学习的间接效果的置信区间包含零，说明利用式组织学习在知识共享对创新绩效的影响中的中介效果不显著，故 H13 - 2b 不成立。

当新冠疫情暴发，考虑到疫情对众创空间带来的冲击，在模型 4 和模型 5 中加入了疫情应对为调节变量。从模型 4 中，疫情应对对创新绩效的影响显著，说明在疫情发生动荡的环境下，企业对疫情的应对能够激发企业的创新潜能。模型 5 在对数据进行中心化处理之后，具体分析疫情对企业创新绩效的作用机制，发现加入了疫情应对与知识共享的交互项后，疫情应对的调节作用（$\beta = 0.124$，$p < 0.001$）的效果均显著，即疫情应对在知识共享对创新绩效的影响中起到了正向调节作用，说明企业若能够良好的应对疫情，知识共享对创新绩效的提升效果也会更好，H13 - 3 成立。

在此基础上，通过调节效应图可以更为直接地观察到疫情应对在知识共享对创业绩效影响中的作用。从图 13 - 2 可以看出，当企业疫情应对能力较强时，众创空间的知识共享可以更好地促进企业创新绩效的提升；反之，若企业的疫情应对能力较弱，众创空间知识共享对企业创新绩效的提升作用也较弱。

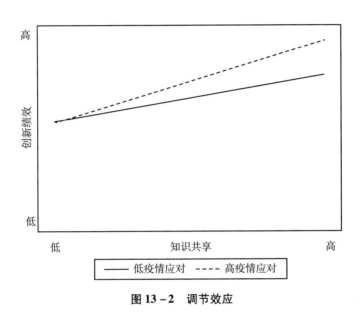

图 13 - 2 调节效应

13.3 结论与启示

2020 年初暴发的新冠疫情导致大量企业停工停产，也给众多中小型众创空间带来了沉重的打击。众创空间特别是中小型众创空间应如何在此次剧烈震荡中维持持续经营，如何通过转变众创空间发展方式，重新规划众创空间发展模式、寻求众创空间微转型来应对此次环境变化所带来的危机，这些都成为众创空间行业利益相关者亟待解决的重要问题。本研究基于后疫情时代背景，从知识共享对企业创新绩效的作用机制的探讨中，明晰组织学习的中介作用，并讨论加入疫情影响前后对模型的影响以及疫情应对能力所起到的调节作用，得到以下结论与启示。

（1）知识共享对企业创新绩效的提升发挥关键作用。后疫情时代，企业所处环境日益复杂多变，中小企业以及企业的创新之路往往面临知识资源困境，如何借助外部知识获取以适应环境变化是企业发展的关键。众创空间为企业外部知识获取提供更多可能，为企业之间的交流互动以及创新升级提供了有力的契机。① 尽管在后疫情时代，企业的聚集形式有所改变，但众创空间的管理者仍可以通过战略引领、文化宣传、学习与培训等措施，推动线上互动工具在众创空间内的应用，进而促成成员企业间知识和信息的共享，使其能够为企业探索与挖掘创新路径所用，提升企业的创新绩效。

（2）企业探索式组织学习能力的提升能够帮助企业更好地内化所获取的知识，进而提升创新绩效。研究发现，在知识共享对企业创新绩效的影响中，探索式组织学习在其中起到了部分中介作用，而利用式组织学习的中介作用不显著。这可能是由于在众创空间中企业间相互开放、共享的知识互动环境下，探索式学习更能够适应动态环境，帮助企业研究、收集和处理外部全新知识，夯实知识基础，鼓励企业脱离现有的知识体系，进而获取超越企业原有知识的创新能力。②

（3）在后疫情时代，有效提升众创空间的疫情应对能力对入驻企业的创新发展至关重要。当前，疫情等社会危机日益凸显，众创空间要具有预见性并有"危中见机"的应对之道，敏锐地捕捉未来社会方式的变革。③ 充分运用大数据、云计算、人工智能等信息技术工具，为企业搭建知识与信息沟通的平台，鼓励企业"云入驻"，丰富企业间的线上交流活动，为企业构建良好的知识共享环境，识别社会创新机遇，转变生存与发展模式，凭借市场经验和敏锐性帮助企业调整战略与资源布局，从而抓住契机

---

① 霍生平，赵葳 . 众创空间创客团队断裂带对创新行为的影响：基于知识共享的中介跨层研究［J］. 科学学与科学技术管理，2019，40（04）：94 – 108.

② 陈逢文，付龙望，张露，于晓宇 . 创业者个体学习、组织学习如何交互影响企业创新行为？——基于整合视角的纵向单案例研究［J］. 管理世界，2020，36（03）：142 – 164.

③ 吕斌，李丽 . 新冠肺炎疫情背景下互联网企业社会责任履行的创新与优化［J］. 湖北经济学院学报（人文社会科学版），2020，17（06）：39 – 42.

赢得更大创新发展。

13.4 本 章 小 结

新冠疫情的暴发，促使众创空间及入驻企业的生存与发展方式发生了极大的改变，如何抵御疫情冲击并保持企业创新活力，是后疫情时代下众创空间亟待解决的关键问题。本章通过问卷调查收集数据，运用统计分析方法，探究疫情影响下众创空间中知识共享对企业创新绩效的具体作用机制。研究发现：在众创空间中，知识共享对企业创新绩效有显著正向影响，探索式组织学习在其中发挥了部分中介作用，而疫情应对能力起到了正向调节作用。本章研究在创新环境不断变化的疫情压力下，为提高众创空间中企业创新绩效提供了有益启示。

第 5 篇

从创空间内部初创
企业的创新绩效

第14章 价值共创视角下初创企业动态能力对创新绩效的影响

在"大众创业、万众创新"的政策号召下，我国广泛掀起创新创业的浪潮。企业拥有创新的产品或服务是获取市场竞争力的关键，然而，资源的稀缺限制了初创企业对产品或服务的深度探索，因此，初创企业如何突破资源约束并提高创新绩效成为创新创业研究的重要课题。众创空间作为创新创业服务的重要载体，不仅为初创企业提供技术、融资服务和资金支持，而且还为企业提供孵化器网络环境[①]，入驻企业可以快速便捷地与众创空间内其他成员构建伙伴关系，从而获取到更多信息并提高创新能力[②]。众创空间为初创企业的创新发展提供重要的基础，深入开展关于众创空间初创企业创新绩效影响因素的研究对有效引导初创企业的创新发展具有重要的理论和实践意义。

从初创企业个体能力来看，企业要实现创新，还需要通过动态能力来识别、获取以及整合这些资源并转化为创新优势。[③] 动态能力不仅能够帮助孵化平台实现价值共创的生态优势，也可以帮助平台型企业实现价值共创模式的创新。[④] 价值共创情境下企业动态能力体现为共创发起能力（机

---

① 孙凯. 在孵企业社会资本对资源获取和技术创新绩效的影响 [J]. 中国软科学，2011 (08)：165–177.

② 韩莹. 众创空间中企业创业拼凑对创新绩效的影响研究 [J]. 科学学研究，2020，38 (08)：1436–1443.

③ Teece D J, Shuen P A. Dynamic capabilities and strategic management [J]. *Strategic Management Journal*, 1997, 18 (07)：509–533.

④ 陈凌子，周文辉，周依芳. 创业孵化平台价值共创，动态能力与生态优势 [J]. 科研管理，2021，42 (12)：9.

刘婕，谢海，张燕，等. 动态能力视角下平台型企业的价值共创演化路径探析——基于积微物联的单案例研究 [J]. 软科学，2021，35 (05)：138–144.

会识别、合作发展）与共创运作能力（资源拼凑、关系互动）。共创发起能力是指在寻找相关利益主体的价值诉求中识别机会并与其合作发展的一种协同能力；共创运作能力是指在关系互动过程中利用、协调、整合资源的能力。[①]

本章结合动态能力与价值共创理论，运用实地调研及问卷调查所得样本数据，采用多元回归分析方法探讨初创企业动态能力（共创发起能力与共创运作能力）对企业创新绩效的影响，以为初创企业在创新实践过程中如何有针对性地改进某些能力缺失或不足提供理论依据。

14.1 理论分析与研究假设

14.1.1 理论基础

根据价值共创理论，众创空间各主体间在不断开展知识、信息的交流以及频繁地创新合作基础上实现了价值共创。[②] 众创空间内各初创企业间存在着双向的合作与互动的关系，彼此间不断有知识、成果、信息等物质、能量的传递与交互，初创企业在面对资源约束时，可以通过众创空间价值网络中的信息为创新提供决策依据，以实现共创成果的最大化。[③]

根据动态能力理论，初创企业要实现创新绩效的提升，还需要具备识

---

① 李燕萍，李洋．价值共创情境下的众创空间动态能力——结构探索与量表开发 [J]．经济管理，2020，42（08）：68-84.

② 陈武，李燕萍．众创空间平台组织模式研究 [J]．科学学研究，2018，36（04）：593-600.

孙荣华，张建民．基于创业生态系统的众创空间研究：一个研究框架 [J]．科技管理研究，2018，38（01）：244-249.

③ 万文海，刘龙均．员工与用户内外协同对平台企业创新绩效的影响：基于价值共创视角 [J]．南开管理评论，2021，24（02）：72-84.

杜运周，贾良定．组态视角与定性比较分析（QCA）：管理学研究的一条新道路 [J]．管理世界，2017（06）：13.

别、获取以及整合资源并转化为自身的创新优势的能力。① 虽然众创空间内部的资源和机会的流动与共享为在孵企业创新提供了捷径，但其所提供的创新机会并未经过一对一匹配，内部资源也缺乏针对性，入驻企业仍需通过自身"动态"地更新自身需求及适应性的能力来识别机会、获取与整合这些可获得资源，主动匹配平台环境和供给资源，转化为自身的创新优势。②

共创发起能力是一种在创新创业初期对未知需求和关系的感知能力，而共创运作能力是一种在中期对于已有资源与冲突进行妥善处理的能力。③ 梳理过往文献发现，在成长阶段，企业会因具有初期成果而更能引起合作伙伴的兴趣，同时该阶段的企业不再仅依赖于价值网络中的既得利益，而会更有意愿产出新成果④，即初创企业在中期阶段会因想要获得更多的创新成果而激发其探索意愿，促使其挖掘市场中的新机会与寻找新的合作伙伴。除此之外，消化吸收能力理论也认为企业的原有资源会影响企业识别和获取新机会的能力⑤，基于此，本研究提出初创企业的共创运作能力会通过影响共创发起能力而促进创新。

14.1.2 共创运作能力与创新绩效

众创空间作为资源聚集地，内部聚集着大量资源，存在着组织冗余，

① Cohen W M, Levinthal D A. Absorptive Capacity：A New Perspective on Learning and Innovation [J]. *Administrative Science Quarterly*, 1990（35）：128 – 152.

② 陈武，李燕萍. 众创空间平台组织模式研究 [J]. 科学学研究, 2018, 36（04）：593 – 600.

黄嘉涛. 企业动态能力对价值创造的影响：共创体验的视角 [J]. 企业经济, 2017, 36（08）：8.

③ 陈武，李燕萍. 众创空间平台组织模式研究 [J]. 科学学研究, 2018, 36（04）：593 – 600.

④ 张佳悦. 企业生命周期视角下商业模式与企业绩效关系研究 [J]. 辽宁大学学报：哲学社会科学版, 2021, 49（03）：11.

⑤ Cohen W M, Levinthal D A. Absorptive capacity：A New Perspective on Learning and Innovation [J]. *Administrative Science Quarterly*, 1990, 35（01）：128.

创造性地资源拼凑是企业将组织冗余转化为创新成果的关键。[①] 入驻企业面对已有资源，通过拼凑可以实现理性规划，以一种新视角看待原有资源，摆脱创新困境，而企业之间维护良好的互动，可以保持各主体间的合作创新关系，传递和共享资源，实现创新绩效的提升。[②] 共创运作能力正是一种对现有和孵化网络资源进行整合和利用并维系内部长期合作关系以应对新挑战的能力，这种拼凑资源与维持互动关系的能力能够帮助初创企业实现高效创新。[③] 梳理过往研究也可以发现，黄艳等提出社会网络关系能够有效解除资源限制，且资源拼凑及网络强度都对企业创新绩效有正面影响[④]；森尼亚德等（Senyard et al.）[⑤] 与陈关聚等[⑥]也探讨了资源拼凑及互动强度对于创新绩效的作用。基于此，本章提出假设：

H14 -1：共创运作能力可以正向促进创新绩效。

H14 -1a：资源拼凑能力可以正向促进创新绩效。

H14 -1b：关系互动能力可以正向促进创新绩效。

14.1.3 共创运作能力与共创发起能力

资源是识别机会的基础，资源的多寡决定了机会的可开发空间。[⑦]初

---

① ⑦ 赵兴庐，刘衡，张建琦. 冗余如何转化为公司创业？——资源拼凑和机会识别的双元式中介路径研究 [J]. 外国经济与管理，2017，39（06）：14.

② 曹勇，周蕊，周红枝，等. 资源拼凑、双元学习与企业创新绩效之间的关系研究 [J]. 科学学与科学技术管理，2019，40（06）：94 -106.

张红娟，谭劲松. 联盟网络与企业创新绩效：跨层次分析 [J]. 管理世界，2014（03）：7.

③ 陈武，李燕萍. 众创空间平台组织模式研究 [J]. 科学学研究，2018，36（04）：593 -600.

④ 黄艳，陶秋燕，高腾飞. 资源拼凑：起源、研究脉络与理论框架 [J]. 科技进步与对策，2020，37（03）：151 -160.

⑤ Senyard J, Baker T, Steffens P, et al. Bricolage as a Path to Innovativeness for Resource - Constrained New Firms [J]. *Journal of Product Innovation Management*, 2014, 31（02）: 211 -230.

⑥ 陈关聚，张慧. 创新网络中组织异质性、互动强度与合作创新绩效的关系 [J]. 中国科技论坛，2020（02）：8.

创企业在面临资源约束时，会运用不同的拼凑逻辑来整合不同类型的资源，资源在这种创造性地运用下达到了识别与开发机会的目的。① 拼凑视角也使企业可以突破传统思维的局限，解除对原有资源用途的"锁定"限制，提升了企业的资源配置能力。由此，可以发现资源拼凑与机会识别能力两者之间是相互补充、相互制约的关系。除此之外，企业之间关系的紧密程度也会影响其机会识别能力，如陈文沛认为企业间的关系网络质量可以直接影响企业机会识别的结果，并提出创业学习在其中起中介作用。② 共创运作能力体现在企业对于冗余资源与合作关系进行的动态调整和有效整合上，这种通过众创空间内部互助机制所实现的能力，正可以促进企业间开展项目众包，实现机会流通，最终达到机会识别能力增强的目的。③ 因此，本章提出假设：

H14 – 2：共创运作能力对提升机会识别能力具有正向影响。

H14 – 2a：资源拼凑能力对提升机会识别能力具有正向影响。

H14 – 2b：关系互动能力对提升机会识别能力具有正向影响。

资源基础理论提出企业能力将影响资源配置过程，从而影响企业发展，而资源包括有形资源与无形资源（网络、关系等），由此也可以得出资源拼凑对于企业之间的合作具有促进作用。④ 除此之外，结合社会资本理论的观点，社会联系是企业的重要资本，企业通过互动可以增强技术创新合作关系，丰富企业的信息来源渠道，同时企业在社会网络中的地位将得到提高。有学者也认为互动与联系频率的上升，能够帮助伙伴间建立互

① 王扬眉，吴琪，罗景涛. 家族企业跨国创业成长过程研究——资源拼凑视角的纵向单案例研究 [J]. 外国经济与管理，2019（06）：21.

Baker T，Nelson R. Creating Something from Nothing：Resource Construction through Entrepreneurial Bricolage [J]. *Administrative Science Quarterly*，2005，50（03）：329 – 366.

② 陈文沛. 关系网络与创业机会识别：创业学习的多重中介效应 [J]. 科学学研究，2016，34（09）：6.

③ 李燕萍，李洋. 价值共创情境下的众创空间动态能力——结构探索与量表开发 [J]. 经济管理，2020，42（08）：68 – 84.

④ Klingebiel R，Meyer A D. Becoming Aware of the Unknown：Decision Making During the Implementation of a Strategic Initiative [J]. *Organization Science*，2012，24（01）：133 – 153.

于晓宇，李雅洁，陶向明. 创业拼凑研究综述与未来展望 [J]. 管理学报，2017，14（02）：306 – 316.

信合作关系，初创企业通过这种社会网络进行互动更能实现企业间的高质量合作联盟关系。① 综合来看，共创运作能力帮助初创企业在共创过程中进行持续互动与资源交换，提升了其合作强度，并有利于企业的后续发展，为创新价值实现提供了支撑。② 基于此，本章提出假设：

H14 - 3：共创运作能力对提升初创企业合作发展能力具有正向影响。

H14 - 3a：资源拼凑能力对提升初创企业合作发展能力具有正向影响。

H14 - 3b：关系互动能力对提升初创企业合作发展能力具有正向影响。

14.1.4 共创发起能力与创新绩效

机会只有在被发现或创造时才能带来价值，机会识别是企业竞争优势的重要来源。梳理过往研究发现，赵杰认为机会识别能力与突破式创新具有紧密联系③；蒋豪等也提出机会识别能力对于提升初创企业创新绩效具有重要作用④。除此之外，合作发展能力也能够帮助初创企业彼此间形成协同共生关系，在发挥各自相对优势的情况下实现创新协同。⑤ 共创发起能力是一种能够帮助初创企业准确识别其所需要的产品和服务以及塑造价值共创合作的愿景和目标的能力⑥，对于初创企业而言，众创空间为其提供了良好的平台合作环境，内部蕴含有大量的潜在机会，初创企业也可以

---

① Penttil K，Ravald A，Dahl J，et al. Managerial sensemaking in a transforming business ecosystem：Conditioning forces，moderating frames，and strategizing options [J]. *Industrial Marketing Management*，2020，91（April 2016）.

②⑥ 李燕萍，李洋. 价值共创情境下的众创空间动态能力——结构探索与量表开发 [J]. 经济管理，2020，42（08）：68 - 84.

③ 赵杰. 基于神经网络的企业突破性创新要素与创新绩效关系研究 [J]. 科技管理研究，2016，36（22）：26 - 33.

④ 蒋豪，路正南，朱东旦. 创业者外部关系构建与初创企业创新绩效：机会能力视角 [J]. 科技进步与对策，2019，36（08）：5.

⑤ 陈武，李燕萍. 嵌入性视角下的平台组织竞争力培育——基于众创空间的多案例研究 [J]. 经济管理，2018，40（03）：74 - 92.

刘美芬，胡安洪. 互联网时代提升国有企业合作创新绩效研究——基于动态能力视角 [J]. 理论探讨，2020（06）：6.

在合作发展的过程中更好地实现协同创新。因此，本章提出假设：

H14 - 4：共创发起能力对创新绩效具有正向作用。

H14 - 4a：机会识别能力对创新绩效具有正向作用。

H14 - 4b：合作发展能力对创新绩效具有正向作用。

14.1.5 共创发起能力的中介作用

共创运作能力可以使企业在众创空间内部关系网络中实现对外部及自身资源潜在作用的开发和提升，促进价值共创的实现，而企业之间的这种共享资源的互动过程，也促进了其机会识别能力的提升，从而正面提升创新绩效。[①] 消化吸收能力理论也认为企业原有的资源积累会影响企业识别和获取新资源的能力，对创新至关重要。梳理过去文献，吴航等实证验证了机会识别能力在出口与创新绩效、对外直接投资与创新绩效之间均起到部分中介作用[②]；吴松强等检验了跨界合作在嵌入性创新网络与创新能力中的中介影响[③]。在实践中，众创空间内部入驻的企业包含上下游相关产业，并构建了产业链资源生态圈，不仅实现了同类企业间的合作，也促进了不同类型企业的共同发展，企业的合作发展能力可以帮助企业更好地实现众创空间内部资源的流动及自身发展。由此，本章认为共创发起能力是共创运作能力与初创企业创新绩效之间的"桥梁"，其可以通过作用于共创发起能力而激活创新绩效，是提升创新绩效的重要变量。基于此，本章提出假设：

H14 - 5：共创发起能力在共创运作能力和初创企业创新绩效间起部分中介作用。

---

① 李燕萍，李洋. 价值共创情境下的众创空间动态能力——结构探索与量表开发 [J]. 经济管理，2020，42（08）：68 - 84.

曹洲涛，欧阳素珊. 多重网络嵌入性对团队创新绩效的双刃剑效应——动态能力的中介作用 [J]. 科技进步与对策，2020，37（24）：142 - 151.

② 吴航，陈劲. 新兴经济国家企业国际化模式影响创新绩效机制——动态能力理论视角 [J]. 科学学研究，2014，32（08）：9.

③ 吴松强，尹航，蔡婷婷. 嵌入性创新网络，跨界合作与先进制造业企业创新能力——基于长三角地区先进制造业集群的实证研究 [J]. 华东经济管理，2021，35（04）：8.

H14 - 5a：机会识别能力在共创运作能力和初创企业创新绩效间起部分中介作用。

H14 - 5b：合作发展能力在共创运作能力和初创企业创新绩效间起部分中介作用。

综上所述，本部分构建共创运作能力、共创发起能力与初创企业创新绩效的概念模型，具体如图 14 - 1 所示。

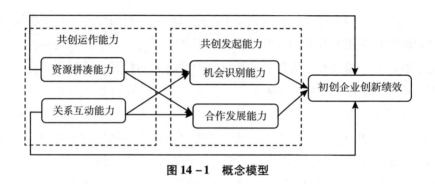

图 14 - 1　概念模型

14.2　研　究　设　计

14.2.1　数 据 的 收 集

本章实证研究的数据源自第 3 章问卷二的调查结果，问卷调查过程在第 3 章中已做描述。根据本章的研究内容及其与问卷二调查题项的匹配性，本章以其中 189 份有效样本作为分析依据。问卷调查过程、样本分布及样本数量均符合本章的研究要求。

14.2.2　变 量 测 量

问卷设计采用 Likert 五级量表，研究变量参照成熟量表及权威文献。

本部分参考焦豪（2011）[1]、李燕萍等[2]、里特尔（Ritter）[3] 等学者的量表设计问卷题项，其中，共创发起能力（机会识别能力、合作发展能力）与共创运作能力（资源拼凑能力、关系互动能力）代表题项如"本企业在众创空间中不断寻求潜在市场需求信息以开发新项目""本企业在众创空间中不断寻求有用信息来解决目前产品/市场问题""本企业在众创空间寻求客户与竞争者信息来完善产品/市场发展战略"与"本企业能够通过与众创空间中其他企业的交流来完善工作方式""本企业能够通过与众创空间中其他企业的交流来改善相关技术"等；创新绩效代表题项如"本企业创新产品的成功率高"。

14.3　回归及结果分析

14.3.1　描述性统计分析

在将问卷数据进行录入和整理后，对 189 家企业样本进行描述性统计，发现有 93.65% 的企业线下入驻于众创空间中，6.35% 的企业线上入驻于众创空间中；企业所属行业的分布为信息传输、软件和信息技术服务业最高，占 34.92%，其次为批发和零售业（12.17%），以及文化、体育和娱乐业（11.64%），其余行业占比均不足 10%；对 2019 年营业额进行统计，少于 10 万元人民币的企业占 17.99%，10 万 ~ 50 万元（不含）的企业占 30.16%，50 万 ~ 100 万元（不含）的企业占 17.46%，100 万 ~ 500 万元（不含）的企业占 14.29%，500 万元及以上的企业占 6.88%，还有 13.22% 的

---

① 焦豪. 双元型组织竞争优势的构建路径：基于动态能力理论的实证研究 [J]. 管理世界，2011（11）：76 – 91.

② 李燕萍，李洋. 价值共创情境下的众创空间动态能力——结构探索与量表开发 [J]. 经济管理，2020，42（08）：68 – 84.

③ Ritter T, Gemunnden H G. The impact of a company's business strategy on its technological competence, network competence and innovation success [J]. *Journal of Business Research*, 2004, 57（05）：548 – 556.

企业暂无营业额。除此之外，数据分析结果显示，问卷中各测量题项的均值在3.9以上，标准差均小于0.75，初步判定问卷数据稳定性较好。

14.3.2 信度与效度分析

经因子分析测量结构效度，KMO检验统计量值为0.929，显著性Sig.值为0.000，累计方差贡献率为73.332%，因子载荷大于0.75，构念平均萃取方差（AVE）值均大于0.7；在信度检验中，各变量的克朗巴哈系数（Cronbach's α）和组合信度（CR）均在0.85以上。由此证明本问卷信效度良好，具体数据如表14-1所示。

表14-1   信度和效度分析

变量		最小因子荷载	Cronbach's α	CR	AVE
共创运作能力	资源拼凑能力	0.865	0.937	0.938	0.835
	关系互动能力	0.929	0.953	0.954	0.872
共创发起能力	机会识别能力	0.751	0.945	0.947	0.748
	合作发展能力	0.908	0.948	0.948	0.860
创新绩效		0.780	0.880	0.882	0.714

14.3.3 相关分析

运用皮尔逊法对各变量进行相关分析，发现相关系数均在0.555～0.793，且在1%的置信水平上显著，变量相关性良好，证明本部分假设合理。各变量间具体相关系数如表14-2所示。

表14-2   相关分析

变量		共创运作能力		共创发起能力		初创企业创新绩效
		资源拼凑能力	关系互动能力	机会识别能力	合作发展能力	
共创运作能力	资源拼凑能力	—				
	关系互动能力	0.736**	—			

续表

变量		共创运作能力		共创发起能力		初创企业创新绩效
		资源拼凑能力	关系互动能力	机会识别能力	合作发展能力	
共创发起能力	机会识别能力	0.668 **	0.555 **	—		
	合作发展能力	0.793 **	0.753 **	0.630 **	—	
初创企业创新绩效		0.675 **	0.622 **	0.694 **	0.657 **	—

注：*** 表示在 0.1% 水平下显著，** 表示在 1% 水平下显著，* 表示在 5% 水平下显著。

14.3.4 回归分析

本部分对三组潜变量进行多元回归分析，即共创发起能力（机会识别能力、合作发展能力）、共创运作能力（资源拼凑能力、关系互动能力）与创新绩效。通过运用 SPSS 软件，探究和检验各变量间的关系。除此之外，为避免多重共线性问题，对 VIF 值进行检验，当 VIF 值小于 10 时，符合要求，模型 1~6 中的 VIF 值均符合要求。回归分析结果具体如表 14-3 所示。

表 14-3　　　　　　　　　　回归分析结果

变量		因变量					
		共创发起		初创企业创新绩效			
		机会识别能力	合作发展能力				
		模型 1	模型 2	模型 3	模型 4	模型 5	模型 6
自变量							
共创运作能力	资源拼凑能力	0.527 *** (7.069)	0.530 *** (8.672)	0.450 *** (6.122)		0.228 *** (3.038)	0.329 *** (3.843)
	关系互动能力	0.119 * (1.740)	0.344 *** (6.125)	0.239 *** (3.541)		0.189 *** (3.061)	0.161 ** (2.208)

续表

变量		因变量					
		共创发起		初创企业创新绩效			
		机会识别能力	合作发展能力				
		模型 1	模型 2	模型 3	模型 4	模型 5	模型 6
自变量							
共创发起	机会识别能力				0.473 *** (7.416)		
	合作发展能力				0.340 *** (5.822)		
中介变量							
共创发起	机会识别					0.421 *** (6.426)	
	合作发展						0.227 ** (2.616)
常数项		1.406 *** (6.565)	0.485 *** (2.759)	1.159 *** (5.489)	0.670 *** (3.120)	0.567 *** (2.668)	1.049 *** (4.946)
R^2		0.455	0.691	0.490	0.561	0.583	0.508
ΔR^2		0.449	0.688	0.485	0.556	0.576	0.500
F		77.593 ***	208.322 ***	89.390 ***	118.838 ***	86.271 ***	63.747 ***

注: ***、**、* 分别代表在1%、5%、10%的置信水平上显著；括号内是 t 统计量。

（1）共创运作能力对共创发起能力的回归分析。

模型1以共创运作能力（资源拼凑能力、关系互动能力）为自变量，机会识别能力为因变量进行回归，结果显示共创运作能力对机会识别能力有显著的正向促进作用，R^2 是 0.455，调整 R^2 是 0.449，F 值为 77.593，在1%的水平上显著；资源拼凑能力的系数为 0.527，t 值为 7.069，$p < 0.01$；关系互动能力的系数为 0.119，t 值为 1.740，$p < 0.1$。可见，资源拼凑能力、关系互动能力正向影响机会识别能力，H14 - 2、H14 - 2a、

H14 - 2b 得到支持。

模型 2 以共创运作能力（资源拼凑能力、关系互动能力）为自变量，以合作发展能力为因变量进行回归，结果表明共创运作能力对合作发展能力有显著的正向影响，R^2 是 0.691，调整 R^2 是 0.688，F 值为 208.322，在 1% 的水平上显著；资源拼凑能力的系数为 0.530，t 值为 8.672，$p < 0.01$；关系互动能力的系数为 0.344，t 值为 6.125，$p < 0.01$。可见，资源拼凑能力、关系互动能力正向影响合作发展能力，H14 - 3、H14 - 3a、H14 - 3b 得到支持。

（2）共创运作能力对初创企业创新绩效的回归分析。

模型 3 是以共创运作能力的两个维度——资源拼凑能力、关系互动能力为自变量，以创新绩效为因变量进行回归。模型 3 结果显示，共创运作能力能显著促进初创企业创新绩效，R^2 是 0.490，调整 R^2 是 0.485，F 值为 83.390，在 1% 的水平上显著；资源拼凑能力的系数为 0.450，t 值为 6.122，$p < 0.01$；关系互动能力的系数为 0.239，t 值为 3.541，$p < 0.01$。可见，资源拼凑能力、关系互动能力对初创企业创新绩效具有正面作用，H14 - 1、H14 - 1a、H14 - 1b 得到支持。

（3）共创发起能力对初创企业创新绩效的回归分析。

模型 4 是以共创发起能力的两个维度——机会识别能力、合作发展能力为自变量，创新绩效为因变量进行回归检验。模型 4 中共创发起能力能够正向促进初创企业创新绩效，R^2 是 0.561，调整 R^2 是 0.556，F 值为 118.838，在 1% 的水平上显著；机会识别能力的系数为 0.473，t 值为 7.416，$p < 0.01$；合作发展能力的系数为 0.340，t 值为 5.822，$p < 0.01$。可见，机会识别能力、合作发展能力对初创企业创新绩效有正向作用，H14 - 4、H14 - 4a、H14 - 4b 得到支持。

（4）共创发起能力的中介作用分析。

在模型 5 中，以模型 3 中自变量——资源拼凑能力、关系互动能力为基础，再加入中介变量机会识别能力进行回归分析。结果表明，共创运作能力、机会识别能力均正向影响创新绩效，资源拼凑能力的系数为 0.228，t 值为 3.038，$p < 0.01$；关系互动能力的系数为 0.189，t 值为 3.061，$p < 0.01$；机会识别能力系数为 0.421，t 值为 6.426，$p < 0.01$，F 值为

86.271，R^2 是 0.583，调整 R^2 是 0.576，较之模型 3 的拟合优度有所提升。由此说明，共创运作能力在直接正向促进初创企业创新绩效的同时，也通过影响机会识别能力，从而进一步作用于创新绩效，即机会识别能力在共创运作能力与创新绩效间起部分中介作用，H14 – 5a 得到支持。

在模型 6 中，以模型 3 中自变量资源拼凑能力、关系互动能力为基础，加入合作发展能力作为中介变量进行检验。结果表明，共创运作能力与合作发展能力均对初创企业创新绩效有显著正向影响，资源拼凑能力的系数为 0.329，t 值为 3.843，p < 0.01；关系互动能力的系数为 0.161，t 值为 2.208，p < 0.05；合作发展能力的系数为 0.227，t 值为 2.616，p < 0.05，F 值为 63.747，R^2 是 0.508，调整 R^2 是 0.500，较之模型 3 的拟合优度有所提升。由此也说明，共创运作能力在直接正向促进初创企业创新绩效的同时，也通过影响合作发展能力，从而进一步作用于创新绩效，即合作发展能力在共创运作能力和初创企业创新绩效间起到部分中介作用，H14 – 5b 得到支持。

综合模型 5 与模型 6 可知，共创发起能力在共创运作能力与创新绩效间起部分中介作用，H14 – 5 得到支持。

14.3.5　稳健性检验

本部分采用 Bootstrap 方法，对共创发起能力（机会识别能力、合作发展能力）的中介作用进行稳健性检验，将样本量设置为 5000，置信区间为 95%。检验结果显示置信区间均不包含 0，中介效应显著，即 H14 – 5a 与 H14 – 5b 得到支持，具体结果如表 14 – 4 所示。

表 14 – 4　　　　　　　　稳健性检验分析结果

变量		效应量系数	置信区间	
			LLCI	ULCI
资源拼凑能力	机会识别能力	0.278	0.160	0.435
	合作发展能力	0.246	0.082	0.418

变量		效应量系数	置信区间	
			LLCI	ULCI
关系互动能力	机会识别能力	0.243	0.145	0.378
	合作发展能力	0.285	0.163	0.407

14.4 结论与启示

本章结合福建省 189 家众创空间内入驻企业调研的结果，运用回归分析方法分析企业动态能力（共创发起能力、共创运作能力）与初创企业创新绩效的关系。研究发现：（1）共创发起能力（机会识别能力、合作发展能力）与共创运作能力（资源拼凑能力、关系互动能力）对初创企业创新绩效均有正向促进作用；（2）共创发起能力（机会识别能力、合作发展能力）在激活初创企业创新绩效时起部分中介作用，价值共创情境下动态能力对创新绩效的影响包括共创运作能力（资源拼凑能力、关系互动能力）→机会识别能力→初创企业创新绩效、共创运作能力（资源拼凑能力、关系互动能力）→合作发展能力→初创企业创新绩效、共创运作能力（资源拼凑能力、关系互动能力）→初创企业创新绩效三条路径，共创发起能力作为中介变量更好地解释了初创企业实现创新的作用路径。

基于以上结论提出如下管理启示：共创发起能力（机会识别能力、合作发展能力）与共创运作能力（资源拼凑能力、关系互动能力）是影响初创企业创新绩效与价值共创的重要前置因素。对初创企业而言，企业不能单依赖于平台资源供给，应从内生角度积极提升自身能力，灵活运用众创空间内部供给资源并发掘外部资源。企业可以通过建立人才奖励制度吸引优秀创新人才，或通过与学研机构进行合作，专门培训、联合培养等方式积累人才，以提升企业内部人员的创新能力，帮助初创企业补足创新创业初期的短板，突破过分依赖外界援助与自身能力不足的"瓶颈"。对众创空间而言，众创空间应转变思路授人以渔，着重培育企业能力，如通过举办创业沙龙、创新论坛等正式活动或组织团建、茶话会等非正式活动，增强入驻企业间的协同能力，联结企业之间的合作纽带，增强企业对机会的感知和识别能力，营造浓烈的创新氛围，提升整个平台生态系统的价值创造效率，同时也可以安排优秀的导师，为初创企业进行培训与指导，为企业在创新创业初期摸索阶段提供愿景规划等服务，为入孵企业的成长提供切实有效的支持和帮助。

14.5 本 章 小 结

本章结合动态能力与价值共创理论，运用实地调研及问卷调查所得189 家样本数据，采用多元回归分析方法探讨价值共创视角下初创企业共创发起能力与共创运作能力对企业创新绩效的影响。研究发现，共创发起能力与共创运作能力对初创企业创新绩效均有正向促进作用，共创发起能力在激活初创企业创新绩效时起部分中介作用，价值共创情境下动态能力对创新绩效的影响包括三条路径。

第 15 章 众创空间资源拼凑对初创企业创新绩效的影响

已有关于众创空间初创企业绩效影响因素的研究主要关注网络关系、财税支持工具、合作环境、创业培训环境和金融支持等环境因素。[①] 虽然众创空间内外环境对企业绩效具有重要作用，但同一众创空间中不同企业的创新绩效不尽相同。企业创新绩效不仅受到环境的影响，而且也可能因为企业个体能力不同而产生不同的效果，因此，探索初创企业创新绩效需要系统考虑多因素的共同影响。为使研究结论更加符合实际，本章结合初创企业个体视角以及众创空间环境视角开展研究。

众创空间在成长中显露出的主要问题之一是过度依赖政府补贴，适度的政府补贴对众创空间绩效具有正向的影响，然而，政府补贴与众创空间资金绩效存在倒 "U" 形关系[②]，这意味着并不是政府补贴越多越有助于提升众创空间绩效。由此可见，在外部资源的支持下，如何提升众创空间内部效率是研究中亟待解决的问题。初创企业的 "新" 和 "小" 是其获取资源的双重困境，从企业个体视角来看，如果能够打破传统思维的惯性，通过对各种资源的不同组合可能为企业带来意想不到的创新效果，这意味着初创企业的资源拼凑成为提升创新绩效的重要影响因素。贝克和尼尔森（Baker and Nelson）[③] 首次采用 "拼凑" 概念解释企业管理，认为资

---

① 韩莹. 众创空间中企业创业拼凑对创新绩效的影响研究 [J]. 科学学研究，2020，38 (08)：1436 – 1443.

沈嫣，顾秋阳，吴宝. 财税支持、融资获取与众创空间创新绩效——基于浙江的经验研究 [J]. 浙江学刊，2021 (03)：117 – 124.

② 王海花，赵鹏瑾，周位纱，等. 地理邻近性与众创空间成长 [J]. 科学学研究，2022，40 (01)：160 – 171.

③ Baker T, Nelson R. Creating Something from Nothing: Resource Construction through Entrepreneurial Bricolage [J]. *Administrative Science Quarterly*, 2005, 50 (03): 329 – 366.

源拼凑可以帮助企业摆脱资源困境并提高企业创新绩效。通过资源拼凑企业不仅可以充分利用外部资源和内部的零碎资源，而且还能打破思维局限并识别出新的商业机会或开发出新产品①；此外，如何通过提高对资源和环境的认识，从而识别出开发新产品、新技术的机会是提高创新绩效的关键，即机会识别可能在资源拼凑与创新绩效之间起到中介作用；从平台环境视角来看，作为大量初创企业孵化的平台，众创空间如果能够及时帮助企业方便快捷地找到合作伙伴，这将有助于伙伴企业之间提升信息交流程度和创新协作程度，由此提升资源利用效率和协同合作效率。可见，良好的伙伴匹配性是众创空间为入驻企业提供的重要环境因素。

15.1 理论分析与研究假设

15.1.1 资源拼凑与创新绩效

李维·斯特劳斯（Lévi – Strauss）② 最早提出"拼凑"的概念，将其定义为人们重新发现现有事物的内在价值以及利用已有资源来解决新问题的能力，因此，可以将资源拼凑作为设计理念，引导初创企业有意使用外部资源来开发新的产品和想法③。资源拼凑有助于企业提升创新绩效，具体理由包括以下两个方面：首先，资源拼凑帮助初创企业缓解创新资源的稀缺问题和开辟创造新资源的优势。资源拼凑强调在资源匮乏的环境下关注创新，利用手边资源以应对新的挑战④，多数初创企业规模较小，资源

---

① 周飞，钟泓琳，林一帆. 外部创新知识搜寻、资源拼凑与双向开放式创新的关系 [J].科研管理，2020，41（08）：23 – 30.

② Lévi – Strauss C. The Savage Mind [J]. *Man（New Series）*，1968（03）：488.

③ 孙永波，丁沂昕，杜双. 冗余资源、资源拼凑与创业机会识别的非线性关系研究 [J].科研管理，2022，43（01）：105 – 113.

④ Cunha M P E，Rego A，Oliveira P，et al. Product Innovation in Resource – Poor Environments：Three Research Streams [J]. *Journal of Product Innovation Management*，2014，31（02）：202 – 210.

有限，拼凑思想使企业重新审视所拥有的资源，从资源排列组合中寻求机会①。从资源基础观的角度看，资源拼凑不仅有利于解决企业资源束缚问题，同时在资源冗余情境下，拼凑战略还能为企业创造具有独特性和难以模仿的新资源，为企业开展创新夯实基础②。其次，资源拼凑能够帮助企业扫除创新的障碍。初创企业由于新生弱小，在创新过程中常常面临缺乏经验、创意不足的困境，由此影响企业创新活动及其创新绩效。此时，企业可基于众创空间网络跨行业、跨领域以及部门通过资源拼凑来构建新的产品概念、创意以及材料，从而使企业获取较好的创新绩效。③ 综上，提出假设：

H15－1：资源拼凑正向影响企业创新绩效。

15.1.2　机会识别的中介作用

虽然资源拼凑不一定给企业直接带来创新绩效，但资源拼凑能够帮助初创企业缓解创新资源的稀缺问题和开辟创造具有独特性和难以模仿的新资源④，根据该逻辑，资源拼凑能够通过探索新资源和利用已有资源来提高组织适应性和稳定性，帮助企业建立机会识别能力。与成熟企业相比，初创企业市场定位不够明确、顾客关系不够稳固，机会识别为企业快速适应市场环境进而提升创新绩效提供了机会：首先，机会识别能够帮助企业从外部资源中及时筛选冗余信息，减少创新活动的不确定性。其次，当面向大量的技术创新信息时，企业能够快速从外部环境中识别新技术与新市场⑤，发现并获取与企业最为匹配的有效技术机会⑥。最后，从识别的机

① Baker T，Nelson R. Creating Something from Nothing：Resource Construction through Entrepreneurial Bricolage [J]. *Administrative Science Quarterly*，2005，50（03）：329－366.

② Cunha M P E，Rego A，Oliveira P，et al. Product Innovation in Resource－Poor Environments：Three Research Streams [J]. *Journal of Product Innovation Management*，2014，31（02）：202－210.

③ Preeta，M.，Banerjee，et al. Inventor bricolage and firm technology research and development [J]. *R&D Management*，2009，39（05）：473－487.

④ 吴亮，刘衡. 资源拼凑与企业创新绩效研究：一个被调节的中介效应 [J]. 中山大学学报（社会科学版），2017，57（04）：193－208.

⑤ 田莉. 机会导向型的新技术企业商业化战略选择——基于技术属性与产业环境匹配的视角 [J]. 经济管理，2008（Z1）：40－43.

⑥ David，Teece J. Capturing value from knowledge assets：the new economy，markets for know-how，and intangible assets [J]. *California Management Review*，1998，40（03）：55－79.

会效果来看，机会识别帮助企业在与供应商、顾客等利益相关者交互的过程中获取有用的知识①，这些知识包括显现知识和隐性知识。其中，显性知识通过加工储存在数据库中供员工使用，促进企业进行利用式创新；隐性知识通过人际交往在企业内部传播，能够提升员工创造性思维，有利于企业探索式创新。② 基于以上分析，提出假设：

H15 - 2：机会识别在资源拼凑对创新绩效的影响过程中起部分中介作用。

15.1.3　伙伴匹配性的调节作用

伙伴匹配性指不同企业在目标、文化上的相容性以及在资源和能力上的互补性③，反映了伙伴企业在方向一致、组织氛围融洽以及资源技术上相互补充、共同进步的程度。学者们在企业战略联盟、合资与并购、供应链管理等不同的研究领域都提到伙伴匹配性④，多数研究从资源互补性以及合作关系、网络位置的相似性等伙伴间相互依赖视角来解释什么是伙伴匹配性⑤。

根据商业模式的不同，众创空间的类型可分为侧重成本降低和自身效率提高的效率维护型、侧重完成其社会公益组织功能的中庸型。⑥ 效率维护型众创空间的运营方大多为产业龙头企业，它们具有所处领域的资源能

---

① 唐靖，姜彦福. 创业能力的概念发展及实证检验 [J]. 经济管理，2008（09）：51 - 55.

② 焦豪. 双元型组织竞争优势的构建路径：基于动态能力理论的实证研究 [J]. 管理世界，2011（11）：76 - 91.

③④ 马文聪，叶阳平，徐梦丹，等. "两情相悦"还是"门当户对"：产学研合作伙伴匹配性及其对知识共享和合作绩效的影响机制 [J]. 南开管理评论，2018，21（06）：95 - 106.

⑤ Reuer J J, Lahiri N. Searching for Alliance Partners：Effects of Geographic Distance on the Formation of R&D Collaborations [J]. *Organization Science*, 2014, 25（01）：283 - 298.

Rothaermel F T, Boeker W. Old technology meets new technology：Complementarities, similarities, and alliance formation [J]. *Strategic Management Journal*, 2008, 29（01）：47 - 77.

⑥ 卫武，赵璇. 画布视角下不同类型众创空间的商业模式：一个多案例比较研究 [J]. 科技进步与对策，2021，38（09）：1 - 8.

力优势和中心地位①,可以通过汇集产业链上下游企业构建产业支撑下的垂直孵化运营模式,而入驻企业也在核心企业的引导力、影响力与控制力的作用之下逐渐发展起来。此类众创空间具有高伙伴匹配性,机会识别对创新绩效的促进作用显得尤为突出。众创空间将外部市场对接作为关键业务,利用其关系密切的关键伙伴和关键资源,加快交易速度,减少中间环节,极大降低信息不对称性、交易不确定性与复杂性及人的有限理性。②伙伴目标的协同有助于合作双方在合作过程中达成共识(Angeles,2011)。目标协同还能加深彼此间的互信,进而建立更稳定的合作关系。③由此,高伙伴匹配环境下,初创企业更易于高效识别创新发展的机会以及更快地利用机会④,从而加快创新的速度和提升绩效。

中庸型众创空间主要是在政府支持下的非营利性众创空间,以追求社会价值为首要目标,以营利为次要目标,在效率维护和价值创造方面都没有显示出特别的偏好。⑤此类众创空间侧重完成其社会公益组织功能,如依托高校实现学生创新创业教育目的,参与主体之间的伙伴匹配关系不明显。如果选择与目标不协同或不匹配的伙伴进行合作,那么在合作过程中很可能会遇到较大的障碍。⑥文化不相容的两个伙伴之间的合作,其合作绩效不能达到预期,会导致更低的生产率、更低的财务绩效产出、更低的关系满意度和更多的合作冲突等。⑦在这种低伙伴匹配环境下,企业目标

---

① 王海花,赵鹏瑾,周位纱,等.地理邻近性与众创空间成长 [J].科学学研究,2022,40 (01):160–171.

② 江积海,王烽权.O2O 商业模式的创新导向:效率还是价值?——基于 O2O 创业失败样本的实证研究 [J].中国管理科学,2019,27 (04):56–69.

③ 马文聪,叶阳平,徐梦丹,等.“两情相悦”还是“门当户对”:产学研合作伙伴匹配性及其对知识共享和合作绩效的影响机制 [J].南开管理评论,2018,21 (06):95–106.

④ 刘泓辰,王兴元.创业者网络管理能力与创业机会识别及开发——一个有调节的中介模型 [J].科技进步与对策,2020,37 (21):1–9.

⑤ 彭伟,于小进,郑庆龄,等.资源拼凑、组织合法性与社会创业企业成长——基于扎根理论的多案例研究 [J].外国经济与管理,2018,40 (12):55–70.

⑥ Das T K, He I Y. Entrepreneurial firms in search of established partners:review and recommendations [J]. *International Journal of Entrepreneurial Behavior & Research*,2006,12 (03):114–143.

⑦ Pothukuchi V, Damanpour F, Choi J, et al. National and organizational culture differences and international joint venture performance [J]. *Journal of International Business Studies*,2002,33 (02):243–265.

是完成主管部门制定的年度工作目标，因此，机会识别筛选冗余信息、识别新技术和新市场的重要性降低，企业通过寻求战略联盟、内部研发等其他方式来调动资源[①]，因此，此类众创空间中的企业对风险高度厌恶和规避[②]，机会识别对创新绩效的影响也不明显。综上，提出假设：

H15-3：伙伴匹配性调节了机会识别能力和创新绩效之间的关系：伙伴匹配性越高，机会识别与创新绩效之间的作用就越强，反之则越弱。

如前文所述，一方面，资源拼凑通过机会识别的中介机制提升初创企业创新绩效；另一方面，根据权变的视角，高伙伴匹配性有助于增强机会识别与创新绩效之间的关系。综合以上两个方面的论述，伙伴识别也可能对资源拼凑—机会识别—创新绩效的整个中介机制起调节作用。

高伙伴匹配性为初创企业通过众创空间内部环境获得互补性资源以及开展合作创新提供了机会，初创企业通过资源拼凑不断调整对现有资源的认知，从而进一步强化机会识别。企业需要强化机会识别才能快速响应这些机会。但与此同时，高伙伴匹配性也会使企业陷入创新发展的惯性，资源拼凑则有助于企业开辟具有独特性和难以模仿的新资源，更好地提升机会识别能力。高机会识别有助于企业提升创新绩效；相反地，当伙伴匹配性程度较低，企业不太迫切通过资源拼凑来促进机会识别时，进而也较少对创新绩效产生促进作用。上述研究结论都在一定程度上支持了资源拼凑与初创企业创新绩效之间存在被调节的中介效应。基于此，提出假设：

H15-4：伙伴匹配性调节了机会识别对资源拼凑与创新绩效关系的中介作用，表现为被调节的中介作用，即伙伴匹配性越高，机会识别对资源拼凑与创新绩效之间关系的中介作用就越强，反之则越弱。

综上，本研究提出如图15-1所示的概念模型。

[①] Stettner U, Lavie D. Ambidexterity under scrutiny: Exploration and exploitation via internal organization, alliances, and acquisitions [J]. *Strategic Management Journal*, 2015, 35 (13): 1903-1929.

[②] 吕秋慧，杜运周，胡登峰，等. 众创空间类型如何塑造创业服务行为？基于制度逻辑视角的分析 [J]. 南方经济，2021（05）：91-109.

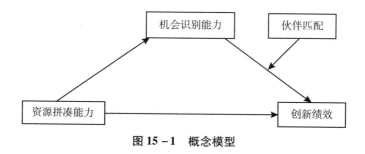

图 15 -1　概念模型

15.2　研　究　设　计

15.2.1　样本选取与数据来源

本章实证研究的数据源自第 3 章问卷二的调查结果，问卷调查过程在第 3 章中已做描述。根据本章的研究内容及其与问卷二调查题项的匹配性，本章以其中 112 份有效样本作为分析依据。问卷调查过程、样本分布及样本数量均符合本章的研究要求。

样本的基本情况如表 15 - 1 所示，根据样本企业年龄分布、企业规模以及行业类型的统计特征，可以说明本研究所调查的对象涵盖了不同年龄、不同规模和不同行业，具有较好的代表性。

表 15 -1　样本基本信息

样本特征	类别	样本量	比例（%）	样本特征	类别	样本量	比例（%）
企业年龄	1 年及以下	39	34.80	企业所属行业	信息传输、软件和信息技术服务业	40	35.70
	2 ~ 3 年	48	42.90		批发零售业	16	14.30
	4 ~ 8 年	25	22.30		文化、体育和娱乐业	10	8.90
企业规模	5 人以下	34	30.40		租赁和商务服务业	7	6.25
	5 ~ 10 人	52	46.40		其他	39	34.82

续表

样本特征	类别	样本量	比例（%）	样本特征	类别	样本量	比例（%）
企业规模	11～20人	20	17.80	企业年收入	10万元以下	22	19.64
	20人以上	6	5.40		10万～50万元	38	33.93
入驻形式	线上	9	8.04		50万～100万元	14	12.50
	线下	103	91.96		100万元以上	38	33.93

15.2.2 变量测量

关于资源拼凑、机会识别和创新绩效的成熟量表较多，可以通过借鉴国内外的权威文献，从中整理出各变量的测量题项并使用 Likert 5 点量表打分。此外，由于研究对象是众创空间初创企业，因此，在问卷题项中加入"在众创空间内"的情景设置，具体测量题项如表 15-2 所示。

表 15-2 变量测量题项

变量	题项	内容
资源拼凑	A1	在众创空间内能够获得与本企业已有资源紧密结合或匹配的新资源
	A2	能够充分运用众创空间资源有效解决本企业经营过程中的问题
	A3	能够结合众创空间内其他企业的知识与本企业已有知识创造出新的产品或服务
机会识别	B1	对创业机会有特别的敏感性和警觉性
	B2	不断寻求产品/市场信息以解决高风险问题
	B3	不断寻求潜在市场需求信息以开发新项目
	B4	寻求进入新领域的产品/市场信息
伙伴匹配性	C1	与众创空间内其他伙伴进行知识交流或技术合作过程中目标的一致性程度
	C2	与众创空间内其他伙伴经营理念与组织文化的相容性
	C3	能通过与众创空间中其他企业的交流来解决问题或创造机会

变量	题项	内容
创新绩效	D1	创新产品的成功率高
	D2	产品或服务具有更高的新颖程度
	D3	产品或服务具有明显竞争优势

借鉴森尼亚德等（Senyard et al.）[①] 的研究，以 3 个题项测量资源拼凑；借鉴埃伦·奥兹根等（Eren Ozgen et al.）[②] 和盛伟忠[③]的研究量表，采用 4 个题项测量机会识别；主要参考马文聪等[④]的研究，用 3 个题项测量伙伴匹配性；参考曹勇等[⑤]的研究，采用 3 个题项测量创新绩效；企业年龄、企业规模和年收入不同，初创企业重视创新和机会的程度也不同，因此选取企业年龄、规模和年收入为控制变量。

15.2.3 信度与效度分析

为保证各个题项能够一致说明所测量的变量，本研究首先对量表进行可靠性分析，结果如表 15–3 所示。各变量的组合信度 CR 和 Cronbach's α 值都在 0.8 以上，说明问卷拥有较高的可靠度；其次，通过验证性因子分析检测各个题项是否能准确反映测量变量，从表 15–3 可以看出，4 个主要变量的 AVE 值均在 0.6 以上，大于最低要求 0.5，并且每个测项的载荷量都超过 0.5，说明样本数据能够较准确地反映所测变量，效度良好。

---

① Senyard J，Baker T，Steffens P，et al. Bricolage as a Path to Innovativeness for Resource – Constrained New Firms ［J］. *Journal of Product Innovation Management*，2014，31（02）：211–230.

② Ozgen E，Baron R A. Social sources of information in opportunity recognition：Effects of mentors，industry networks，and professional forums ［J］. *Journal of Business Venturing*，2007，22（02）：174–192.

③ 盛伟忠，陈劲. 企业互动学习与创新能力提升机制研究 ［J］. 科研管理，2018，39（09）：1–10.

④ 马文聪，叶阳平，徐梦丹，等. "两情相悦"还是"门当户对"：产学研合作伙伴匹配性及其对知识共享和合作绩效的影响机制 ［J］. 南开管理评论，2018，21（06）：95–106.

⑤ 曹勇，周蕊，周红枝，等. 资源拼凑、双元学习与企业创新绩效之间的关系研究 ［J］. 科学学与科学技术管理，2019，40（06）：94–106.

表 15 - 3 量表信度和效度检验

变量	题项	因子载荷	AVE	CR	Cronbach's α	KMO
资源拼凑能力	A1	0.914	0.803	0.924	0.919	0.733
	A2	0.917				
	A3	0.856				
机会识别能力	B1	0.624	0.661	0.880	0.881	0.824
	B2	0.890				
	B3	0.864				
	B4	0.847				
伙伴匹配性	C1	0.756	0.656	0.858	0.859	0.735
	C2	0.751				
	C3	0.912				
创新绩效	D1	0.802	0.639	0.843	0.853	0.715
	D2	0.751				
	D3	0.842				

15.2.4 共同方法偏差检验

当问卷中的所有题目都是同一个对象回答时，往往会引发共同方法偏差。为最大限度降低数据来源对数据质量的影响，在数据收集过程中，通过打乱各个量表的题项顺序以加强程序控制。另外，采用非可测潜在方法因子法对数据进行同源方差检验，单因子模型的拟合参数为：$\chi^2/df = 4.537$，$IFI = 0.801$，$TLI = 0.758$，$CFI = 0.798$，$RMSEA = 0.179$，$SRMR = 0.086$，拟合结果不理想。加入共同方法因子后的拟合参数为：$\chi^2/df = 1.882$，$IFI = 0.956$，$TLI = 0.940$，$CFI = 0.955$，$RMSEA = 0.089$，$SRMR = 0.051$，与四因子模型的拟合参数（$\chi^2/df = 1.964$，$IFI = 0.951$，$TLI = 0.934$，$CFI = 0.950$，$RMSEA = 0.093$，$SRMR = 0.038$）相比，$\Delta IFI = 0.005$，$\Delta TLI = 0.006$，$\Delta CFI = 0.005$，$\Delta RMSEA = 0.004$，参数变化量未超过临界值，说明两个模型的拟合度变化不大，因此，样本数据不存在严重的同源误差（Senyard，2014）。

15.3 实证结果分析

15.3.1 相关性分析

首先,运用 SPSS 21.0 对数据进行相关分析。从表 15 – 4 可以看出,创新绩效与资源拼凑、机会识别均显著正相关,且资源拼凑与机会识别也显著相关,这为验证假设的合理性提供了依据。为防止自变量与调节变量相关系数过高影响回归结果,运用方差膨胀因子分析发现,VIF 值最大为3.663,低于标准 10,说明模型构建良好,变量之间不存在严重的多重共线性问题。

表 15 – 4   **变量描述性统计和相关分析**

变量	均值	标准差	1	2	3	4	5	6
企业年龄	2.220	1.176						
企业规模	1.280	0.674	0.058					
年收入	2.080	0.931	0.411 **	0.366 **				
资源拼凑能力	3.973	0.708	0.051	0.066	0.022			
机会识别能力	4.009	0.598	0.004	0.173	0.043	0.619 **		
伙伴匹配性	3.810	0.642	0.069	0.074	0.031	0.842 **	0.609 **	
创新绩效	3.792	0.617	0.123	0.169	0.144	0.673 **	0.646 **	0.685 **

注: * 为 $p < 0.05$, ** 为 $p < 0.01$, *** 为 $p < 0.001$ 。

15.3.2 回归分析与假设检验

接下来,运用逐步线性回归方法验证以上提出的研究假设。其中,模型 3 和模型 4 检验直接效应 H15 – 1;模型 1、模型 2、模型 4 和模型 5 检验中介效应 H15 – 2;模型 6 和模型 7 检验调节效应 H15 – 3;检验 H15 – 2

和 H15 - 3 是否成立也是检验 H15 - 4 成立的前提。回归结果如表 15 - 5 所示。

表 15 - 5 　　　　　　　　　　　回归分析结果

因变量	机会识别		创新绩效				
自变量	模型 1	模型 2	模型 3	模型 4	模型 5	模型 6	模型 7
企业年龄	0.002	- 0.017	0.048	0.028	0.034	0.047	0.037
企业规模	0.161	0.121	0.132	0.087	0.042	0.026	0.029
年收入	- 0.016	- 0.004	0.036	0.049	0.050	0.046	0.056
资源拼凑		0.518 ***		0.577 ***	0.384 ***		
机会识别					0.372 ***	0.657 ***	0.379 ***
伙伴匹配性							0.383 ***
机会 × 伙伴							0.228 *
R^2	0.030	0.402	0.043	0.479	0.557	0.437	0.588
调整 R^2	0.003	0.380	0.017	0.459	0.536	0.416	0.564
ΔR^2	—	0.372	—	0.466	0.069	—	0.150
F	1.123	18.002 **	1.631	24.549 **	26.602 **	20.805 **	24.945 **

在对资源拼凑与创新绩效直接效应的检验中，以模型 3 为基础模型探究控制变量企业年龄、企业规模和年收入对因变量创新绩效的影响。相比模型 3，模型 4 加入了自变量资源拼凑，由表 15 - 5 可知自变量显著正向影响因变量创新绩效，且模型拟合优度 R^2 从 0.043 上升到 0.479，模型拟合效果改善，说明资源拼凑显著正向影响创新绩效（$\beta = 0.577$，$p < 0.001$），H15 - 1 成立。

在对中介效应的检验中，首先将因变量设为机会识别，分别加入控制变量、控制变量和资源拼凑进行回归，结果如模型 1 和模型 2 所示，资源拼凑对机会识别的影响显著（$\beta = 0.518$，$p < 0.001$）。然后，以创新绩效为因变量，放入机会识别和控制变量。根据模型 6，机会识别显著影响创新绩效（$\beta = 0.657$，$p < 0.001$）。综上可知，企业可以通过资源拼凑增强机会识别，从而影响创新绩效。最后，将资源拼凑和机会识别一起回归，如模型 5 所示。对比模型 4 和模型 5，加入中介变量之后，虽然资源拼凑

对因变量的影响变小（0.384 < 0.577），但影响依然显著（β = 0.384，p < 0.001）。因此，资源拼凑不仅能够直接影响创新绩效，还可以通过机会识别的部分中介效应产生影响，即机会识别的中介效应成立，H15 - 2 得到验证。

为了检验调节效应，在模型 6 的基础上，模型 7 加入伙伴匹配性、伙伴匹配性和机会识别的交互项，回归结果显示机会识别和伙伴匹配性的交互项对因变量的影响显著（β = 0.228，p < 0.05），说明伙伴匹配性的调节作用成立，H15 - 3 成立。

为了更直观地显示伙伴匹配性的调节效应，绘制调节效应分析图，如图 15 - 2 所示。

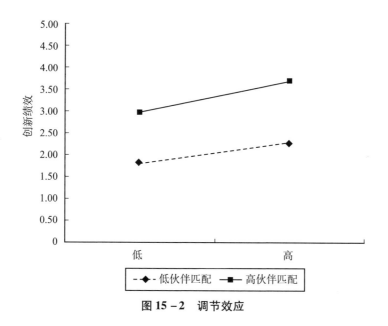

图 15 - 2 调节效应

对有调节的中介效应检验，本章借助 SPSS 21.0 的 PROCESS 插件，利用 Bootstrap 法检验不同伙伴匹配性水平下的中介效应，看其是否存在差异以及差异是否显著，从而判定有调节的中介效应是否存在。检验结果表明：不同的伙伴匹配性水平下，机会识别的中介效应有所不同。伙伴匹配性较高（M + 1SD）时，中介效应的 95% 置信区间为 [0.124，0.439]，不包括 0，中介效应显著（β = 0.260）；伙伴匹配性在平均水平（M）时，中介效应的 95% 置信区间为 [0.072, 0.314]，不包括 0，中介效应显著（β = 0.173）；在较低的伙伴匹配性（M − 1SD）下，中介效应的 95% 置信区间为 [− 0.020, 0.227]，包括 0，中介效应不显著。同时，机会识别的中介效应差值也是显著的，如表 15 − 6 所示，在三种不同的伙伴匹配性水平下，机会识别间接效应的两两比较差值分别为 0.087、0.174、0.087，差值的 95% 置信区间分别为 [0.020, 0.165]，[0.040, 0.330]，[0.020, 0.165]，均不包括 0，说明在不同的伙伴匹配性水平下，机会识别的中介效应存在显著差异，且伙伴匹配性的条件中介指数 Index 为 0.136，95% 置信区间为 [0.031, 0.257]，不含 0，由此可知，机会识别的中介效应会受到伙伴匹配性的调节，且伙伴匹配性越高，机会识别的中介效应越强，H15 − 4 成立。

表 15 − 6　　　　　　　　　　条件间接效应的两两对比

Effect1	Effect2	Contrast	Boot SE	Boot LLCI	Boot ULCI
0.173	0.086	0.087	0.037	0.020	0.165
0.260	0.086	0.174	0.074	0.040	0.330
0.260	0.173	0.087	0.037	0.020	0.165
Index：0.136			0.058	0.031	0.257

注：LLCI 为 95% 置信区间下限，ULCI 为 95% 置信区间上限。

15.4　结论与启示

本研究从初创企业个体视角以及众创空间环境视角出发，构建一个有调节的中介模型，探讨了企业资源拼凑对创新绩效的作用机制，检验了机会识别和伙伴匹配在该关系中的中介和调节作用。研究结果表明：初创企业的资源拼凑对创新绩效显著正向影响。初创企业通过拼凑能更加充分地利用众创空间提供的资源和信息，通过将外部资源与自身资源的组合加快提升创新的绩效；机会识别在资源拼凑和创新绩效关系中起部分中介作用。初创企业强化机会识别有助于缩短创新资源转化成创新绩效的进程；伙伴匹配性正向调节机会识别和创新绩效之间的关系。当合作伙伴之间在文化、目标上相容，或者在资源和创新能力上互补时，企业更有可能将外部机会转化成创新成果；伙伴匹配性正向调节机会识别的中介作用。在不同的伙伴匹配性水平下，机会识别的中介效应存在明显差异。伙伴匹配性越高，资源拼凑通过机会识别提升创新绩效的效果越显著。

初创企业创新绩效的提升需要众创空间和初创企业两个方面的紧密配合。从众创空间平台管理角度来看，不同类型的众创空间应创造相应的伙伴匹配环境。针对效率维护型众创空间，管理者在引入初创企业时要根据本众创空间的定位，吸引那些在创新资源或者能力方面具有互补性的企业，重视"门当户对"对提升众创空间创新绩效的重要性。在众创空间环境的建设方面，要注重营造良好的空间氛围，方便初创企业在空间内部选择目标方向一致或者资源互补的合作伙伴，这样既有利于在合作过程中建立高度信任、长期稳定的关系，又能使合作主体之间在资源和能力上相互共享，形成互补优势。从企业角度来看，初创企业要重视资源拼凑和机会识别。一方面，市场环境变幻莫测，资源拼凑能够帮助初创企业更有效率地利用、整合资源，降低创新所带来的风险。初创企业要充分利用众创空间平台，与空间其他企业、运营者等相关合作机构加强交流，学习伙伴企业的先进经验，提高自身创新能力。另一方面，创业者不仅需要加强知识储备以提升对环境中的信息进行解读和意义赋予的能力，而且还需要有强烈的动机将创新注意力配置在相关信息上，在机会来临之时能够及时抓住机会，从而节约资源搜寻时间、购买成本并研发出新产品或改善现有技术。

15.5 本章小结

本章结合资源拼凑理论和机会识别理论，以众创空间初创企业为研究对象，构建资源拼凑、机会识别、伙伴匹配性与创新绩效关系的概念模型，基于 112 份有效样本运用回归分析和 Bootstrap 方法从企业个体层面以及众创空间内部环境层面探究众创空间初创企业创新绩效的影响机制。在企业个体层面，分析资源拼凑对创新绩效的影响以及机会识别的中介作用；在众创空间内部环境层面，分析伙伴匹配性的调节作用。

第16章 跨层次视角下众创空间初创企业创新绩效的组态效应研究

初创企业由于新生弱小，常面临信息和资源缺乏的困境[1]，它们依托众创空间平台开展创新创业活动，其创新绩效受到众创空间资源供给与初创企业个体能力的双重影响。一方面，从众创空间层次来看，众创空间是初创企业与外部环境的桥梁，其同环境的交互为初创企业获得创新资源与机会提供了渠道。众创空间从外部环境获取技术、资金与人才等多样性资源[2]，通过营造良好的平台环境帮助初创企业提升创新绩效[3]。另一方面，从初创企业个体能力来看，初创企业基于众创空间良好的平台环境不仅能够识别发展机会，还能从其他组织获取和整合资源以及与其他企业协同发展[4]，这也意味着初创企业通过各种动态能力能够保证对众创空间内部资源和机会的充分利用，以此来提升企业的创新绩效[5]。

---

① 黄钟仪，向玥颖，熊艾伦，等. 双重网络、双元拼凑与受孵新创企业成长：基于众创空间入驻企业样本的实证研究 [J]. 管理评论，2020，32（05）：125 – 137.

② Browder R E，Aldrich H E，Bradley S W. The Emergence of the Maker Movement：Implications for Organizational and Entrepreneurship Research [J]. *Journal of Business Venturing*，2019，34（03）：459 – 476.

③ 王海花，熊丽君，李玉. 众创空间创业环境对新创企业绩效的影响 [J]. *科学学研究*，2020，38（04）：673 – 684.

刘榆潇，蓝雅，石永东，等. 高校众创空间创业环境对初创企业绩效的影响研究 [J]. 科技管理研究，2020，40（21）：113 – 120.

④ 曾萍，邓腾智，宋铁波. 社会资本、动态能力与企业创新关系的实证研究 [J]. 科研管理，2013（04）：10.

Lisboa A，Skarmeas D，Lages C. Innovative capabilities：Their drivers and effects on current and future performance [J]. *Journal of Business Research*，2011，64（11）：1157 – 1161.

⑤ Valaei N，Rezaei S，Emami M. Explorative learning strategy and its impact on creativity and innovation：an empirical investigation among ICT – SMEs [J]. *Business Process Management Journal*，2017，23（05）：957 – 983.

吕途，林欢，陈昊. 动态能力对企业新产品开发绩效的影响——双元创新的中介作用 [J]. 中国科技论坛，2020（08）：10.

创新是一个复杂过程，受到多个因素的联合作用，多个变量之间具有因果复杂性及耦合性。从企业创新绩效影响因素的研究成果来看，已有研究分别探讨了政策支持①、金融环境等外部环境②以及组织结构③、组织学习④等组织要素对企业创新绩效的影响。梳理文献发现，鲜有研究探讨多因素协同及耦合关系对创新绩效的影响，实践中环境与个体能力两个层面多个因素组态影响企业创新的内在机制尚不明确，忽略各因素间的组态效应无法体现初创企业创新绩效的因果复杂性。基于此，跨层级视角下探究众创空间初创企业创新绩效的多因素影响机制将弥补已有研究的不足，研究结论将更有现实指导意义。

模糊集定性比较分析方法（Fuzzy-set Qualitative Comparative Analysis, fsQCA）是探索多因素共同作用以及不同因素间协调联动问题的一种有效研究方法，该方法过去常被用于分析多重并发路径，突出不同前因条件组合导致同一结果，近年来被广泛运用于研究组织管理领域问题。⑤ 根据杜运周等（2021）的研究，将耦合理论与组态视角相结合，除了能够分析因果非对称性外，还能凸显各前因变量间的多因素耦合性。

基于以上分析，本研究采用 fsQCA 方法以组态与耦合视角研究众创空间与外界环境的交互以及入驻初创企业自身动态能力 2 个层面 6 个前因条件对初创企业创新绩效的协同影响，旨在回答众创空间初创企业创新绩效的前因复杂性、耦合性以及因果非对称性，研究结果可为众创空间的创新孵化及初创企业创新实践提供理论指导。

---

① 张永安，关永娟. 市场需求，创新政策组合与企业创新绩效——企业生命周期视角 [J]. 科技进步与对策，2021，38（01）：87 - 94.

② 王栋，赵志宏. 金融科技发展对区域创新绩效的作用研究 [J]. 科学学研究，2019，37（01）：45 - 56.

③ 陈建军，王正沛，李国鑫. 中国宇航企业组织结构与创新绩效：动态能力和创新氛围的中介效应 [J]. 中国软科学，2018（11）：122 - 130.

④ 郭尉. 知识异质、组织学习与企业创新绩效关系研究 [J]. 科学学与科学技术管理，2016，37（07）：118 - 125.

⑤ 杜运周，贾良定. 组态视角与定性比较分析（QCA）：管理学研究的一条新道路 [J]. 管理世界，2017（06）：155 - 167.

16.1　文献回顾与研究框架构建

众创空间衍生于国外的创客空间，是一种以孵化器和创客空间为基础的开放式创业生态系统，它不仅为创新创业个体与团队提供各类服务与资源，而且也是为创客提供资源整合与服务的平台。① 根据交互创新论，组织可以通过与环境之间的相互影响、相互作用实现创新，众创空间这一特殊的组织通过提供互动环境为入驻企业提供多样化资源和机会，从而帮助入驻企业构建创新基础。② 芦亚柯从法律制度、政府管理制度、社会创新文化认同等制度环境角度论述了众创空间创新发展的制度路径③；邢蕊等验证了孵化环境对于企业创新绩效的积极影响④，可见，众创空间为初创企业的发展提供资源通道，主要表现为众创空间得到外部环境的支持以及众创空间能够主动适应外部环境从而为初创企业获得创新资源提供可能。

资源基础理论强调了企业自身所拥有的资源对其提高创新绩效、获得持续竞争优势的重要作用。⑤ 虽然众创空间的创新资源及其内部良好创新氛围是影响初创企业创新绩效的重要因素，但众创空间对初创企业的培养是"一对多"的形式，不能为每个企业提供专门的、有针对性的资源。⑥ 入驻企业要实现创新，还需要通过动态能力识别、获取以及整合这些可获

---

① 李燕萍，陈武. 中国众创空间研究现状与展望 [J]. 中国科技论坛，2017（05）：12 – 18.
杜宝贵，王欣. 众创空间创新发展多重并发因果关系与多元路径 [J]. 科技进步与对策，2020，37（19）：9 – 16.
② Morgan K. The Learning Region：Institutions，Innovation and Regional Renewal [J]. *Regional Studies*，1997，31（05）：491 – 503.
③ 芦亚柯. 我国众创空间的运行模式、制度环境及制度创新策略 [J]. 商业经济研究，2017（04）：121 – 123.
④ 邢蕊，王国红. 创业导向、创新意愿与在孵企业创新绩效——孵化环境的调节作用 [J]. 研究与发展管理，2015，27（01）：100 – 112.
⑤ 张红娟，谭劲松. 联盟网络与企业创新绩效：跨层次分析 [J]. 管理世界，2014（03）：7.
⑥ 刘榆潇，蓝雅，石永东，等. 高校众创空间创业环境对初创企业绩效的影响研究 [J]. 科技管理研究，2020，40（21）：113 – 120.

得资源并转化为自身的创新优势。动态能力被定义为企业为适应环境而整合重构其内外部资源的能力。① 关于动态能力的维度划分，焦豪认为应分为机会识别能力、整合重构能力、组织柔性能力、技术柔性能力②；卡扎迪（Kazadi）等认为企业动态能力应分为网络能力、映射能力、关系能力和知识管理能力③；李燕萍等基于过程视角以众创空间为主体，提出了价值共创情境下的动态能力结构模型④。在以上研究的基础上，本研究将众创空间入驻企业的动态能力分为四个维度：（1）机会识别能力。机会只有在被发现或创造时才能带来价值，机会识别是企业竞争优势的重要来源，机会识别能力对于提升企业创业绩效及初创企业创新绩效具有重要作用。⑤（2）合作发展能力。互联网时代下，合作创新已成为不可逆转的大趋势。合作能力对于初创企业找到协作共生的成长方式以及实现创新协同具有重要作用（陈武，2018）。⑥（3）资源拼凑能力。资源拼凑可以帮助企业在不同情境下对资源进行理性规划，有效地促进企业创新绩效的提升，对初创企业的创新绩效具有显著的正向作用。⑦ 企业的资源拼凑能力是在市场

① Teece D J, Shuen P A. Dynamic capabilities and strategic management [J]. *Strategic Management Journal*, 1997, 18 (07): 509 – 533.

② 焦豪. 双元型组织竞争优势的构建路径：基于动态能力理论的实证研究 [J]. 管理世界, 2011 (11): 76 – 91.

③ Kazadi K, Lievens A, Mahr D. Stakeholder co-creation during the innovation process: Identifying capabilities for knowledge creation among multiple stakeholders [J]. *Journal of Business Research*, 2016, 69 (02): 525 – 540.

④ 李燕萍, 李洋. 价值共创情境下的众创空间动态能力——结构探索与量表开发 [J]. 经济管理, 2020, 42 (08): 68 – 84.

⑤ 蒋豪, 路正南, 朱东旦. 创业者外部关系构建与初创企业创新绩效：机会能力视角 [J]. 科技进步与对策, 2019, 36 (08): 5.

Berraies S. The effect of enterprise social networks use on exploitative and exploratory innovations: Mediating effect of sub-dimensions of intellectual capital [J]. *Journal of Intellectual Capital*, 2019, 20 (03): 426 – 452.

⑥ 陈武, 李燕萍. 嵌入性视角下的平台组织竞争力培育——基于众创空间的多案例研究 [J]. 经济管理, 2018, 40 (03): 74 – 92.

⑦ 曹勇, 周蕊, 周红枝, 等. 资源拼凑、双元学习与企业创新绩效之间的关系研究 [J]. 科学学与科学技术管理, 2019, 40 (06): 94 – 106.

Senyard J, Baker T, Steffens P, et al. Bricolage as a Path to Innovativeness for Resource – Constrained New Firms [J]. *Journal of Product Innovation Management*, 2014, 31 (02): 211 – 230.

竞争中取得优势最不可或缺的能力之一，有助于弱化众创空间运营过程中因资源冲突而对企业创新绩效造成的负面影响，并实现资源在各入驻企业间的高效流动。[①]（4）关系互动能力。维持良好的互动关系及保持各创新主体间的动态交互作用有利于合作创新的产出。[②] 初创企业依托众创空间这一重要的创新创业载体，与众创空间内部其他企业构建关系网络，关系越紧密越有利于企业充分吸收利用所获得的外部资源（韩莹，2020）[③]，因此，企业关系互动能力对于提升信息沟通效率进而激发创新产出有重要影响。

根据以上分析，本章基于跨层次视角（众创空间与初创企业两个层面）下6个前因条件构建初创企业创新绩效影响机制模型，如图16-1所示。

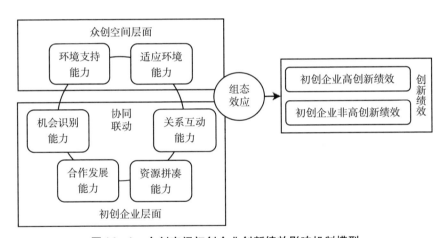

图16-1 众创空间初创企业创新绩效影响机制模型

---

① Wernerfelt B. The Use of Resources in Resource Acquisition [J]. *Journal of Management*, 2010, 37 (05): 1369-1373.

② 陈关聚，张慧. 创新网络中组织异质性、互动强度与合作创新绩效的关系 [J]. 中国科技论坛，2020（02）：8.

③ 韩莹. 众创空间中企业创业拼凑对创新绩效的影响研究 [J]. 科学学研究，2020，38（08）：1436-1443.

16.2 数据获取及检验

16.2.1 数据的收集

本研究通过问卷调查方法收集研究数据，问卷调查过程具体见本书第3章。由于从众创空间的环境交互能力及初创企业的动态能力两个角度开展研究，为避免同源误差（CMV），本研究同时利用了本书第3章的问卷一及问卷二的调查数据。这两份问卷分别由众创空间创始人（或高层管理人员）及众创空间入驻企业相关负责人填写。选择的众创空间样本是正式成立并注册的，选取的企业已实地入驻或云入驻以上某个众创空间。样本具有可靠性和代表性。

根据本研究的具体内容及其与调查问卷具体题项的匹配性，本研究在所有样本中剔除不符合要求的问卷后，将每份众创空间问卷与隶属于该众创空间的多家企业问卷进行匹配，在确保各个组织答题人数不少于3人后，得到有效匹配问卷27套，其中众创空间问卷27份，企业问卷132份，每份众创空间问卷平均对应4.89份企业问卷。在27家众创空间样本中，25.9%为国家级众创空间，44.5%为省级众创空间，其余29.6%为市级众创空间；根据运营性质，14.8%的众创空间为高校创办，14.8%为国有企业，55.56%为私营企业，其余14.8%为其他运营性质。在132家企业样本中，93.9%的企业为线下入驻企业，其余6.1%为线上入驻企业。样本符合研究要求。

16.2.2 变量测量

正如本书第3章所述，本研究问卷设计采用Likert五级量表，研究变量参照成熟量表及权威文献。在问卷正式定稿前，邀请相关领域的专家阅读问卷，以评估问卷设计及用词的适当性，然后根据专家意见修订成稿。

本研究最终采用 25 个题项进行衡量，其中，环境支持能力参考了张炜[1]、杜海东等[2]学者的相关量表，共有 4 个题项，其代表题项如 "本众创空间能够定期参与政府等级评定与考核，获取政府补贴"；适应环境能力参考了刘立波等[3]学者的相关研究，其代表题项如 "本众创空间通常能够抓住环境变化带来的机遇"；机会识别能力、合作发展能力、资源拼凑能力、关系互动能力均参考了李燕萍等[4]、焦豪[5]的量表，其代表题项如 "本企业在众创空间中不断寻求潜在市场需求信息以开发新项目" "本企业能够从本众创空间内部其他企业或机构获得市场开发技能" "本企业在众创空间中获得的新知识、新技术与原有的知识、技术能紧密结合和匹配" "本企业能够通过与众创空间中其他企业的交流来完善工作方式"；创新绩效参考了托马斯（Thomas）[6] 等学者的量表，从成功率、推出新产品和服务的速度以及生产成本三个方面衡量，代表题项如 "本企业创新产品的成功率高"。

16.2.3　信度及效度检验

通过因子分析检验结构效度，KMO 值为 0.877，Sig. 值为 0.000，累计方差贡献率为 77.22%，因子载荷均在 0.65 以上，AVE 值均在 0.55 以上；在信度检验中，各变量的 Cronbach's α 系数和 CR 值均大于 0.85，说

① 张炜. 创新环境、产业环境与转型绩效关系研究——以江浙企业为样本 [J]. 科技管理研究，2010，30（19）：170－174.

② 杜海东，李业明. 创业环境对新创企业绩效的影响：基于资源中介作用的深圳硅谷创业园实证研究 [J]. 中国科技论坛，2012（09）：77－82.

③ 刘立波，沈玉志. 管理创新能力对组织绩效影响的实证研究 [J]. 华东经济管理，2015，29（06）：163－169.

④ 李燕萍，李洋. 价值共创情境下的众创空间动态能力——结构探索与量表开发 [J]. 经济管理，2020，42（08）：68－84.

⑤ 焦豪. 双元型组织竞争优势的构建路径：基于动态能力理论的实证研究 [J]. 管理世界，2011（11）：76－91.

⑥ Thomas Ritter, Hans Georg Gemünden. The impact of a company's business strategy on its technological competence, network competence and innovation success [J]. *Journal of Business Research*, 2004, 57（05）：548－556.

明本问卷具有良好的信效度。信效度分析具体数据如表 16-1 所示。

表 16-1 信度和效度分析

变量	最小因子荷载	Cronbach's α	CR	AVE
环境支持能力（ES）	0.684	0.844	0.852	0.591
适应环境能力（AE）	0.789	0.861	0.866	0.683
机会识别能力（OR）	0.693	0.926	0.930	0.692
合作发展能力（CD）	0.885	0.929	0.930	0.815
资源拼凑能力（RP）	0.891	0.930	0.924	0.802
关系互动能力（RI）	0.943	0.940	0.940	0.839
创新绩效（IP）	0.799	0.880	0.879	0.709

16.2.4 数据的聚合

本研究中机会识别能力（OR）、合作发展能力（CD）、资源拼凑能力（RP）、关系互动能力（RI）、创新绩效（IP）的变量数据源于企业问卷，通过一家众创空间内的多家企业的管理者来对具体题项进行评价，获得初始数据后计算加总平均，因此需要确认企业回答者对各变量的组内一致性，从而将企业层次的数据聚合上升到众创空间层次。表 14-2 中所呈现 Rwg 为各组计算结果最小值，ICC（1）和 ICC（2）皆为该维度下各题项计算结果的最小值。其中，ICC（1）、Rwg 皆反映组内一致性，ICC（2）反映组间一致性。由检验结果可知，符合 Rwg 大于 0.7，ICC（1）大于 0.12，ICC（2）大于 0.5 的标准，各变量均达到或超过聚合要求，因此可以用计算维度内项目的均值来代表该维度的得分。

表 16-2 数据的聚合检验

变量	机会识别能力	合作发展能力	资源拼凑能力	关系互动能力	创新绩效
Rwg	0.811	0.770	0.750	0.723	0.766
ICC（1）	0.179	0.258	0.340	0.303	0.213
ICC（2）	0.515	0.629	0.716	0.680	0.569

16.3 分析过程

16.3.1 变量的校准

样本的原始数据如表 16 - 3 所示。参照菲斯（Fiss）[①] 的研究，在采用问卷量表刻度时，可能会由于观察样本的有限性或者应答偏差，出现某些刻度没有应答的情况。因此，本研究参照问卷数据描述性统计结果，将样本数据的上四分位数、上下四分位数的均值、下四分位数分别设定为完全隶属点、交叉点以及完全不隶属点。对于非高创新绩效而言，其校准规则与高创新绩效正好相反。

表 16 - 3 样本原始数据

研究案例（简称）	条件变量						结果变量
	众创空间层面		初创企业层面				
	ES	AE	OR	CD	RP	RI	IP
3S 众创空间	5.00	5.00	4.00	3.67	3.83	3.83	3.67
台江阿里巴巴创新中心	5.00	5.00	4.06	4.22	4.22	4.44	4.22
福建师范大学福清分校	5.00	5.00	3.17	3.33	2.78	3.11	3.00
福建师范大学协和学院	5.00	4.67	3.58	3.50	3.50	3.50	4.00
福州大学阳光众创空间	4.75	4.33	3.85	3.80	3.77	3.63	3.83
福州闽都旅游创客空间	5.00	5.00	4.08	4.08	4.17	4.08	4.00
福州陶缘众创空间	5.00	5.00	4.07	4.47	4.33	4.33	4.00
福州优梦空间	5.00	5.00	4.00	3.50	3.67	3.67	3.50
光电信息和激光制造	4.75	3.67	3.75	4.00	4.00	3.67	3.33

---

① Peer C. Fiss. Building better causal theories: A fuzzy set approach to typologies in organization research [J]. *Academy of Management Journal*, 2011, 54（02）: 393 - 420.

研究案例（简称）	条件变量						结果变量
	众创空间层面		初创企业层面				
	ES	AE	OR	CD	RP	RI	IP
光泽·创意产业园	5.00	5.00	4.03	4.47	4.40	4.40	4.13
红茶创客空间	4.50	4.33	4.78	4.83	4.83	4.83	4.83
华创园众创空间	4.50	4.00	3.67	3.13	3.20	2.93	3.20
魁客众创空间	4.75	4.67	4.42	4.33	4.42	4.33	4.08
乐探机器人众创空间	5.00	5.00	4.83	4.78	4.83	4.83	4.83
米多多科技众创空间	3.25	4.00	3.97	3.89	4.00	3.89	3.89
明理精工众创空间	4.00	3.00	4.50	4.33	4.25	4.25	4.25
牧马人众创空间	4.75	4.00	4.17	3.50	3.17	3.50	3.67
旗山智谷众创空间	5.00	5.00	4.30	4.37	4.44	4.41	3.96
泉州理工职业学院	3.75	4.00	3.58	3.50	4.00	3.50	3.33
三明青春启航	5.00	5.00	4.75	4.17	4.83	4.33	4.67
泰伟众创空间	5.00	4.33	3.97	4.78	4.72	4.67	3.78
霞浦特产园	5.00	5.00	4.33	4.80	4.73	4.80	4.33
小蚁空间	5.00	5.00	3.92	4.17	4.17	4.17	3.50
云创工坊	4.75	4.67	4.00	3.87	4.00	3.97	3.93
云泽速创	5.00	5.00	4.43	4.47	4.33	4.37	4.40
众星云集·创客坊	4.50	4.00	3.61	3.50	3.61	3.28	3.39
福州职工创新创业创造中心	4.75	5.00	3.63	3.67	3.80	3.87	3.67

各变量校准锚点如表16-4所示。其中，合作发展能力（CD）经由calibrate函数校准后隶属值为0.5，无法纳入真值表分析，参考其校准时交叉点为4.001，小于其平均值及中位数，相较于实际分布更偏向于"偏不隶属"，故校准为0.499。

表 16 - 4   各变量校准锚点

研究变量		目标集合		锚点		
				完全不隶属	交叉点	完全隶属
条件变量	众创空间层面	ES	高环境支持能力	4.750	4.875	5.000
		AE	高适应环境能力	4.165	4.583	5.000
	初创企业层面	OR	高机会识别能力	3.800	4.057	4.315
		CD	高合作发展能力	3.583	4.001	4.419
		RP	高资源拼凑能力	3.783	4.096	4.408
		RI	高关系互动能力	3.650	4.017	4.383
结果变量		IP	高创新绩效	3.583	3.881	4.178
			非高创新绩效	4.178	3.881	3.583

16.3.2　必要条件分析

表 16 - 5 为使用 fsQCA 3.0 软件分析的必要性条件检验结果，各指标一致性均未超过 0.9，说明 6 个前因条件任何单个因素都不能导致结果变量的产生，需要进行组态分析以探寻高创新绩效产出及非高创新绩效的组合路径。

表 16 - 5   单变量必要性分析结果

层面	条件变量	结果变量	
		高创新绩效（High IP）	非高创新绩效（No High IP）
众创空间层面	环境支持能力（ES）	0.673	0.450
	~环境支持能力（~ES）	0.377	0.603
	适应环境能力（AE）	0.760	0.506
	~适应环境能力（~AE）	0.342	0.602
初创企业层面	机会识别能力（OR）	0.776	0.282
	~机会识别能力（~OR）	0.361	0.863

续表

层面	条件变量	结果变量	
		高创新绩效 （High IP）	非高创新绩效 （No High IP）
初创企业层面	合作发展能力（CD）	0.843	0.317
	~合作发展能力（~CD）	0.271	0.804
	资源拼凑能力（RP）	0.824	0.286
	~资源拼凑能力（~RP）	0.269	0.813
	关系互动能力（RI）	0.854	0.289
	~关系互动能力（~RI）	0.252	0.824

16.3.3 组态分析

fsQCA 的分析结果会产生三种解，即复杂解、中间解和简约解。其中，中间解所构造的解释模型具有覆盖度较广、解释力较强的特点，中间解既能够覆盖较多案例样本，又能够得到较为合理的结论，因此，大多数研究者采纳中间解作为最后的结果构型，同时再结合简约解的结果区分核心条件与辅助条件。若某个条件在中间解与简约解中同时出现，则作为核心条件，若仅在中间解中出现而未出现在简约解中，则作为辅助条件。

采用 fsQCA 3.0 对 27 家众创空间的数据进行分析。首先，将样本频数设置为 1，一致性阈值设置为 0.8；然后生成真值表分析结果，最后，结合 PRI 一致性大于 0.75 的要求，计算得出 2 个初创企业高创新绩效的组态和 3 个非高创新绩效的组态。高创新绩效的 2 个组态一致性分别为 0.977、0.952，整体覆盖度为 0.707，高于社科领域大多数 QCA 研究 0.4 左右的水平。非高创新绩效的 3 个组态一致性分别为 0.918、0.860、0.963，整体覆盖度也达到了 0.783，解释了初创企业非高创新绩效的主要原因，具体组态分析结果如表 16 - 6 所示。

表 16 - 6 产生高/非高创新绩效的组态

条件变量		高创新绩效		非高创新绩效		
		H1	H2	NH1	NH2	NH3
众创空间层面	环境支持能力（ES）	⊗		⊗		●
	适应环境能力（AE）		●	⊗	●	⊗
初创企业层面	机会识别能力（OR）	●	●		⊗	⊗
	合作发展能力（CD）	●	●	⊗	⊗	●
	资源拼凑能力（RP）	●	●	⊗	⊗	●
	关系互动能力（RI）	●	●	⊗	⊗	●
raw coverage		0.278	0.553	0.463	0.343	0.099
unique coverage		0.154	0.429	0.376	0.260	0.060
consistency		0.977	0.952	0.918	0.860	0.963
solution coverage		0.707		0.783		
solution consistency		0.956		0.886		

注：●表示核心因素，•表示辅助因素，⊗表示核心因素不存在，⊗表示辅助因素不存在，"空白"表示因素可存在、可不存在。

（1）高创新绩效的构型分析。

在众创空间与企业能力两个层面多重因素的复杂配置下，激活初创企业高创新绩效的组态有 2 个。横向比较发现，高机会识别能力、高合作发展能力、高资源拼凑能力、高关系互动能力都作为激活高创新绩效的核心条件，但单个条件均无法导致结果的产生。具体到单个构型，根据 H1（ ~ ES * OR * CD * RP * RI）可知：在低环境支持能力下的众创空间，无论众创空间的环境适应能力如何，只要初创企业具备良好的动态能力就可以激活高创新绩效，这意味着只要入驻企业具有较强的机会识别能力以及与其他企业的合作发展能力，当众创空间内部企业间的关系互动氛围好、企业擅长拼凑相关资源时，便可实现高创新绩效。值得注意的是，由于众创空间不具备外部环境创新资源的支持，因此众创空间外部环境适应能力的出现与否并不重要。这一组态的典型案例包括魁客众创空间、红茶创客空间与明理精工众创空间。

根据 H2（AE * OR * CD * RP * RI）可以发现：不论外部环境是否对众创空间起到良好的支持作用，众创空间对于环境的适应能力及入驻企业的动态能力的联动可以推动高创新绩效，但是众创空间的环境适应能力仅作为边缘条件。这一组态的典型案例包括台江阿里巴巴创新中心、云泽速创和旗山智谷众创空间等。以旗山智谷众创空间为例，该众创空间依托龙头企业，立足于智慧水生态产业，汇集产业链上下游企业，构建了产业支撑下的垂直孵化运营模式。该众创空间入驻企业对于环境的依赖程度有所减弱，创新活动主要聚焦于众创空间内部。企业通过空间内部成熟的孵化体系以及各维度动态能力的协调联动导致了高创新绩效。

综合分析以上 2 个组态所涵盖的具体研究案例可以发现，高创新绩效组态所涵盖众创空间性质皆为合资或私营。对于此类性质的众创空间，初创企业各动态能力相辅相成是实现高创新绩效的关键。对比 2 个组态可以发现，H2 的覆盖度（0.553）高于 H1（0.278），解释了结果变量的 55.3%，这说明入驻企业的动态能力辅以众创空间的环境适应能力更有可能促进入驻企业实现高创新绩效。一方面，这是由于在激烈的市场竞争环境下，市场和技术的不确定性增加，众创空间如果能够抓住环境变化带来的机遇，这对初创企业找准机会、准确定位合适项目具有重要意义；另一方面，初创企业单纯地依赖众创空间的资源供给，并不足以支撑其长期高效创新，不论是企业还是众创空间，都需要对眼前可获得资源进行进一步利用与扩展，以此来实现协同创新。

根据以上两个组态，政府给予众创空间补贴、奖励等资源支持对初创企业的创新绩效并非关键因素，追溯案例企业发现，这两个组态囊括的众创空间都是企业主导型。其中，组态 H2 的众创空间大部分为核心企业主导型众创空间，即由传统或新兴产业领域的龙头骨干企业作为运营方主导打造。企业主导型众创空间大多具有较为成熟的运营体系，政府补助、商业资源等环境支持对刺激其创新收效不显著。在竞争激烈的市场环境中，核心企业主导型众创空间主要依托核心企业自身强大的产业资源优势，通过产业平台内部的资源依赖与互补帮助初创企业抓住创新机会。

（2）非高创新绩效的构型分析。

定性比较分析的结果具有因果非对称性的特点，高创新绩效的反向条件并不可导致非高创新绩效。在众创空间环境层面与企业能力层面多重因素的复杂配置下，本研究发现了 3 个激活初创企业非高创新绩效的组态。根据 NH1（~ES * ~AE * ~CD * ~RP * ~RI）可知：如果企业缺乏合作发展能力、资源拼凑能力和关系互动能力，且众创空间不具有环境能力，不论入驻企业是否能够识别创新机会，都会导致非高创新绩效。这是因为即使企业识别到创新机会，但由于众创空间不能给予企业创新资源的支持，企业也无法通过合作发展能力、资源拼凑能力和关系互动能力与其他企业合作创新，因此导致非高创新绩效。NH1 的覆盖度最高，解释了结果变量的 46.3%，这说明当众创空间外部环境的资源供给以及众创空间内部企业间的合作创新这两个条件都不具备时，初创企业难以实现高创新绩效。这一组态的典型案例包括福州大学阳光众创空间、泉州理工职业学院大学生众创空间等。

构型 NH2（AE * ~OR * ~CD * ~RP * ~RI）与 NH1 一样缺乏合作发展能力、资源拼凑能力、关系互动能力，虽然众创空间具有适应环境能力，但 NH2 构型中还存在机会识别能力的缺失。在此组态下，无论环境对于众创空间是否起到良好的支持作用，由于机会识别能力的缺失，入驻企业都难以把握来自众创空间内外部的创新资源，也不能与其他入驻企业合作创新，因此导致非高创新绩效，典型案例包括福建师范大学福清分校、福州市职工创新创业创造中心与福州优梦空间等。由此可见，机会识别能力是初创企业链接平台资源与自身创新绩效的重要桥梁，当企业不具备机会识别能力，即使拥有充分的众创空间资源支持，也难以通过众创空间的资源供给提升创新绩效。

根据 NH3（ES * ~AE * ~OR * CD * RP * RI）可以发现：即使入驻企业具有合作发展能力、资源拼凑能力、关系互动能力以及众创空间外部的环境支持能力，但在众创空间缺乏环境适应能力以及入驻企业缺乏机会识别能力时，仍导致非高创新绩效。在此构型中，外部环境仅对众创空间提供单向支持，众创空间缺乏环境适应能力，因此，众创空间不能给予入驻企业创新资源的支持；同时，入驻企业也无法识别来自众创空间内部的创新机会，因此导致非高创新绩效。众创空间入驻企业大多是初创企业，这类企业由于新生脆弱，常面临信息和资源的缺乏困境。创新需要大量的资源支持，没有创新资源，巧妇难为无米之炊。当众创空间缺乏环境适应能力以及入驻企业缺乏机会识别能力时，入驻企业失去获取创新资源的渠道，也难以把握内部机会以及时开展企业间的合作创新，即使有机会得到众创空间外部资源的支持以及企业间具备合作创新能力，初创企业仍然难以实现高创新绩效，这一组态的典型案例是泰伟众创空间。由此可见，初创企业的机会识别能力和众创空间的适应环境能力都是组织与外界交互的桥梁，在高度不确定性环境下，构建组织的适应性强化机制成为组织发展的关键。

综合分析以上 3 个组态，NH1（0.463）与 NH2（0.343）的覆盖度相较 NH3（0.099）明显更多地解释了结果变量，且囊括了本研究中高校和国有性质的所有众创空间案例，结合实践来看，该类型众创空间大多具有公益性、非营利性的特点。以高校众创空间为例，此类空间以学校科研项目孵化或引导学生创业为主，缺乏市场化发展机制和协同创新机制，这也导致初创企业创新绩效具有一定劣势。

16.3.4 耦合关系分析

在组态理论中引入耦合关系，可以通过测量某几个条件之间联系的强度、直接性、一致性或依赖性来分析前因条件之间的关系模式。具体而言，通过比较某几个条件同时出现的频率来判断其强度；通过比较某几个条件随其他条件改变而总是共同出现或不出现来判断其一致性；通过观察某几个条件为特定组合，而其他条件却能够以不同组合形式分别出现在不同的组态中来判断其依赖性。

（1）高创新绩效的耦合关系分析。

通过比较组态发现，机会识别能力、合作发展能力、资源拼凑能力、关系互动能力之间存在较高的强度；随着环境支持能力、适应环境能力两个条件的改变，机会识别能力、合作发展能力、资源拼凑能力、关系互动能力仍共同出现，具有较强的一致性；机会识别能力、合作发展能力、资源拼凑能力、关系互动能力总是同时出现，而环境支持能力、适应环境能力却能够和其他条件分别出现在不同的组态中，因此机会识别能力、合作发展能力、资源拼凑能力、关系互动能力之间的依赖性比环境支持能力、适应环境能力对机会识别能力、合作发展能力、资源拼凑能力、关系互动能力的依赖性强。

（2）非高创新绩效的耦合关系分析。

通过比较组态发现，合作发展能力、资源拼凑能力、关系互动能力之间存在较高的强度；随着环境支持能力、适应环境能力、机会识别能力三个条件的改变，合作发展能力、资源拼凑能力、关系互动能力仍共同出现，具有较强的一致性；合作发展能力、资源拼凑能力、关系互动能力总是同时出现，而环境支持能力、适应环境能力、机会识别能力却能够和其他条件分别出现在不同的组态中，因此合作发展能力、资源拼凑能力、关系互动能力之间的依赖性比环境支持能力、适应环境能力、机会识别能力对合作发展能力、资源拼凑能力、关系互动能力的依赖性强。

综合来看，无论是高或非高创新绩效，企业动态能力各维度皆具有较强的耦合关系，即这些要素间有着联系、连接与互相依赖性，这也体现了机会识别能力、合作发展能力、资源拼凑能力、关系互动能力之间的多维契合与彼此作用的特征。耦合要素具有的独立性与自主性，可以使其内部拥有局部稳定性进而应对突变与变革。

16.4　结论与启示

本章基于交互创新论、资源基础理论及动态能力理论，结合 27 家众创空间的问卷数据，运用 fsQCA 方法分析众创空间与初创企业 2 个层面的 6 个条件对创新绩效的影响，研究发现高创新绩效的 2 种组态以及非高创新绩效的 3 种组态，高创新绩效与非高创新绩效的结果存在非对称因果关系与耦合关系。研究结果表明：（1）初创企业动态能力是激活高创新绩效的关键，动态能力各维度间的耦合关系能够帮助企业抵御环境不确定性；（2）众创空间外部环境支持能力通过环境适应能力起作用，环境适应能力是众创空间入驻企业获取外部创新源泉的重要通道，机会识别能力则是企业把握众创空间内部企业间合作创新机会的重要桥梁，入驻企业的动态能力辅以众创空间的环境适应能力更有可能促进入驻企业实现高创新绩效；（3）相较于国有和高校创办的众创空间，企业主导型众创空间更加强调初创企业动态能力对创新绩效的贡献。在竞争激烈的市场环境中，核心企业主导型众创空间主要依托核心企业强大的产业资源优势，通过产业平台内部的资源依赖与互补促进初创企业创新，政府补助、商业资源等环境支持对刺激其创新收效不显著。

基于本研究所得结论，得到以下管理启示：（1）积极引导初创企业动态能力建设。在竞争日益激烈的市场环境中，企业动态能力所配置和调整的资源结构是企业竞争优势的重要源泉，管理部门需要通过对众创空间平台的建设来强化组织外部的支持以及引导初创企业自身的学习来加强动态能力。（2）努力推进众创空间与初创企业多项能力同步提升。在高度不确定性环境下，多因素耦合与组态关系对促进企业创新具有重要作用，应提升众创空间及其入驻企业的适应性强化机制，实现多因素的耦合协调作用。（3）分门别类细化众创空间创新发展政策。不同类型众创空间中企业创新的影响机制不尽相同，因此应根据众创空间的不同类型，并针对性地结合各地区创新氛围特征，因地制宜地推广创新政策。（4）注重打通资源传递的通道。在创新资源众多的发展环境下，要关注政策资源传递的流通性，打通资源渠道，即加强众创空间环境适应能力和初创企业机会识别能力的培养，从而实现政策落地和资源传递到位。

16.5　本章小结

本章基于交互创新论、资源基础理论及动态能力理论，结合 27 家众创空间的问卷数据，运用 fsQCA 方法分析众创空间与初创企业 2 个层面的 6 个条件对创新绩效的影响，研究发现高创新绩效的 2 种组态以及非高创新绩效的 3 种组态，高创新绩效与非高创新绩效的结果存在非对称因果关系与耦合关系。

第17章 核心企业主导型众创空间运营方与初创企业的合作创新行为

　　根据第 16 章的研究结论，在不同类型的众创空间中初创企业的自身能力对创新绩效的影响是不一样的，这主要源于不同类型的众创空间运营方与初创企业创新合作程度的差异。国有或高校创办的众创空间其运营方是非趋利性的，创新合作不存在障碍。而企业主导型的众创空间其运营方是趋利性的，创新合作往往存在不确定性。因此，企业主导型众创空间相较于国有和高校创办的众创空间更加强调初创企业自身能力对创新绩效的贡献。鉴于此，本章专门讨论核心企业主导型众创空间运营方与初创企业的合作创新行为。

　　在日趋激烈的市场竞争中，核心企业主导构建的众创空间依托自身强大的产业资源优势以及合理有效的运行机制，散发出强劲的发展活力，受到众多初创企业的青睐。① 此类众创空间大多由传统或新兴产业领域的龙头骨干企业作为运营方主导打造，其平台效应依托核心企业自身强大的产业资源优势而产生。运营方不仅通过搭建物理交流平台将培训机构、服务机构、投融资机构聚集在一起，而且通过资源整合能力汇集大量创新资源，从而解决入驻企业资源短缺、力量薄弱问题。同时，运营方还对入驻企业的行为予以监管。② 在运营方监管下，入驻企业根据发展需求主动适应平台环境，在成长过程中以不同形式回馈资源提供者以及实现产品

---

　　① 娄淑珍，项国鹏，王节祥. 平台视角下众创空间竞争力评价模型构建 [J]. 科技进步与对策，2019，36（06）：19-25.

　　② Browder R E, Aldrich H E, Bradley S W. The Emergence of the Maker Movement：Implications for Organizational and Entrepreneurship Research [J]. *Journal of Business Venturing*，2019，34（03）：459-476.

　　陈武，李燕萍. 众创空间平台组织模式研究 [J]. 科学学研究，2018，36（04）：593-600.

创新①，双方在资源整合和互动合作过程中实现价值共创②。众创空间运营方与入驻企业价值共创的形式不仅包括新产品开发、品牌管理，而且包括企业创新。当双方都选择"合作创新"时，可以通过资源整合与互动合作行为获得新产品收益以及经济报酬，以腾讯众创空间为例，运营方以创新资源换取入驻企业的股份，而入驻企业在运营方支持下实现创新产出，入驻企业的成功孵化与运营也产生了经济收益，双方通过合作都实现了更优收益。③ 核心企业主导型众创空间是贯彻"双创"政策的主力军，因此，基于价值共创视角探讨核心企业主导型众创空间合作创新的影响机制强化了众创空间研究的针对性，对如何促进此类众创空间的高质量发展具有重要的理论和现实指导意义。

本章以核心企业主导型众创空间为研究对象，基于价值共创的视角运用演化博弈方法探讨运营方与入驻企业合作创新的影响因素。本章首先建立双方合作创新博弈模型，分析演化稳定策略，然后引入双重奖惩机制，并用数值仿真方法探讨参数变化对演化的影响。研究结论为把握核心企业主导型众创空间运营方与入驻企业合作创新的主要影响因素提供理论依据，也为管理部门如何通过激励机制促进运营方与入驻企业开展合作创新并通过约束机制规避投机行为提供现实指导。

17.1 问题描述与符号说明

17.1.1 问题描述

近年来，共创主体间的连接、互动、资源整合以及重构成为价值共创

---

① 陈武，李燕萍. 众创空间平台组织模式研究 [J]. 科学学研究，2018，36（04）：593 - 600.

项国鹏，钭帅令. 核心企业主导型众创空间的构成、机制与策略——以腾讯众创空间为例 [J]. 科技管理研究，2019，39（17）：1 - 6.

② 钟琦，杨雪帆，吴志樵. 平台生态系统价值共创的研究述评 [J]. 系统工程理论与实践，2021，41（02）：421 - 430.

③ 项国鹏，钭帅令. 核心企业主导型众创空间的构成、机制与策略——以腾讯众创空间为例 [J]. 科技管理研究，2019，39（17）：1 - 6.

研究的焦点。① 众创空间为运营方与入驻企业价值共创提供重要的平台②，帮助入驻企业创新创业既是众创空间的价值体现，也是其吸引力所在③。众创空间运营方与入驻企业通过资源整合与行为互动实现创新合作，进而达到价值共创目的。④ 与政府支持下的非营利性众创空间不同，核心企业主导型众创空间的运营方大多为产业龙头企业，它们具有所处领域的资源能力优势和中心地位⑤，可以通过汇集产业链上下游企业构建产业支撑下的垂直孵化运营模式，而入驻企业也在核心企业的引导力、影响力与控制力的作用之下逐渐发展起来。由于运营方与入驻企业专注于同一领域，它们之间往往存在合作创新的博弈关系。初创企业可以从多个众创空间中选择一个入驻，众创空间内部入驻多家企业，运营方可以从中选择合作创新的对象，即运营方和初创企业的合作创新问题是两个大群体随机配对的反复博弈问题。运营方与入驻企业合作创新的行为与路径具有动态性，在博弈的过程中会不断根据对方情况变化来调整自己的策略，因此运营方和入驻企业的策略选择是一个动态博弈的过程。本研究以"大众创业，万众创新"政策环境作为研究背景，参照相关研究提出如下假设：

H17 - 1：在众创空间创新系统中存在两方利益主体，分别是运营方和入驻企业，双方共担合作创新的责任，且运营方对入驻企业负有监管责任。

H17 - 2：博弈双方主体均有两种策略，即可行策略集合为：｛合作创新，不合作创新｝。"合作创新"策略指博弈方以价值共创为出发点开展创新合作，目的是追求整体创新利益最大化，而"不合作创新"指博弈方

---

① 张洪，鲁耀斌，张凤娇. 价值共创研究述评：文献计量分析及知识体系构建 [J]. 科研管理，2021，42 (12)：88 - 99.

② 孙荣华，张建民. 基于创业生态系统的众创空间研究：一个研究框架 [J]. 科技管理研究，2018，38 (01)：244 - 249.

③ 崔祥民，杜运周，赵都敏，等. 基于组态视角的众创空间创客集聚机制研究 [J]. 科技进步与对策，2021，38 (18)：27 - 36.

④ 胡海波，卢海涛，王节祥，等. 众创空间价值共创的实现机制：平台视角的案例研究 [J]. 管理评论，2020，32 (09)：323 - 336.

⑤ 王海花，熊丽君，李玉. 众创空间创业环境对新创企业绩效的影响 [J]. 科学学研究，2020，38 (04)：673 - 684.

为追求自身利益最大化，有可能为自身利益而不尽全力或坐享其成，甚至做出导致牺牲整体利益的行为，当双方皆选择"合作创新"时，将通过价值共创获得额外收益。

H17 - 3：博弈双方具有信息不对称性。基于有限理性，博弈方往往一开始无法抉择出最优策略，需要在不断学习中改进自身策略直到达到均衡状态。

H17 - 4：博弈初期运营方选择"合作创新"的概率为 $x(0 \leqslant x \leqslant 1)$，选择"不合作创新"的概率为 $1 - x$；入驻企业选择"合作创新"的概率为 $y(0 \leqslant y \leqslant 1)$，选择"不合作创新"的概率为 $1 - y$。

17.1.2 符号说明

（1）关于成本。

在众创空间创新系统中，运营方是系统的构建者和发展者，为入驻企业提供开放技术平台与产业资源支持。为了保证众创空间持续的创新和发展能力，核心企业作为运营方担负着引领空间发展方向以及培育空间核心竞争力的重任，需要付出相应的成本，如组织行业交流会、科技讲座、路演等活动所投入的人力、物力等[①]；入驻企业为促进创新不仅需要参加各种交流共享和教育培训活动以整合创新资源，而且还要为创新加大研发投入力度，参加这些活动以及创新投入也需要企业付出成本[②]。

运营方对于入驻企业还负有监管责任，如对入驻的企业进行年度考核评比、设置企业孵化毕业标准等，此类监管措施涉及设计管理制度、设置监管人员等成本。

因此，假设运营方与入驻企业合作创新总成本为 $C\_1(C\_1 > 0)$，两者分担比例分别为 $\alpha(0 \leqslant \alpha \leqslant 1)$ 和 $1 - \alpha$；运营方监管入驻企业所付出的监管成本为 $C\_2(C\_2 > 0)$。

---

① 尹国俊，蒋璐闻. 基于产权共享的众创空间资源聚合模式研究 ［J］. 科学学研究，2021，39（02）：356 - 364.

② 陈武，李燕萍. 众创空间平台组织模式研究 ［J］. 科学学研究，2018，36（04）：593 - 600.

（2）关于收益。

众创空间内各主体通过合作创新实现各自的价值，运营方可能通过资源或者资本持股获得资本回报，也可通过为入驻企业提供平台资源环境从中收取一定服务费用；入驻企业获取众创空间平台的各项优质资源，在技术突破、产品试验和用户推广等方面提高效率。[①]

除此之外，价值共创理论认为主体间的合作不仅有助于各方实现效益最大化，还能帮助各方获得额外的价值共创收益。[②] 众创空间运营方与入驻企业的合作创新以价值共创为结果导向，双方都选择"合作创新"时，可以通过资源整合与互动合作行为获得新产品收益以及经济报酬等。以腾讯众创空间为例，运营方以创新资源换取入驻企业的股份，而企业在资源支持下实现创新产出，从而回馈运营方，而入驻企业的成功孵化与运营也产生了经济收益，双方都通过合作实现了更优利益。[③]

据此，本章假设在合作创新活动中运营方的基本收益为 $\pi_1(\pi_1 > 0)$，企业的基本收益为 $\pi_2(\pi_2 > 0)$，两者通过合作创新过程中资源和信息的共享所创造出的价值共创额外收益为 $R(R > 0)$。假设额外收益在运营方和企业间分配，其中 $\beta(0 \leq \beta \leq 1)$ 为运营方的分配系数，$1 - \beta$ 为企业的分配系数。

（3）关于奖惩。

政府为各类众创空间提供了广泛的支持，也为引导和推进众创空间健康有序发展制定了相应的绩效考核评价体系。在北大法宝网站上以"众创空间""绩效"等关键词进行检索，可以发现诸多地方规范性文件、地方工作文件对众创空间绩效提出了具体的考核标准；根据实地调研结果，众

---

①③ 项国鹏，钭帅令. 核心企业主导型众创空间的构成、机制与策略——以腾讯众创空间为例 [J]. 科技管理研究，2019，39（17）：1-6.

② 张洪，鲁耀斌，张凤娇. 价值共创研究述评：文献计量分析及知识体系构建 [J]. 科研管理，2021，42（12）：88-99.

王发明，朱美娟. 创新生态系统价值共创行为协调机制研究 [J]. 科研管理，2019，40（05）：71-79.

王玖河，刘琳，王勇. 顾客参与价值共创影响因素研究——基于演化博弈的视角 [J]. 数学的实践与认识，2018，48（09）：60-69.

创空间也设立年度考核指标体系及入驻企业毕业标准，如针对技术开发能力（研发投入、科技人才队伍研发新技术、产品情况）、经营管理能力（人员到位率、市场开拓能力、企业运作情况、管理制度建立）等企业能力的考核。众创空间绩效考核、年度考核评比与信用公开机制等措施能够有效地激励合作双方的创新和规避投机行为。众创空间运营方对入驻企业以及政府部门对众创空间皆可通过奖惩机制进行管理，适度的奖励与惩罚能够影响价值共创行为，并为价值共创提供激励与约束机制。

据此，假设众创空间运营方通过保证金收取机制和信用公开机制对入驻企业加以约束。运营方发现入驻企业的机会主义行为，会对其收取一定的保证金作为惩罚，记为 $f(f>0)$，即保证金收取机制；运营方还对入驻企业进行失信公示处理，由此可能导致入驻企业信誉下降、创新绩效下滑与价值产出降低，其损失为 $s(s>0)$，即信用公开机制。

政府通过经济性惩罚机制和监管奖励机制对众创空间加以约束，当发现众创空间运营方有投机行为或监管不尽责时，政府将收取一定罚金，记为 $F(F>0)$，即经济性惩罚机制；当发现运营方尽职尽责，政府给众创空间补偿一定监管成本作为奖励，记为 $e(e>0)$，即监管奖励机制。[①] 综上，模型符号及其含义见表 17 - 1。

表 17 - 1　　　　　　　　　　　模型符号及其含义

符号	描述
C_1	运营方与入驻企业所付出的总成本
C_2	运营方监管成本
α	成本分担比例，$\alpha \in [0, 1]$
π_1	运营方基本收益
π_2	入驻企业基本收益

---

① 汪旭晖，任晓雪. 基于演化博弈的平台电商信用监管机制研究 [J]. 系统工程理论与实践，2020，40（10）：2617 - 2630.

符号	描述
R	价值共创额外收益
β	额外收益分配比例，$\beta \in [0, 1]$
f	运营方为防止入驻企业投机所收取的保证金
s	运营方对入驻企业进行失信公示所带来的损失
F	政府对运营方投机所收取的罚金
e	政府对运营方补偿的监管成本

17.2 不考虑奖惩机制时的演化博弈模型

17.2.1 模型演化稳定策略

根据上述假设，在不考虑奖惩机制的情况下，构造众创空间运营方与入驻企业双方合作创新的博弈收益矩阵，具体如表 17-2 所示。

表 17-2 不考虑奖惩机制时的运营方—入驻企业博弈收益矩阵

策略选择		入驻企业	
		合作创新（y）	不合作创新（1-y）
运营方	合作创新（x）	$\pi_1 + \beta R - \alpha C_1 - C_2$，$\pi_2 + (1-\beta)R - (1-\alpha)C_1$	$\pi_1 - \alpha C_1 - C_2$，π_2
	不合作创新（1-x）	π_1，$\pi_2 - (1-\alpha)C_1$	π_1，π_2

（1）众创空间运营方博弈均衡分析。

假设众创空间运营方"合作创新"和"不合作创新"所带来的收益分别为 E_x 与 E_{1-x}，由表 17-2 可得：

$$E_x = y(\pi_1 + \beta R - \alpha C_1 - C_2) + (1-y)(\pi_1 - \alpha C_1 - C_2)$$

$$= \pi_1 - \alpha C_1 - C_2 + y\beta R$$

$$E_{1-x} = \pi_1 \qquad\qquad (17.1)$$

进一步可以求出众创空间运营方采取"合作创新"和"不合作创新"策略的平均收益$\overline{E_M}$为：

$$\overline{E_M} = xE_x + (1-x)E_{1-x}$$

$$= x(\pi_1 - \alpha C_1 - C_2 + y\beta R) + (1-x)\pi_1 \qquad (17.2)$$

由此，众创空间运营方的复制动态方程$F(x)$为：

$$F(x) = \frac{dx}{dt} = x(E_x - \overline{E_M})$$

$$= x(1-x)(y\beta R - \alpha C_1 - C_2) \qquad (17.3)$$

（2）入驻企业博弈均衡分析。

假设入驻企业"合作创新"和"不合作创新"所带来的收益分别为E_y与E_{1-y}，由表17-2可得：

$$E_y = x[\pi_2 + (1-\beta)R - (1-\alpha)C_1] + (1-x)[\pi_2 - (1-\alpha)C_1]$$

$$= \pi_2 - (1-\alpha)C_1 + x(1-\beta)R$$

$$E_{1-y} = \pi_2 \qquad\qquad (17.4)$$

进一步可以求出入驻企业采取"合作创新"和"不合作创新"策略的平均收益$\overline{E_N}$为：

$$\overline{E_N} = yE_y + (1-y)E_{1-y}$$

$$= y[\pi_2 - (1-\alpha)C_1 + x(1-\beta)R] + (1-y)\pi_2 \qquad (17.5)$$

由此，入驻企业的复制动态方程$F(y)$为：

$$F(y) = \frac{dy}{dt} = y(E_y - \overline{E_N})$$

$$= y(1-y)[x(1-\beta)R - (1-\alpha)C_1] \qquad (17.6)$$

17.2.2 均衡点稳定性分析

根据计算$F(x) = \frac{dx}{dt} = 0$，$F(y) = \frac{dy}{dt} = 0$，可得此时$x^* = \frac{(1-\alpha)C_1}{(1-\beta)R}$，

$y^* = \alpha C_1 + \frac{C_2}{\beta R}$，由此可以得到5个均衡点，即$A(0, 0)$、$B(0, 1)$、

$C(1, 1)$、$D(1, 0)$ 与 $O(x^*, y^*)$。根据渐近稳定性分析方法，对复制动态方程求偏导，得到雅可比矩阵 J，再将 4 个均衡点分别代入矩阵 J，得到众创空间运营方与入驻企业对应的合作创新博弈的渐近稳定性分析结果，具体如下所示。

$$J = \begin{bmatrix} \dfrac{\partial F(x)}{\partial x} & \dfrac{\partial F(x)}{\partial y} \\[2mm] \dfrac{\partial F(y)}{\partial x} & \dfrac{\partial F(y)}{\partial y} \end{bmatrix}$$

$$\frac{\partial F(x)}{\partial x} = (1 - 2x)(y\beta R - \alpha C_1 - C_2)$$

$$\frac{\partial F(x)}{\partial y} = x(1 - x)\beta R$$

$$\frac{\partial F(y)}{\partial x} = y(1 - y)(1 - \beta)R \tag{17.7}$$

$$\frac{\partial F(y)}{\partial y} = (1 - 2y)[x(1 - \beta)R - (1 - \alpha)C_1]$$

下面首先分析均衡点 $A(0, 0)$ 的情况，此时的矩阵 J_1 为：

$$J_1 = \begin{bmatrix} -\alpha C_1 - C_2 & 0 \\ 0 & -(1 - \alpha)C_1 \end{bmatrix} \tag{17.8}$$

可以看出，此时矩阵 J_1 的特征值为 $\lambda_1 = -\alpha C_1 - C_2$、$\lambda_2 = -(1 - \alpha)C_1$。以此类推，将各均衡点分别代入矩阵 J，得到所对应的特征值结果，具体如表 17 -3 所示。

表 17 -3　　　　　不考虑奖惩机制时的雅克比矩阵的特征值

均衡点	特征值 λ_1	特征值 λ_2
$A(0, 0)$	$-\alpha C_1 - C_2$	$-(1 - \alpha)C_1$
$B(0, 1)$	$\beta R - \alpha C_1 - C_2$	$(1 - \alpha)C_1$
$C(1, 1)$	$\alpha C_1 + C_2 - \beta R$	$(1 - \alpha)C_1 - (1 - \beta)R$
$D(1, 0)$	$\alpha C_1 + C_2$	$(1 - \beta)R - (1 - \alpha)C_1$

为了保证均衡点 O(x*, y*) 存在，需要满足 $1 > \dfrac{(1-\alpha)C_1}{(1-\beta)R} > 0$，$1 > \alpha C_1 + \dfrac{C_2}{\beta R} > 0$。根据 Lyapunov 间接法判断均衡点局部稳定性，即当该点雅可比矩阵的特征值都为负实部时，为系统的演化稳定策略（ESS）；若有至少一个特征值大于零，那么说明该点不稳定；若有一个特征值等于零，则说明该均衡点的稳定性无法判断。均衡点局部稳定性结果如表 17 - 4 所示。

表 17 - 4　　　　　不考虑奖惩机制时的均衡点局部稳定性

均衡点	特征值 λ_1	特征值 λ_2	稳定性结论
A(0, 0)	−	−	ESS
B(0, 1)	+	+	非稳定点
C(1, 1)	−	−	ESS
D(1, 0)	+	+	非稳定点

17.2.3　参数变化对演化过程的影响

将运营方与入驻企业的非对称复制动态博弈结果表示在一个坐标平面上，可以得出初创企业与众创空间运营方的演化路径图，如图 17 - 1 所示。博弈均衡点为 A(0, 0)、B(0, 1)、C(1, 1)、D(1, 0) 与 O(x*, y*)，其中 A、C 为演化的稳定状态，B、D 为不稳定点，O 为鞍点，$x^* = \dfrac{(1-\alpha)C_1}{(1-\beta)R}$，$y^* = \alpha C_1 + \dfrac{C_2}{\beta R}$。根据图 17 - 1，众创空间运营方与入驻企业的长期演化结果是都选择"合作创新"，以及都选择"不合作创新"两种情况，若博弈初始状态位于四边形 ABOD，那么系统将在长期演化的过程中收敛于 A 点，即众创空间运营方选择"不合作创新"、入驻企业选择"不合作创新"；若博弈初始状态位于四边形 BODC，那么系统将在长期演化的过程中收敛于 C 点，即众创空间运营方选择"合作创新"、入驻企业选择"合作创新"。

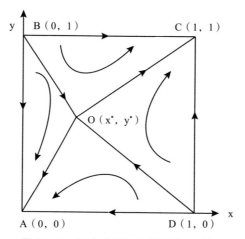

图 17-1　不存在奖惩机制的演化路径

为了更好实现初创企业与众创空间的价值共创，理想的状态应该是收敛于 C 点，应当扩大四边形 BODC、缩小四边形 ABOD 的区域范围。因此，可以通过分析四边形 ABOD 的面积来判断博弈方的倾向策略（面积大小与博弈演化方向呈反向相关）。根据计算，四边形 ABOD 的面积公式为：

$$S = S_{\triangle ADO} + S_{\triangle ABO} = \frac{1}{2}\left[\frac{(1-\alpha)C_1}{(1-\beta)R} + \frac{\alpha C_1 + C_2}{\beta R}\right]$$

$$= \frac{1}{2R}\left[\frac{(1-\alpha)C_1}{1-\beta} + \frac{\alpha C_1 + C_2}{\beta}\right] \tag{17.9}$$

（1）关于总成本 C_1 与运营方监管成本 C_2 的讨论。

$$\frac{\partial_S}{\partial_{C_1}} = \frac{1}{2R}\left[\frac{1-\alpha}{1-\beta} + \frac{\alpha}{\beta}\right] > 0, \quad \frac{\partial_S}{\partial_{C_2}} = \frac{1}{2\beta R} > 0 \tag{17.10}$$

S 是总成本 C_1 与运营方监管成本 C_2 的单调递增函数，当成本 C_1 与 C_2 越大，S 也会越大，向 A(0, 0) 演化的概率增大，博弈双方采取"合作创新"策略的概率越小。因此，众创空间运营方与入驻企业双方在合作创新过程中所耗费成本 C_1 与 C_2 越小，越易选择"合作创新"行为，越能实现价值共创。

（2）关于成本分担比例 α 的讨论。

$$\frac{\partial_S}{\partial_\alpha} = \frac{C_1}{2R}\left(\frac{1}{\beta} - \frac{1}{1-\beta}\right) \tag{17.11}$$

当 β < 0.5 时，S 是 α 的单调增函数，成本分担系数 α 越大，S 就会越大，向 A(0, 0) 演化的概率增大；当 β > 0.5 时，S 是 α 的单调减函数，成本分担系数 α 越大，S 就会变越小，向 C(1, 1) 演化的概率增大。因此，当 β = 0.5 时存在最优情况，能够使运营方与入驻企业达成合作创新的概率最大。

（3）关于额外收益 R 的讨论。

$$\frac{\partial_S}{\partial_R} = -\frac{1}{2R^2}\left[\frac{(1-\alpha)C_1}{1-\beta} + \frac{\alpha C_1 + C_2}{\beta}\right] < 0 \qquad (17.12)$$

S 是额外收益 R 的单调递减函数，当 R 越大，S 就会越小，向 C(1, 1) 演化的概率增大，博弈双方选择"合作创新"行为的概率也随之增大。因此，众创空间运营方与入驻企业双方坚持合作创新时的额外收益越大，最终实现价值共创的概率越大。

（4）关于额外收益分配比例 β 的讨论。

$$\frac{\partial_S}{\partial_\beta} = \frac{1}{2R}\left[\frac{(1-\alpha)C_1}{(1-\beta)^2} - \frac{\alpha C_1 + C_2}{\beta^2}\right], \quad \frac{\partial_S}{\partial_\beta^2} = \frac{1}{R}\left[\frac{(1-\alpha)C_1}{(1-\beta)^3} + \frac{\alpha C_1 + C_2}{\beta^3}\right] > 0$$

$$令 \frac{\partial_S}{\partial_\beta} = 0, \ 可得 \frac{(1-\alpha)C_1}{(1-\beta)^2} = \frac{\alpha C_1 + C_2}{\beta^2} \qquad (17.13)$$

当上式满足时，S 存在极小值，即此时运营方与入驻企业最有可能向 C(1, 1) 处演化，最有可能采取"合作创新"策略，且呈最快演化速度。因此，会存在一个最优收益分配比例，在最大概率下使运营方与入驻企业实现合作创新。

17.3　考虑奖惩机制时的演化博弈模型

在不考虑奖惩机制的情况下，已经确定了总成本、运营方监管成本、成本分担比例、额外收益与额外收益分配比例的参数变化在合作创新过程中对实现价值共创的影响，明确了各参数的作用。然而，在实践中政府作为制度的规范者和保障者，承担着引导和规范的责任，而运营方也负有对入驻企业的引领和监管责任，引入奖惩机制可以帮助众创空间更好地突破合作创新过程中的监管困境。

因此，本章结合实际情况提出双重奖惩模型进行演化博弈分析，并针对不同的奖惩力度进行数值仿真。

17.3.1 模型演化稳定策略

从前面的分析可以看出众创空间运营方和入驻企业的策略选择主要存在两条演化路径，其中一条是双方都选择"合作创新"策略，另一条是双方都选择"不合作创新"策略。在已有研究的基础上，本章结合对众创空间的调研结果，引入奖惩机制，构造运营方与入驻企业合作创新的博弈收益矩阵，如表 17 – 5 所示。

表 17 – 5 考虑奖惩机制的博弈收益矩阵

策略选择		入驻企业	
		合作创新（y）	不合作创新（1 – y）
运营方	合作创新（x）	$\pi_1 + \beta R - \alpha C_1 - C_2 + e$, $\pi_2 + (1 - \beta) R - (1 - \alpha) C_1$	$\pi_1 - \alpha C_1 - C_2 + f + e$, $\pi_2 - f - s$
	不合作创新（1 – x）	$\pi_1 - F$, $\pi_2 - (1 - \alpha) C_1$	$\pi_1 - F$, π_2

（1）众创空间运营方博弈均衡分析。

假设众创空间运营方"合作创新"和"不合作创新"所带来的收益分别为 E'_x 与 E'_{1-x}，由表 17 – 5 可得：

$$E'_x = y(\pi_1 + \beta R - \alpha C_1 - C_2 + e)$$
$$+ (1 - y)(\pi_1 - \alpha C_1 - C_2 + f + e)$$
$$= \pi_1 - \alpha C_1 - C_2 + y\beta R + e + f - yf$$
$$E'_{1-x} = \pi_1 - F \tag{17.14}$$

进一步可以求出众创空间运营方采取"合作创新"和"不合作创新"策略的平均收益 $\overline{E'_M}$ 为：

$$\overline{E'_M} = xE_x + (1 - x)E_{1-x}$$

$$= x(\pi_1 - \alpha C_1 - C_2 + y\beta R + e + f - yf)$$
$$+ (1 - x)(\pi_1 - F) \tag{17.15}$$

由此，众创空间运营方的复制动态方程 G(x) 为：

$$G(x) = \frac{dx}{dt} = x(E_x' - \overline{E_M'})$$
$$= x(1 - x)(y\beta R - \alpha C_1 - C_2 + e + f - yf + F) \tag{17.16}$$

（2）入驻企业博弈均衡分析。

假设入驻企业"合作创新"和"不合作创新"所带来的收益分别为 E_y' 与 E_{1-y}'，由表 17 - 5 可得：

$$E_y' = x[\pi_2 + (1 - \beta)R - (1 - \alpha)C_1]$$
$$+ (1 - x)[\pi_2 - (1 - \alpha)C_1]$$
$$= \pi_2 - (1 - \alpha)C_1 + x(1 - \beta)R$$
$$E_{1-y}' = x(\pi_2 - f - s) + (1 - x)\pi_2 = \pi_2 - xf - xs \tag{17.17}$$

进一步可以求出入驻企业采取"合作创新"和"不合作创新"策略的平均收益 $\overline{E_N'}$ 为：

$$\overline{E_N'} = yE_y + (1 - y)E_{1-y}$$
$$= y[\pi_2 - (1 - \alpha)C_1 + x(1 - \beta)R] + (1 - y)(\pi_2 - xf - xs) \tag{17.18}$$

由此，入驻企业的复制动态方程 G(y) 为：

$$G(y) = \frac{dy}{dt} = y(E_y' - \overline{E_N'})$$
$$= y(1 - y)[x(1 - \beta)R - (1 - \alpha)C_1 + xf + xs] \tag{17.19}$$

17.3.2 均衡点稳定性分析

与前文类似，由 $G(x) = \frac{dx}{dt} = 0$，$G(y) = \frac{dy}{dt} = 0$ 可得，$x^* = \frac{(1 - \alpha)C_1}{(1 - \beta)R} +$

$f + s$，$y^* = \alpha C_1 + C_2 - e - f - \frac{F}{\beta R} - f$，系统的 5 个均衡点为 A(0，0)、B(0，

1)、C(1，1)、D(1，0) 与 O(x^*，y^*)。雅可比矩阵 J' 及各项算式具体

如下所示。

$$J' = \begin{bmatrix} \dfrac{\partial G(x)}{\partial x} & \dfrac{\partial G(x)}{\partial y} \\[3mm] \dfrac{\partial G(y)}{\partial x} & \dfrac{\partial G(y)}{\partial y} \end{bmatrix}$$

$$\frac{\partial G(x)}{\partial x} = (1 - 2x)(y\beta R - \alpha C_1 - C_2 + e + f - yf + F)$$

$$\frac{\partial G(x)}{\partial y} = x(1 - x)(\beta R - f)$$

$$\frac{\partial G(y)}{\partial x} = y(1 - y)[(1 - \beta)R + f + s]$$

$$\frac{\partial G(y)}{\partial y} = (1 - 2y)[x(1 - \beta)R - (1 - \alpha)C_1 + xf + xs] \qquad (17.20)$$

由此，均衡点 $A(0, 0)$ 的矩阵 J'_1 为：

$$J'_1 = \begin{bmatrix} -\alpha C_1 - C_2 + e + f + F & 0 \\[2mm] 0 & -(1 - \alpha)C_1 \end{bmatrix} \qquad (17.21)$$

可以看出，此时矩阵 J'_1 的特征值为 $\lambda_1 = -\alpha C_1 - C_2 + e + f + F$、$\lambda_2 = -(1 - \alpha)C_1$。以此类推，矩阵 J' 的特征值如表 17 - 6 所示。

表 17 - 6   **考虑奖惩机制的雅克比矩阵特征值**

均衡点	特征值 λ_1	特征值 λ_2
$A(0, 0)$	$-\alpha C_1 - C_2 + e + f + F$	$-(1 - \alpha)C_1$
$B(0, 1)$	$\beta R - \alpha C_1 - C_2 + e + F$	$(1 - \alpha)C_1$
$C(1, 1)$	$\alpha C_1 + C_2 - \beta R - e - F$	$(1 - \alpha)C_1 - (1 - \beta)R - f - s$
$D(1, 0)$	$\alpha C_1 + C_2 - e - f - F$	$(1 - \beta)R - (1 - \alpha)C_1 + f + s$

与前文类似，为了保证均衡点 $O'(x^*, y^*)$ 存在，需要满足 $1 > \dfrac{(1 - \alpha)C_1}{(1 - \beta)R} + f + s > 0$，$1 > \alpha C_1 + C_2 - e - f - \dfrac{F}{\beta R} - f > 0$。由于，$(1 - \alpha)C_1$ 恒大于 0，而 $\alpha C_1 + C_2 - e - f - F$ 无法判断其正负性，存在着大于 0 与小于 0 两种情况。因此，应按照 $\alpha C_1 + C_2 - e - f - F > 0$ 与 $\alpha C_1 + C_2 - e - f - F < 0$

两种情况展开讨论。当 $\alpha C_1 + C_2 - e - f - F > 0$ 时，均衡点的局部稳定性结果具体如表 17-7 所示；当 $\alpha C_1 + C_2 - e - f - F < 0$ 时，均衡点的局部稳定性结果具体如 17-8 所示。

表 17-7 $\alpha C_1 + C_2 - e - f - F > 0$ 情况下均衡点的局部稳定性

均衡点	特征值 λ_1	特征值 λ_2	稳定性结论
A(0, 0)	−	−	ESS
B(0, 1)	+	+	非稳定点
C(1, 1)	−	−	ESS
D(1, 0)	+	+	非稳定点

表 17-8 $\alpha C\_1 + C\_2 - e - f - F < 0$ 情况下均衡点的局部稳定性

均衡点	特征值 λ_1	特征值 λ_2	稳定性结论
A (0, 0)	+	−	非稳定点
B (0, 1)	−	+	非稳定点
C (1, 1)	+	−	非稳定点
D (1, 0)	−	+	非稳定点

由此，可以确定满足 $\alpha C_1 + C_2 - e - f - F > 0$ 时，复制动态系统才存在 ESS。当 $\alpha C_1 + C_2 - e - f - F > 0$ 时，均衡点 $O'(x^*, y^*)$ 无法直接判断稳定情况，结合 Friedman 提出的行列式（detJ）与迹（trJ）符号的正负性进行判断，当满足均衡点 $detJ > 0$ 与 $trJ < 0$ 时为 ESS。根据矩阵 J'，可得：

$$\det J' = (1-2x)(y\beta R - \alpha C_1 - C_2 - yf + e + f + F)$$
$$(1-2y)[x(1-\beta)R - (1-\alpha)C_1 + xf + xs]$$
$$- x(1-x)(\beta R - f)y(1-y)[(1-\beta)R + f + s]$$
$$\mathrm{tr}J' = (1-2x)(y\beta R - \alpha C_1 - C_2 - yf + e + f + F)$$
$$+ (1-2y)[x(1-\beta)R - (1-\alpha)C_1 + xf + xs] \qquad (17.22)$$

将 $O'(x^*, y^*)$ 代入，可以发现此时 tr 符号为正，det 符号不能确定，无法直接判断该点的稳定情况，即为鞍点。结合表 17-7 可知，当

$\alpha C_1 + C_2 - e - f - F > 0$ 时，即运营方受到政府处罚后的投入成本小于其收到的入驻企业缴纳保证金及政府激励，A(0，0) 与 C(1，1) 是博弈演化的最终稳定策略。

根据计算，引入奖惩机制后均衡点 O′ 位置相较 O 点，实现了四边形 BODC 面积的扩大，即更易达到收敛于 C(1，1) 的理想状态，路径对比如图 17 − 2 所示。

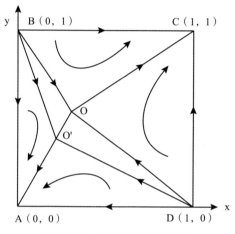

图 17 − 2 博弈演化路径对比

17.4 仿真分析

为了更直观地探讨双重奖惩机制对众创空间运营方与入驻企业之间的合作创新过程所起的作用，以及各参数的变化所带来的影响，本章使用 MATLAB 软件进行数值仿真。

结合前人仿真取值，以及在福建省福州市旗山智谷众创空间的实地调研结果进行数值分析。旗山智谷众创空间立足于智慧水生态产业，内部入驻众多水产业的中小微企业，运营方对内部入驻企业有年度考核、评比等制度，并设置入驻企业毕业标准，符合本章所研究核心企业主导型众创空间特征以及双重奖惩机制的模型。首先，提出基本假设，假设合作创新总

成本为 $C_1 = 10$，在合作过程中，双方平均分担总成本，即 $\alpha = 0.5$，而运营方的监管成本为 $C_2 = 5$；双方合作的额外收益 R 为 5，收益在两方间平均分配，即 $\beta = 0.5$；运营方向入驻企业收取的保证金 f 为 2，入驻企业的损失 s 为 2，政府向运营方收取的罚金 F 为 4，奖励金 e 为 3。具体参数赋值如表 17-9 所示。

表 17-9   具体参数赋值

符号	C_1	C_2	α	R	β	f	s	F	e
赋值	10	5	0.5	5	0.5	3	2	4	3

（1）保证金 f 对演化系数的影响。

保持其他参数不变的前提下，模拟保证金 f 分别取值 0.5、1、3、5、10，从图 17-3 可以看出，保证金 f 的临界值在 1~3，当 f 小于该临界值时，x 收敛于 0，f 增加使得 x 收敛速度缓慢，此时入驻企业倾向于采取"不合作创新"策略；当 f 大于该临界值时，x 收敛于 1，x 收敛速度随着 f 增加而加快，此时入驻企业倾向于采取"合作创新"策略。值得注意的是，在当 f=1 的类似情况下，入驻企业的选择明显表现出了向"合作创新"摇摆的趋势，但在权衡利弊后，最终选择了"不合作创新"。仿真结果表明，入驻企业向众创空间所缴纳的保证金增加能够促进入驻企业的合作创新意愿。这是由于在保证金收取机制下，企业缴纳的保证金越多，所需承担的违约成本也就越高，企业考虑到失信行为后的高额赔偿费用等损失，削弱了其违规动机，将更偏向于选择"合作创新"策略，与运营方共同创造价值。通过该种收取保证金的举措，可以引导入驻企业杜绝投机行为，有利于积极推进众创空间工作有序化、规范化与优质化，逐步完善众创空间运营体系。

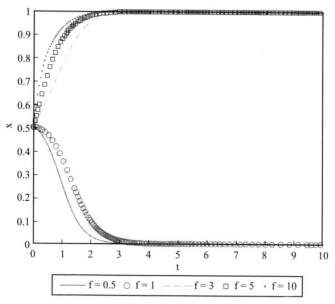

图 17 – 3 不同保证金 f 对入驻企业行为的影响

（2）损失 s 对演化系数的影响。

保持其他参数不变的前提下，模拟损失 s 分别取值 0.5、1、3、5、10，从图 17 – 4 可以看出，随着损失 s 的增大，x 收敛于 1，且收敛速度加快，此时企业行为决策最终将采取"合作创新"。仿真结果表明，损失 s 的增大有效提高了企业合作创新的积极性。这意味着在众创空间运营方采取信用公开机制时，如果这种机制所导致的企业声誉、利益等损失增大，将约束企业不开展合作创新的失信行为，企业将偏向于同运营方一起进行"合作创新"。通过该种众创空间内部的评比公开机制，不仅可以激发创新积极性，实现创新绩效的高效产出，还可以通过约束入驻企业的不规范举动，保持众创空间平台的稳定运行，更好地协调价值共创行为，促进众创空间整体素质提高。

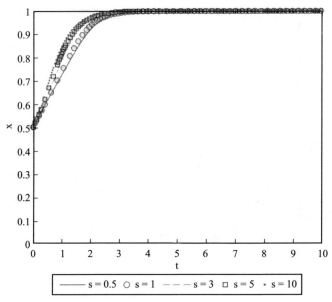

图 17 - 4 不同损失 s 对入驻企业行为的影响

（3）罚金 F 对演化系数的影响。

保持其他参数不变的前提下，模拟罚金 F 分别取值 1、2、3、5、10，从图 17 - 5 可以看出，罚金 F 的临界值为 3，当 F 小于该临界值时，x 收敛于 0，F 增加使得 x 收敛速度缓慢，此时众创空间运营方倾向于采取"不合作创新"策略；当 F 大于该临界值时，x 收敛于 1，x 收敛速度随着 F 增加而加快，此时运营方倾向于采取"合作创新"策略。仿真结果表明，在经济性惩罚机制下政府向入驻企业所收取的罚金越多，运营方投机的概率就越小，即众创空间运营方由于投机行为所缴纳的罚金增加能够促进运营方的合作创新意愿。因此，政府可以通过提高罚金数额来加大监管力度，落实政治赞助政策的实施成效。通过提升运营方的违规损失，抑制其"不合作创新"行为，进而深化运营方在合作过程中对入驻企业的监督举措，保持众创空间内部的规范运营，营造协调创新氛围，进而促进众创空间内部的价值共创均衡机制的形成。

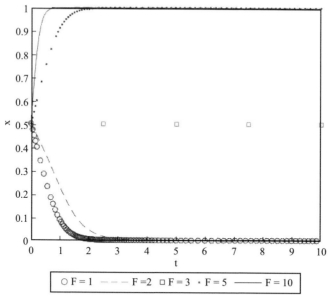

图 17 - 5　不同罚金 F 对众创空间运营方行为的影响

（4）奖励金 e 对演化系数的影响。

保持其他参数不变的前提下，模拟奖励金 e 分别取值 1、1.5、2、5、10，从图 17 - 6 可以看出，以临界值 2 为分界线，当 e 大于 2 时随着奖励金 e 的增大，x 收敛于 1，且收敛速度加快，此时运营方行为决策最终将采取"合作创新"；而当 e 小于 2 时，x 收敛于 0，e 增加使得 x 收敛速度缓慢，此时众创空间运营方倾向于采取"不合作创新"策略。值得注意的是，当 e = 1.5 时，运营方有向"合作创新"动摇的趋势，但最终选择了"不合作创新"。仿真结果表明，政府所推行的监管奖励机制，随着奖励金的增加能够促进众创空间运营方的合作创新意愿。由此说明，在实践中政府所给予的税收优惠和补贴可以激励运营方在合作创新上的意愿，并在这种行为规范下可以实现双方间的长期稳定，最终实现价值共创。

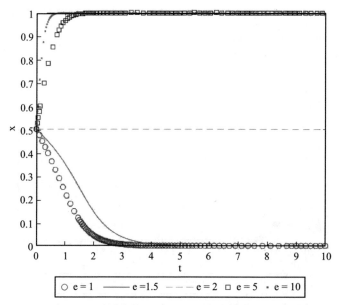

图 17 - 6　不同奖励金 e 对众创空间运营方行为的影响

17.5　结论与启示

本章以博弈方有限理性为前提，以核心企业主导型众创空间为研究对象，构建了众创空间运营方与入驻企业的合作创新博弈模型，首先分析双方的收益与成本参数的变化对演化稳定策略的影响，随后引入双重奖惩机制并用 MATLAB 数值仿真方法分析博弈研究结果。研究表明：（1）众创空间运营方与入驻企业合作创新行为能否实现价值共创协调发展主要受到总成本、运营方监管成本、成本分担比例、额外收益与额外收益分配比例等因素的影响；（2）在双重奖惩机制下，保证金、损失、罚金与奖励金均正向影响博弈双方的合作创新行为，奖惩机制能够有效地破解合作创新困局。

为促进我国众创空间的创新孵化及初创企业创新实践进程，基于以上结论提出如下管理启示：（1）政府应采取包容审慎的监管模式，针对不同类型的众创空间制定合理有效的监督奖励与经济性惩罚机制，因地制宜地细化机制内容，以求达到最佳监管效果；（2）运营方应加强吸纳优质创新资源，营造协同创新氛围，如核心企业引入区块链技术，建立"区块链＋"深度合作创新模式，促进与入驻企业的深度融合，推进双方互信，从而实现互利共赢与风险共担；（3）运营方应健全众创空间内部考核制度，完善相应保证金收取制度与信用公开制度，强化对入驻企业的监督，从而杜绝企业投机行为，发挥众创空间的示范建设作用，推动平台与共享经济发展，形成新常态下的数字化优势；（4）企业应严格控制，入驻时筛选标准，聚焦规范化、优质化与专业化的众创空间，与运营方签署有效合作协议，巩固深化合作创新成效，高效保障自身权益，最终实现价值共创。

17.6　本章小结

本章以博弈方有限理性为前提，以核心企业主导型众创空间为研究对象，构建了众创空间运营方与入驻企业的合作创新博弈模型，首先分析双方的收益与成本参数的变化对演化稳定策略的影响，随后引入双重奖惩机制并用 MATLAB 数值仿真方法分析博弈研究结果。研究结果表明，众创空间运营方与入驻企业合作创新行为能否实现价值共创受到各类成本与收益因素的影响，奖惩机制能够有效地破解合作创新困局。

参 考 文 献

［1］蔡彬清，陈国宏．链式产业集群网络关系、组织学习与创新绩效研究［J］．研究与发展管理，2013，25（04）．

［2］蔡猷花，陈国宏，蔡彬清．产业集群网络、知识整合能力及创新绩效关系研究——基于福建省三个制造业集群的实证分析［J］．福州大学学报（哲学社会科学版），2013，27（02）．

［3］曹勇，周蕊，周红枝，等．资源拼凑、双元学习与企业创新绩效之间的关系研究［J］．科学学与科学技术管理，2019，40（06）．

［4］陈逢文，付龙望，张露，于晓宇．创业者个体学习、组织学习如何交互影响企业创新行为？——基于整合视角的纵向单案例研究［J］．管理世界，2020，36（03）．

［5］陈建军，王正沛，李国鑫．中国宇航企业组织结构与创新绩效：动态能力和创新氛围的中介效应［J］．中国软科学，2018（11）．

［6］陈金亮，王涛．组织资本推动下的知识运行：作用机理与情境分析［J］．管理评论，2013，25（08）．

［7］陈侃翔，谢洪明，程宣梅，等．新兴市场技术获取型跨国并购的逆向学习机制［J］．科学学研究，2018，36（06）．

［8］陈凌子，周文辉，周依芳．创业孵化平台价值共创，动态能力与生态优势［J］．科研管理，2021，42（12）．

［9］陈夙，项丽瑶，俞荣建．众创空间创业生态系统：特征、结构、机制与策略——以杭州梦想小镇为例［J］．商业经济与管理，2015（11）．

［10］陈文沛．关系网络与创业机会识别：创业学习的多重中介效应［J］．科学学研究，2016，34（09）．

［11］陈武，李燕萍．众创空间平台组织模式研究［J］．科学学研究，

2018，36（04）．

[12] 成琼文，赵艺璇．企业核心型开放式创新生态系统价值共创模式对价值共创效应的影响——一个跨层次调节效应模型［J］．科技进步与对策，2021，38（17）．

[13] 池仁勇．区域中小企业创新网络的结点联结及其效率评价研究［J］．管理世界，2007（01）．

[14] 崔海雷，吕爽．"多维协同、一体两翼"众创空间模式创新研究［J］．宏观经济研究，2020（07）．

[15] 崔世娟，陈丽敏，黄凯珊．网络特征与众创空间绩效关系——基于定性比较分析方法的研究［J］．科技管理研究，2020，40（18）．

[16] 崔祥民，杜运周，赵都敏，等．基于组态视角的众创空间创客集聚机制研究［J］．科技进步与对策，2021，38（18）．

[17] 戴亦舒，叶丽莎，董小英．创新生态系统的价值共创机制——基于腾讯众创空间的案例研究［J］．研究与发展管理，2018，30（04）．

[18] 杜宝贵，王欣．众创空间创新发展多重并发因果关系与多元路径［J］．科技进步与对策，2020，37（19）．

[19] 杜健，姜雁斌，郑素丽，章威．网络嵌入性视角下基于知识的动态能力构建机制［J］．管理工程学报，2011，25（04）．

[20] 杜运周，李佳馨，刘秋辰，等．复杂动态视角下的组态理论与QCA方法：研究进展与未来方向［J］．管理世界，2021，37（03）．

[21] 冯海红，曲婉．社会网络与众创空间的创新创业——基于创业咖啡馆的案例研究［J］．科研管理，2019，40（04）．

[22] 郭尉．知识异质、组织学习与企业创新绩效关系研究［J］．科学学与科学技术管理，2016，37（07）．

[23] 韩莹．众创空间中企业创业拼凑对创新绩效的影响研究［J］．科学学研究，2020，38（08）．

[24] 胡海波，卢海涛，王节祥，黄涛．众创空间价值共创的实现机制：平台视角的案例研究［J］．管理评论，2020，32（09）．

[25] 胡军燕，钟玲，修佳钰．众创空间集聚对区域创新能力的影响［J］．统计与决策，2022，38（08）．

[26] 黄昊，王国红，秦兰．科技新创企业资源编排对企业成长影响研究：资源基础与创业能力共演化视角［J］．中国软科学，2020（07）．

[27] 黄艳，陶秋燕，高腾飞．资源拼凑：起源、研究脉络与理论框架［J］．科技进步与对策，2020，37（03）．

[28] 黄钟仪，向玥颖，熊艾伦，等．双重网络、双元拼凑与受孵新创企业成长：基于众创空间入驻企业样本的实证研究［J］．管理评论，2020，32（05）．

[29] 黄钟仪，赵骅，许亚楠．众创空间创新产出影响因素的协同作用研究——基于31个省市众创空间数据的模糊集定性比较分析［J］．科研管理，2020，41（05）．

[30] 霍生平，赵葳．众创空间创客团队断裂带对创新行为的影响：基于知识共享的中介跨层研究［J］．科学学与科学技术管理，2019，40（04）．

[31] 贾建锋，李会霞，刘志，等．组织创新氛围对员工突破式创新的影响［J］．科技进步与对策，2022，39（03）．

[32] 江积海，王烽权．O2O商业模式的创新导向：效率还是价值？——基于O2O创业失败样本的实证研究［J］．中国管理科学，2019，27（04）：56-69．

[33] 姜李丹，薛澜，梁正．人工智能赋能下产业创新生态系统的双重转型［J］．科学学研究，2022，40（04）．

[34] 姜尚荣，乔晗，张思，刘颖，胡毅，徐艳梅．价值共创研究前沿：生态系统和商业模式创新［J］．管理评论，2020，32（02）．

[35] 蒋豪，路正南，朱东旦．创业者外部关系构建与初创企业创新绩效：机会能力视角［J］．科技进步与对策，2019，36（08）．

[36] 蒋石梅，吕平，陈劲．企业创新生态系统研究综述——基于核心企业的视角［J］．技术经济，2015，34（07）．

[37] 焦豪．双元型组织竞争优势的构建路径：基于动态能力理论的实证研究［J］．管理世界，2011（11）．

[38] 金鑫，张敏，孙广华，等．众创空间、初创企业与风险投资的合作策略及投资决策研究［J］．管理工程学报，2023，37（02）．

[39] 康益敏，朱先奇，李雪莲．科技型企业伙伴关系、协同创新与创新绩效关系的实证研究 [J]．预测，2019，38（05）：9－15.

[40] 旷开金，胡典，刘金福，薛萌．不同生态系统管理情景下资源环境承载力动态仿真研究 [J]．环境科学学报，2021（09）.

[41] 赖红波，孟哲．重大公共卫生事件背景下企业传统创新与社会创新融合及创新转型研究 [J]．科技进步与对策，2020，37（14）.

[42] 李洪波，史欢．基于 DEA 方法的国内众创空间运行效率评价 [J]．华东经济管理，2019，33（12）：77－83.

[43] 李佳钰，张贵，李涛．知识能量流动的系统动力学建模与仿真研究——基于创新生态系统视角 [J]．软科学，2019，33（12）.

[44] 李梦雅，杨德林，胡晓，张金生．内层网络情境下孵化平台如何实现资源联动？[J]．管理世界，2022，38（02）.

[45] 李万，常静，王敏杰，等．创新 3.0 与创新生态系统 [J]．科学学研究，2014，32（12）.

[46] 李卫忠，陈海权，李星星，任志宽．知识获取、R&D 资本对技术创新绩效的影响研究——兼议所有权性质和内部治理结构的调节效应 [J]．科技管理研究，2020，40（13）.

[47] 李燕萍，李洋．价值共创情境下的众创空间动态能力——结构探索与量表开发 [J]．经济管理，2020，42（08）.

[48] 李子彪，孙可远，赵菁菁．企业知识基础如何调节多源知识获取绩效？——基于知识深度和广度的门槛效应 [J]．科学学研究，2021，39（02）.

[49] 梁娟，陈国宏．多重网络嵌入、知识整合与知识创造绩效 [J]．科学学研究，2019，37（02）.

[50] 林春培，张振刚．基于吸收能力的组织学习过程对渐进性创新与突破性创新的影响研究 [J]．科研管理，2017，38（04）.

[51] 刘畅，李建华．面向创新生态系统的企业知识整合研究 [J]．图书情报工作，2019，63（10）.

[52] 刘景东，党兴华，谢永平．不同知识位势下知识获取方式与技术创新的关系研究——基于行业差异性的实证分析 [J]．科学学与科学技

术管理，2015（01）.

［53］刘芹良，解学芳.创新生态系统理论下众创空间生成机理研究［J］.科技管理研究，2018，38（12）.

［54］刘宇，邵云飞，康健.知识共享视角下联盟组合构型对企业创新绩效的影响［J］.科技进步与对策，2019，36（21）.

［55］刘志阳，林嵩，邢小强.数字创新创业：研究新范式与新进展［J］.研究与发展管理，2021，33（01）.

［56］刘志迎，孙星雨，徐毅.众创空间创客创新自我效能感与创新行为关系研究——创新支持为二阶段调节变量［J］.科学学与科学技术管理，2017，38（08）.

［57］刘志迎，武琳.众创空间：理论溯源与研究视角［J］.科学学研究，2018，36（03）.

［58］娄淑珍，项国鹏，王节祥.平台视角下众创空间竞争力评价模型构建［J］.科技进步与对策，2019，36（06）.

［59］陆绍凯，刘盼.重大风险冲击下的创新生态系统演化仿真研究［J］.科技管理研究，2021，41（05）.

［60］吕斌，李丽.新冠肺炎疫情背景下互联网企业社会责任履行的创新与优化［J］.湖北经济学院学报（人文社会科学版），2020，17（06）.

［61］马鸿佳，宋春华，毕强.基于创业生态系统的多层级知识转移模型研究［J］.图书情报工作，2016，60（14）.

［62］马鸿佳，唐思思，郑莉莉.创业团队多样性对惯例更新的影响：知识共享的中介和共享领导的调节作用［J］.南开管理评论，2022，25（05）.

［63］马文聪，叶阳平，徐梦丹，等."两情相悦"还是"门当户对"：产学研合作伙伴匹配性及其对知识共享和合作绩效的影响机制［J］.南开管理评论，2018，21（06）.

［64］梅亮，陈劲，刘洋.创新生态系统：源起、知识演进和理论框架［J］.科学学研究，2014，32（12）.

［65］孟方琳，田增瑞，赵袁军，常焙筌.创新生态系统视域下公司创业投资中企业种群间共生演化——基于 Logistic 扩展模型［J］.系统管

理学报，2022，31（01）．

［66］欧忠辉，朱祖平，夏敏，陈衍泰．创新生态系统共生演化模型及仿真研究［J］．科研管理，2017，38（12）．

［67］裴蕾，王金杰．众创空间嵌入的多层次创新生态系统：概念模型与创新机制［J］．科技进步与对策，2018，35（06）．

［68］彭伟，于小进，郑庆龄，等．资源拼凑、组织合法性与社会创业企业成长——基于扎根理论的多案例研究［J］．外国经济与管理，2018，40（12）：55－70．

［69］彭晓芳，吴洁，盛永祥，等．创新生态系统中多主体知识转移生态关系的建模与实证分析［J］．情报理论与实践，2019，42（09）．

［70］齐莹，王向阳，李嘉敏．创新网络中组织兼容性对知识创造的影响机理研究［J］．情报科学，2022，40（05）．

［71］秦兰，胡芬，王国红，黄昊．创业者创业激情影响机会识别的内在机理——基于过程视角的多案例分析［J］．管理案例研究与评论，2021，14（03）．

［72］盛伟忠，陈劲．企业互动学习与创新能力提升机制研究［J］．科研管理，2018，39（09）：1－10．

［73］史欢，李洪波．"合作"还是"寄生"？考虑政府规制的众创空间创业生态系统共生机制研究［J］．运筹与管理，2022，31（06）．

［74］宋华，陈思洁，于亢亢．商业生态系统助力中小企业资金柔性提升：生态规范机制的调节作用［J］．南开管理评论，2018，21（03）．

［75］孙凯．在孵企业社会资本对资源获取和技术创新绩效的影响［J］．中国软科学，2011（08）．

［76］孙永波，丁沂昕，杜双．冗余资源、资源拼凑与创业机会识别的非线性关系研究［J］．科研管理，2022，43（01）：105－113．

［77］孙永波，丁沂昕．创业导向、外部知识获取与创业机会识别［J］．经济与管理研究，2018，39（05）．

［78］汤超颖，张悦强，高嘉欣．外部异质知识获取与研发团队突破性创造力［J］．科学学研究，2022，40（09）．

［79］汪旭晖，任晓雪．基于演化博弈的平台电商信用监管机制研究

[J]. 系统工程理论与实践, 2020, 40 (10).

[80] 王栋, 赵志宏. 金融科技发展对区域创新绩效的作用研究 [J]. 科学学研究, 2019, 37 (01).

[81] 王发明, 朱美娟. 创新生态系统价值共创行为协调机制研究 [J]. 科研管理, 2019, 40 (05).

[82] 王发明, 朱美娟. 创新生态系统价值共创行为影响因素分析——基于计划行为理论 [J]. 科学学研究, 2018, 36 (02).

[83] 王国红, 周建林, 邢蕊. 孵化器"内网络"情境下社会资本、联合价值创造行为与在孵企业成长的关系研究 [J]. 中国管理科学, 2015, 23 (S1).

[84] 王海花, 熊丽君, 李玉. 众创空间创业环境对新创企业绩效的影响 [J]. 科学学研究, 2020, 38 (04).

[85] 王海花, 赵鹏瑾, 周位纱, 等. 地理邻近性与众创空间成长 [J]. 科学学研究, 2022, 40 (01).

[86] 王节祥, 陈威如, 江诗松, 刘双. 平台生态系统中的参与者战略: 互补与依赖关系的解耦 [J]. 管理世界, 2021, 37 (02).

[87] 王丽平, 刘小龙. 价值共创视角下众创空间"四众"融合的特征与运行机制研究 [J]. 中国科技论坛, 2017 (03).

[88] 王莉, 游竹君. 基于知识流动的创新生态系统价值演化仿真研究 [J]. 中国科技论坛, 2019 (06).

[89] 王庆金, 王强, 周键. 社会资本、创业拼凑与新创企业绩效——双重关系嵌入的调节作用 [J]. 科技进步与对策, 2020, 37 (20).

[90] 王顺庆, 王万雄, 徐海根. 数学生态学稳定性理论与方法 [M]. 北京: 科学出版社, 2003.

[91] 王涛, 陈金亮, 沈孟如. 外部知识获取与内部知识创造的融合——组织交互嵌入情境下的跨界团队 [J]. 经济与管理研究, 2019, 40 (07).

[92] 王晓红, 张雪燕, 徐峰, 等. 社会资本对跨学科研究团队知识整合的影响机制 [J]. 科学学研究, 2020, 38 (08).

[93] 王兴元, 朱强. 众创空间支持对大学生创客团队创新绩效影响

机制研究［J］．科技进步与对策，2018，35（14）．

［94］王雪原，黄佳赛．不同情境制造企业跨界技术创新行为与作用逻辑［J］．科学学研究，2023，41（04）．

［95］王艳，苗红，李欣，黄鲁成，吴菲菲．知识基因视角下的技术融合机会发现研究［J］．科学学与科学技术管理，2021，42（07）．

［96］王扬眉，吴琪，罗景涛．家族企业跨国创业成长过程研究——资源拼凑视角的纵向单案例研究［J］．外国经济与管理，2019（06）．

［97］卫武，倪慧．众创空间生态系统网络的强弱关系分析［J］．科学管理研究，2020，38（02）．

［98］魏江，徐蕾．知识网络双重嵌入、知识整合与集群企业创新能力［J］．管理科学学报，2014，17（02）．

［99］温忠麟，侯杰泰，张雷．调节效应与中介效应的比较和应用［J］．心理学报，2005（02）．

［100］乌仕明，李正风．孵化到众创：双创政策下科技企业孵化器的转型［J］．科学学研究，2019，37（09）．

［101］吴航，陈劲．新兴经济国家企业国际化模式影响创新绩效机制——动态能力理论视角［J］．科学学研究，2014，32（08）．

［102］吴杰，战焰磊，周海生．"众创空间"的理论解读与对策思考［J］．科技创业月刊，2017，30（01）．

［103］谢莹．网络嵌入性与知识整合对企业创新绩效的影响研究［D］．乌鲁木齐：新疆财经大学，2021．

［104］解学芳，刘芹良．创新2.0时代众创空间的生态模式——国内外比较及启示［J］．科学学研究，2018，36（04）．

［105］解学梅，王宏伟．开放式创新生态系统价值共创模式与机制研究［J］．科学学研究，2020，38（05）．

［106］晏双生．知识创造与知识创新的涵义及其关系论［J］．科学学研究，2010，28（08）．

［107］易靖韬，曹若楠．流程数字化如何影响企业创新绩效？——基于二元学习的视角［J］．中国软科学，2022（07）．

［108］尹国俊，蒋璐闻．基于产权共享的众创空间资源聚合模式研究

[J]．科学学研究，2021，39（02）．

[109] 尹剑峰，叶广宇，黄胜．国际化导向、国际知识吸收能力与国际机会识别关系研究 [J]．科学学与科学技术管理，2021，42（08）．

[110] 于晓宇，李雅洁，陶向明．创业拼凑研究综述与未来展望 [J]．管理学报，2017，14（02）．

[111] 余维新，顾新，万君．开放式创新模式下知识分工协同机制研究：知识流动视角 [J]．中国科技论坛，2016（06）．

[112] 喻登科，周子新．普适性信任、知识共享宽度与企业开放式创新绩效 [J]．科技进步与对策，2020，37（01）．

[113] 曾萍，邓腾智，宋铁波．社会资本、动态能力与企业创新关系的实证研究 [J]．科研管理，2013（04）．

[114] 张红娟，谭劲松．联盟网络与企业创新绩效：跨层次分析 [J]．管理世界，2014（03）．

[115] 张洪，鲁耀斌，张凤娇．价值共创研究述评：文献计量分析及知识体系构建 [J]．科研管理，2021，42（12）．

[116] 张洪金，胡珑瑛，谷彦章．用户体验对创业机会迭代的影响研究——基于小米公司的探索性案例分析 [J]．科学学研究，2022，40（11）．

[117] 张华，顾新．战略联盟治理对企业突破性创新的影响机理研究 [J]．管理学报，2022，19（09）．

[118] 张肃，靖舒婷．众创空间知识生态系统模型构建及知识共享机制研究 [J]．情报科学，2017，35（11）．

[119] 张伟．资源型产业链知识创造影响因素研究——基于贵州中部磷化工产业链的分析 [J]．管理学报，2016，13（06）．

[120] 张文艺．数据赋能对企业创新绩效的影响机制 [D]．杭州：浙江工商大学，2021．

[121] 张永安，关永娟．市场需求、创新政策组合与企业创新绩效——企业生命周期视角 [J]．科技进步与对策，2021，38（01）．

[122] 张玉明，赵瑞瑞，徐凯歌．知识共享背景下众包与新创企业创新绩效——基于双元学习的中介作用 [J]．中国科技论坛，2019（09）．

［123］张卓，魏杉汀．基于双网络视角的众创空间合作创新网络演化机制研究［J］．科技进步与对策，2020，37（13）．

［124］赵观兵，谢华彬．价值链视角下众创空间多主体协同创新演化博弈分析［J］．技术与创新管理，2022，43（03）．

［125］赵葳．众创空间创客团队社会资本对团队创新绩效影响研究［D］．湘潭：湘潭大学，2019．

［126］赵兴庐，刘衡，张建琦．冗余如何转化为公司创业？——资源拼凑和机会识别的双元式中介路径研究［J］．外国经济与管理，2017，39（06）．

［127］钟琦，杨雪帆，吴志樵．平台生态系统价值共创的研究述评［J］．系统工程理论与实践，2021，41（02）．

［128］钟卫东，孙大海，施立华．创业自我效能感、外部环境支持与初创科技企业绩效的关系——基于孵化器在孵企业的实证研究［J］．南开管理评论，2007（05）．

［129］钟熙，付晔，王甜．包容性领导、内部人身份认知与员工知识共享——组织创新氛围的调节作用［J］．研究与发展管理，2019，31（03）．

［130］周飞，钟泓琳，林一帆．外部创新知识搜寻、资源拼凑与双向开放式创新的关系［J］．科研管理，2020，41（08）：23 - 30．

［131］周文辉，曹裕，周依芳．共识、共生与共赢：价值共创的过程模型［J］．科研管理，2015，36（08）．

［132］周文辉，何奇松．创业孵化平台赋能对资源配置优化的影响——基于机制设计视角的案例研究［J］．研究与发展管理，2021，33（01）．

［133］朱勤，孙元，周立勇．平台赋能、价值共创与企业绩效的关系研究［J］．科学学研究，2019，37（11）．

［134］祝振铎，李非．创业拼凑、关系信任与新企业绩效实证研究［J］．科研管理，2017，38（07）．

［135］邹艳春，曾晓晴，聂琦，成雨聪．新冠疫情下领导者人际情绪管理对员工创新绩效的影响［J］．中国人力资源开发，2020，37（08）．

［136］A. Tommasetti, O. Troisi, M. Vesci. Measuring customer value co-creation behavior: Developing a conceptual model based on service-dominant logic ［J］. *Journal of Service Theory and Practice*, 2017, 27 (05).

［137］Baker T, Nelson R. Creating Something from Nothing: Resource Construction through Entrepreneurial Bricolage ［J］. *Administrative Science Quarterly*, 2005, 50 (03): 329 – 366.

［138］Boudreau K J, Jeppesen L B. Unpaid crowd complementors: The platform network effect mirage ［J］. *Strategic Management Journal*, 2015, 36 (12).

［139］Browder R E, Aldrich H E, Bradley S W. The Emergence of the Maker Movement: Implications for Organizational and Entrepreneurship Research ［J］. *Journal of Business Venturing*, 2019, 34 (03).

［140］C. D. Miller, P. K. Toh. Complementary components and returns from coordination within ecosystems via standard setting ［J］. *Strategic Management Journal*, 2020, 43 (03).

［141］Cummings J N. Work groups, structural diversity, and knowledge sharing in agobal organization ［J］. *Management Science*, 2004 (50).

［142］Desa G. , Basu S. Optimization or Bricolage? Overcoming Resource Constraints in Global Social Entrepreneurship ［J］. *Strategic Entrepreneurship Journal*, 2013, 7 (01).

［143］Fisher G. Effectuation, Causation, and Bricolage: A Behavioral Comparison of Emerging Theories in Entrepreneurship Research ［J］. *Entrepreneurship Theory and Practice*, 2012, 36 (05).

［144］Granovetter M. Economic action and social structure: the problem of embeddedness ［J］. *American Journal of Sociology*, 1985 (91).

［145］Gupta S, Kumar V, Karam E . New-age technologies-driven social innovation: What, how, where, and why? ［J］. *Industrial Marketing Management*, 2019 (89).

［146］Han S, Yoo J, Zo H, et al. Understanding makerspace continuance: A self-determination perspective ［J］. *Telematics and Informatics*, 2017,

34 （04）.

［147］ Hansen， Morten T . Knowledge Networks： Explaining Effective Knowledge Sharing in Multiunit Companies ［J］. *Organization Ence*， 2002， 13 （03）.

［148］ Huotari P. ， Jrvi K. ， Kortelainen S. ， et al. Winner does Not Take All： Selective Attention and Local Bias in Platform based Markets ［J］. *Technological Forecasting and Social Change*， 2017 （114）.

［149］ Iansiti M. ， Clark K. ， B. Integration and dynamic capability： evidence from development in automobiles and main frame computers ［J］. *Industrial and Corporate*， 1994 （03）.

［150］ J. ， & Hayes， A. F. Asymptotic and resampling strategies for assessing and comparing indirect effects in multiple mediator models ［J］. *Behavior Research Methods*， 2008 （40）.

［151］ Joreskog KG. Testing structural equation models intesting structural equation models ［J］. *Contemporary Sociology*， 1993， 23 （01）.

［152］ Jung － Yong Lee， Chang － Hyun Jin. How Collective Intelligence Fosters Incremental Innovation ［J］. *Journal of Open Innovation： Technology， Market， and Complexity*， 2019， 5 （03）.

［153］ Kim N， Atuahene － Gima K . Using Exploratory and Exploitative Market Learning for New Product Development ［J］. *Journal of Product Innovation Management*， 2010， 27 （04）.

［154］ Li C R， Yeh C H. Leveraging the benefits of exploratory learning and exploitative learning in NPD： The role of innovation field orientation ［J］. *R&D Management*， 2017， 47 （03）.

［155］ Li Y， Guo H， Liu Y， et al. Incentive Mechanisms， Entrepreneurial Orientation， and Technology Commercialization： Evidence from China's Transitional Economy ［J］. *Journal of Product Innovation Management*， 2008， 25 （01）.

［156］ March J G . Exploration and Exploitation in Organizational Learning ［J］. *Organization Ence*， 1991， 2 （01）.

［157］McIntyre D. P. , Srinivasan A. Networks, Platforms, and Strate-gy: Emerging Views and Next Steps ［J］. *Strategic Management Journal*, 2017, 38 (01).

［158］Morgan K. The Learning Region: Institutions, Innovation and Re-gional Renewal ［J］. *Regional Studies*, 1997, 31 (05).

［159］Mulder M, Lans T, Verstegen J, et al. Competence development of entrepreneurs in innovative horticulture ［J］. *Journal of Workplace Learning*, 2007, 19 (01).

［160］NunnR. The Innovation Ecosystem and Knowledge Management: A Practitioner's Viewpoint ［J］. *Business Information Review*, 2019, 36 (02).

［161］Ozgur Dedehayir, Saku J. Mäkinen, J. Roland Ortt. Roles during innovation ecosystem genesis: A literature review ［J］. *Technological Forecas-ting & Social Change*, 2018 (136).

［162］Rieken F, Boehm T, Heinzen M, et al. Corporate makerspaces as innovation driver in companies: a literature review-based framework ［J］. *Jour-nal of Manufacturing Technology Management*, 2020, 31 (01).

［163］Sang – Yeal Han, Jaeheung Yoo, Hangjung Zo, Andrew P. Ciganek. Understanding makerspace continuance: A self-determination perspec-tive ［J］. *Telematics and Informatics*, 2017, 34 (04).

［164］Schiuma G, Lerro A. Knowledge-based dynamics of regional devel-opment: the intellectual capital innovation capacity model ［J］. *International Journal of Knowledge-based Development*, 2010, 1 (1 –2).

［165］Senyard J. , Baker T. , Steffens P. Bricolage as a Path to Innova-tiveness for Resource – Constrained New Firms ［J］. *Journal of Product Innova-tion Management*, 2014, 31 (02).

［166］Teece D J, Shuen P A. Dynamic capabilities and strategic manage-ment ［J］. *Strategic Management Journal*, 1997, 18 (07).

［167］Tyler J R, Wilkinson D M, Huberman B A. *E – mail as Spectros-copy: Automated discovery of community structure within organizations* ［M］. Netherlands: Springer, 2003.

[168] Tzameret H. Rubin, Tor Helge Aas, Andrew Stead. Knowledge flow in Technological Business Incubators: Evidence from Australia and Israel [J]. *Technovation*, 2015 (41).

[169] Valaei, N., Rezaei, S., Ismail, W. K. W.. Examining learning strategies, creativity, and innovation at SMEs using fuzzy set Qualitative Comparative Analysis and PLS path modeling [J]. *Journal of Business Research*, 2017 (70).

[170] Van Holm EJ. Makerspaces and local economic development [J]. *Economic Development Quarterly*, 2017, 31 (02).

[171] Vargo, S. L., Lusch, R. F.. Evolving to a New Dominant Logic for Marketing [J]. *Journal of Marketing*, 2004, 68 (01).

[172] Welter C., Mauer R., Wuebker R. J. Bridging Behavioral Models and Theoretical Concepts: Effectuation and Bricolage in the Opportunity Creation Framework [J]. *Strategic Entrepreneurship Journal*, 2016, 10 (01).

[173] Wong A, Partridge H. Making as learning: Makerspaces in universities [J]. *Australian Academic & Research Libraries*, 2016, 47 (03).

[174] Xiaodan Kong, Qi Xu, Tao Zhu. Dynamic Evolution of Knowledge Sharing Behavior among Enterprises in the Cluster Innovation Network Based on Evolutionary Game Theory [J]. *Sustainability*, 2020, 12 (01).

[175] Zott, C., Amit, R.. Business model innovation [J]. *Research Technology Management*, 2015, 57 (03).